Gerhard Eikenbusch
Qualität im Deutschunterricht
der Sekundarstufe I und II

9

Gerhard Eikenbusch

Qualität
im Deutschunterricht
der Sekundarstufe I und II

 http://www.cornelsen.de

Gedruckt auf chlorfrei gebleichtem Papier
ohne Dioxinbelastung der Gewässer.

Die Deutsche Bibliothek – CIP-Einheitsaufnahme

Eikenbusch, Gerhard:
Qualität im Deutschunterricht der Sekundarstufe I und II
Gerhard Eikenbusch. – Berlin: Cornelsen Scriptor, 2001
ISBN 3-589-21426-0

Dieses Werk berücksichtigt die Regeln der reformierten
Rechtschreibung und Zeichensetzung.

5.	4.	3.	2.	1.	€	Die letzten Ziffern bezeichnen
05	04	03	02	01		Zahl und Jahr der Auflage.

Redaktion: lüra – Klemt & Mues GbR, Wuppertal
Satz: stallmeister publishing, Wuppertal
Layout: Julia Walch, Bad Soden
Umschlaggestaltung: Bauer + Möhring, Berlin
unter Verwendung einer Zeichnung von Klaus Puth, Mühlheim
Druck und Bindearbeiten: Clausen & Bosse, Leck
Printed in Germany
ISBN 3-589-21426-0
Bestellnummer 214260

Inhalt

Einführung:
die ‚Gretchenfragen‘ –
Last und Chancen

- Was ist guter Deutschunterricht?
- Wie kann man als Lehrer guten Deutschunterricht erreichen?
- Wie kommen Schüler im Deutschunterricht zu guten Ergebnissen?
- Ist guter Deutschunterricht immer auch für alle gut?
- Wie kann man die Qualität des eigenen Deutschunterrichts erforschen?
- Wie kann man Arbeit und Leistungsergebnisse im Deutschunterricht gezielt verbessern, um gute Qualität zu erhalten?

Diese ‚Gretchenfragen‘ unterstellen, dass Deutschunterricht auf das Erreichen von Qualität ausgerichtet sein sollte. Gleichzeitig signalisieren sie aber eine große Unklarheit darüber, was Qualität im Deutschunterricht eigentlich ist und wie man sie schaffen und messen kann.

Aus der Zwickmühle, einerseits zu behaupten, der Deutschunterricht habe bzw. schaffe Qualität, aber andererseits nicht genau zu wissen, was überhaupt guter Unterricht ist, haben sich Deutschdidaktik und Bildungspolitik bisher meistens mit normativen Forderungen oder Vorgaben befreit, die umreißen, was Deutschunterricht alles leisten und für was er gut sein soll.

So gibt die Kultusministerkonferenz der Bundesrepublik Deutschland vor, dass Schüler für einen mittleren Schulabschluss bestimmte Standards erreichen müssen, z. B.: „… aktiv an einer Diskussion zu einem überschaubaren Thema teilnehmen; … eigene Texte frei oder nach Vorgaben gestalten; … Informationen strukturiert und adressatengerecht präsentieren; … die Vielfalt der Textsorten in Auszügen und Ganzschriften kennen und nutzen; … Rolle und Arbeitsweise von Medienmarkt und Massenmedien sowie ihren Einfluss auf den Einzelnen und die Gesellschaft in Grundzügen kennen …; verschiedene Ausprägungen der deutschen Sprache kennen …“ (KMK 1995).

Hat Deutschunterricht wirklich Qualität, wenn Schüler das (einigermaßen) können? Was ist, wenn sie das mit problematischen Methoden gelernt haben? Und was ist, wenn das Gelernte nicht (nach)gefragt wird? Was guter Deutschunterricht ist, lässt sich offensichtlich nicht einfach durch Vorgaben, Standards oder einen Kanon festlegen. Es lässt sich auch nicht durch Kundenbefragungen erfassen. Und nicht jeder gute Unterricht muss als solcher so von den ‚Kunden' wahrgenommen und geschätzt werden. Gute Leistungen können – das zeigt die Alltagserfahrung – trotz schlechten Unterrichts erreicht werden. Auch der Schluss, in einer guten Schule müsse es zwangsläufig guten Deutschunterricht geben, ist nicht generell zulässig.

Angesichts der Schwierigkeiten, eine Antwort auf die ‚Gretchenfragen' zur Qualität im Deutschunterricht zu erhalten, könnte man versucht sein, sich mit oberflächlichen Antworten zufrieden zu geben oder die Fragen einfach unbeantwortet zu lassen. So ist denn auch lange Zeit verfahren worden, aber diese Strategie bringt niemanden wirklich weiter.

Mindestens drei Gründe sprechen für Deutschlehrerinnen und -lehrer dafür, sich der Qualitätsdiskussion zu stellen und sie als Chance zu sehen:
1. Es gehört zum Handwerkszeug von Lehrkräften, sich über die Ziele und die Ergebnisse der Arbeit im Deutschunterricht zu vergewissern: Das ist Ausweis professioneller Arbeit, es unterstützt die Zusammenarbeit und die Absprachen, es entlastet von überzogenen oder falschen Ansprüchen und hilft, Arbeitszufriedenheit, Zielorientierung, produktive Routine und Wirksamkeit zu erreichen. (Ein Lehrer bei seiner Verabschiedung: „Was habe ich schon erreicht in 35 Jahren Deutschunterricht? Immer noch machen die Schüler die gleichen Fehler wie früher – und ich auch!")
2. Ein gemeinsames Verständnis von Qualität und gutem Deutschunterricht ist Grundlage für Zusammenarbeit und Kooperation in der Klasse und mit Fachkollegen. Es hilft, eigene Maßstäbe zu justieren und sich zu orientieren, es entlastet von überzogenen oder falschen Erwartungen. Unterricht wird durchschaubar(er) und damit handhabbar(er). Schüler wissen mehr über ihr eigenes Lernen und die Arbeitsprozesse in der Klasse, sie können Mitverantwortung übernehmen.
3. Die aktive Beteiligung an der Diskussion über Qualität ist für das Fach Deutsch eine Voraussetzung dafür, auf Schulentwicklung und Qualitätssicherung überhaupt Einfluss nehmen zu können und nicht nur Gegenstand oder Spielball von Anforderungen oder Veränderungsprozessen zu sein (vgl. EIKENBUSCH 1998; BURKHARD/EIKENBUSCH 2000). Ohne eine Beteiligung

an der Diskussion droht das Fach Deutsch – in Entwicklungsprozessen und bei Maßnahmen der Qualitätssicherung (z. B. Modellversuche, Parallelarbeiten, Tests und Leistungsvergleiche, Evaluation) – fehlgesteuert, fremdbestimmt oder vereinnahmt zu werden.

Das vorliegende „Praxishandbuch Qualität im Deutschunterricht" stellt zu diesen drei Bereichen vielfältige Anregungen, Informationen, Instrumente und Verfahren zur Verfügung. Es bietet im ersten Teil Möglichkeiten an, sich über das eigene Verständnis von Qualität klar zu werden, und schafft in einem zweiten Teil Orientierung über die Grundzüge der allgemeinen Qualitätsdebatte. Dies bietet einen Hintergrund, sich mit vorliegenden Ergebnissen über fachliche Qualität von Deutschunterricht auseinander zu setzen und Merkmale und Kriterien guten Deutschunterrichts herauszuarbeiten.

Im zweiten Teil stehen praktische Ansätze zur Umsetzung qualitätsfördernder Maßnahmen im Vordergrund. Nach einem Überblick über grundlegende Methoden zur Qualitätsentwicklung und -sicherung im Deutschunterricht werden erprobte Instrumente und Verfahren vorgestellt: Zuerst geht es um die Qualität der Inhalte, u. a. um Kanonfragen und die Möglichkeit, Transparenz über Inhaltsentscheidungen zu erreichen. Dann stehen die Lehr- und Lernprozesse des Deutschunterrichts im Mittelpunkt, hier wird u. a. auf Lernstrategien, Arbeitstechniken und Aufgabenkultur im Deutschunterricht eingegangen. Schließlich werden Möglichkeiten gemeinsamer Qualitätsarbeit in Fachkonferenzen bzw. in der Klasse vorgestellt.

Die Teile des Buches bauen aufeinander auf, sie lassen sich aber auch einzeln oder in anderer Reihenfolge lesen. Die im zweiten Teil vorgestellten Instrumente und Verfahren sind ein Angebot, aus dem sich die Lehrerin oder der Lehrer, Lehrergruppen und Lehrerfortbildner – aber auch Schüler und Eltern – der eigenen Neugier, den eigenen Aufgaben und Interessen entsprechend bedienen können.

Viele der im Buch vorgestellten Ansätze und Verfahren sind im Dialog mit meinen Schülern, mit Kollegen aus der Schule und der Lehrerfortbildung in Nordrhein-Westfalen und in Schweden entstanden. Sie haben mir einen Einblick in ihre Arbeit gestattet. Ihre Rückmeldungen haben die Qualitätsfrage oft wieder vom Kopf auf die Füße gestellt und an die Praxis angebunden. Dafür bin ich ihnen sehr dankbar.

Erster Teil

Sichtweisen, Hintergründe, Grundlagen

Qualität im Deutschunterricht heißt mehr, als lediglich Vorgaben der Richtlinien und der Lehrpläne zu erfüllen oder wichtige Inhalte oder Fertigkeiten zu vermitteln. Was macht Qualität von Deutschunterricht aus? Welche Faktoren bestimmen Qualität und wie wirken sie zusammen? Wie beeinflussen die persönlichen Sichtweisen und die Biografie von Lehrkräften und Schülern ihre Auffassung von Qualität? Wie und woran kann man messen, ob Deutschunterricht nun Qualität hat oder nicht? Welchen Einfluss nehmen Qualität von Schule und Qualität von Unterricht aufeinander?

1 Eigene Sichtweisen prüfen

Eines der großen Missverständnisse in der Diskussion über Qualität ist, dass man im Unterricht von vorn anfangen und Qualität neu ‚aufbauen‘ könne oder müsse, um so die Fehler der Vergangenheit zu beheben. Begriffe wie ‚Qualitätsentwicklung‘ und (besonders) ‚Qualitätssicherung‘ werden dann häufig entweder mit Allmachtsfantasien oder mit Versagensängsten verbunden. Diese verhindern jedoch eine realistische Einschätzung der Möglichkeiten aber auch der Grenzen, Qualität im Deutschunterricht zu erreichen. Denn was als Qualität verstanden wird, und wie, wann, wozu und von wem sie erreicht werden kann, hängt von zahlreichen Faktoren in Gesellschaft, in Schule und bei den einzelnen Beteiligten ab.

Vielfach wird dabei die bedeutende Rolle der persönlichen Erlebnisse und Einstellungen unterschätzt: Ein Schüler hat am Ende der 10. Klasse in seinem Leben über 1.600 Deutschstunden erlebt, genossen, mitgestaltet, er-

duldet, gestört oder erlitten und allein dafür etwa Ausgaben von 12.000 DM[1]
verursacht. Rund 80 Deutsch-Klassenarbeiten oder -Tests hat er in dieser
Zeit geschrieben, bezwungen, vermieden oder in den Sand gesetzt. Und
zwanzigmal hat er Zeugnisbeurteilungen oder -noten erhalten, freudig erwartet oder hingenommen. Infolgedessen hat sich bei ihm – bewusst oder
unbemerkt – ein Verständnis davon entwickelt, was guter Deutschunterricht
ist und wie gut er im Fach Deutsch ist oder sein kann.

Für Eltern potenzieren sich solche Erfahrungen mit jedem ihrer Kinder,
das die Schule besucht. Die Leistungen der Kinder werden als erziehungs-
oder anlagebedingt angesehen und gelten somit als von Elternseite mitver-
ursacht oder mitverschuldet. Bei Elternsprechtagen hört man: „Ich hatte bei
Aufsätzen früher ebenso viel Fantasie wie meine Tochter und bei Interpretationen hatte ich die gleichen Probleme … Ich konnte mit Gedichten auch
nichts anfangen … Mein Sohn ist in Grammatik genauso gut wie ich es früher
war …"

Verglichen mit Eltern und Schülern ist die Situation der Deutschlehrer
noch vertrackter: Sie verfügen ebenfalls über ähnliche Erlebnisse und Emotionen aus ihrer Schüler- bzw. Elternerfahrung. Andererseits sind sie aber
auch die Verursacher und die Vermittler solcher Erfahrungen. Sie sind also
gleichzeitig Produzenten und Betroffene der Sichtweisen von Qualität des
Deutschunterrichts – und sie erleben und reproduzieren diese kontinuierlich: Im Laufe ihres Berufslebens unterrichten Lehrerinnen und Lehrer in
der Regel mehr als ein Dutzend Mal die gleichen Inhalte. Während ihrer über
30-jährigen Tätigkeit an der Schule korrigieren sie bis zu 20.000 Deutsch-
arbeiten der Sekundarstufe I und II. Mehreren Tausend Kindern und Jugendlichen vermitteln sie ihre persönliche Sichtweise von gutem oder
schlechtem Deutschunterricht.

> Will man über Qualität des Deutschunterrichts diskutieren, muss man
> sich (als Elternteil, Schüler oder Lehrer) immer wieder der eigenen Er-
> fahrungen vergewissern: Worauf beruht das eigene Qualitätsverständ-
> nis? Wie hat sich die eigene Position zur Qualität des Deutschunterrichts
> herausgebildet? Was ist meine Lern-Geschichte?

[1] Überschlagsrechnung: Ausgaben je Schüler an allgemeinbildenden Schulen im
Haushaltsjahr 1997: 8.700,00 DM (Statistisches Bundesamt, Pressemitteilung:
„Ausgaben je Schüler an öffentlichen Schulen 1997" vom 5. 1. 2000); auf das Fach
Deutsch/Sprache entfallen im Schnitt der zehn Schuljahre 4/29 der Ausgaben.

Das folgende Verfahren kann helfen, analysierend auf eigene Erfahrungen mit Qualität zurückzuschauen und sie an fremden Erfahrungen (z. B. in einer Fachkonferenz oder in der Lehrerfortbildung) zu spiegeln.

Rückschau: Qualität im Deutschunterricht

Nehmen Sie sich mindestens eine Stunde Zeit und beantworten Sie die folgenden Fragen schriftlich. Schildern Sie die Situationen genau: was, wann, wo, wie, wer?

1. Welche Erinnerungen an meinen Deutschunterricht (als Schüler) sind für mich besonders deutlich?
2. Was war das Wichtigste/Unwichtigste, das ich im Deutschunterricht gelernt habe?
3. Welche Bedeutung hatte das im Deutschunterricht Gelernte für mich als Schüler – welche hat es heute für mich?
4. Wie sah die beste Deutschstunde aus, die ich als Schüler erlebt habe?
5. Wie sah die beste Deutschstunde aus, die ich als Lehrer erlebt habe?
6. Drei Begriffe (Aussagen), die heute für mich ‚Qualität' von Deutschunterricht definieren: _____

Tauschen Sie, wenn möglich, die Antworten mit einer anderen Person aus. Sollte dies nicht möglich sein, lesen Sie die Antworten nach einem halben Jahr erneut und ergänzen bzw. verändern Sie sie.

Die Ergebnisse einer solchen Rückschau sind zeitgebunden und individuell. Repräsentativität oder Objektivität kann mit diesem Verfahren nicht angestrebt werden. Es geht vielmehr darum, Erfahrungen der eigenen Schüler- und Lehrerbiografie zu erforschen, die die Sichtweise von Qualität im Deutschunterricht – oft unbemerkt – nachhaltig prägen. Führt man jedoch solche Rückschauen mit Kollegen durch, kristallisiert sich häufig sehr wohl gemeinsame Grundzüge heraus.

Qualitäts-Grunderfahrung I: die Übermacht des Unberechenbaren

Am Anfang geht es auf dem Weg zur Schrift in Riesenschritten voran. Zu Lauten werden Buchstaben gesucht, diese Buchstaben werden miteinander verbunden und es entstehen erste Botschaften (siehe Abb. 1): „Das Pferd, das Zebra, die beiden". Der Artikel wird beiden Nomen zugeordnet – das ist sparsam und bildet eine klare Ordnung. Aber bis zum Ende des rechten Weges zur Schrift ist es noch ein weites Stück. Nur wenige Jahre später werden die Schreibung des Grundwortschatzes, die Grundprinzipien der Dehnung, die Groß- und Kleinschreibung, die Getrennt- und Zusammenschreibung beherrscht und ‚Systemfehler' kommen nur noch selten vor – ein riesiger Fortschritt!

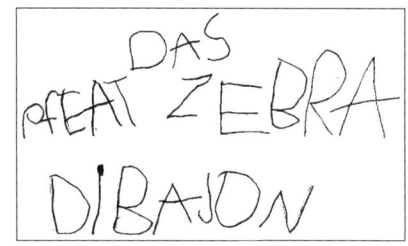

Abb. 1: Auf dem Weg zur Schrift (Annika, 5 Jahre)

Bei der Rückschau auf eigene Erfahrungen im Deutschunterricht stellt sich als eine wiederholende Grundfigur heraus, dass dieser Fortschritt nicht genügend beachtet und auch nicht hinreichend sichtbar gemacht wurde: „Ich hatte in Diktaten immer eine Drei, das war so und das blieb so, ich konnte machen, was ich wollte. In Rechtschreibung blieb ich, wie ich war." Jeder Fortschritt in der Beherrschung der Rechtschreibung führt offensichtlich nur zur Erhöhung der Anforderungen. Sobald eine bestimmte Regel beherrscht wird und die Fehlerzahl zu sinken droht, wird der Schwierigkeitsgrad erhöht. Damit wird die alte Ordnung wiederhergestellt. Rechtschreibung wird so zu einer letztlich nie richtig zu beherrschenden Angelegenheit. Ein Lehrer beschreibt dies rückblickend am Beispiel des berühmten Kosog'schen Diktates: In der 9. Klasse lernten wir Lebensläufe und Bewerbungen zu schreiben. Beim kleinsten Fehler musste alles wieder neu und vor allem sauber abgeschrieben werden. Ich habe das Ganze bestimmt sechs-, siebenmal abgeschrieben, andere mussten es noch öfter machen. Der Lehrer verzweifelte über unsere Arbeitshaltung. Als Reaktion kam das Kosog'sche Diktat: „Damit ihr seht, was ihr noch üben müsst!"

Das Kosog'sche Diktat: „Aus dem Testamente einer Mutter"

Aufgabe: Unterstreiche die Wörter, die großgeschrieben werden müssen!
Liebe kinder!
Heute nacht nahm ich mir vor, euch diesen morgen einige lehren fürs leben des näheren nieder zu schreiben. Leset sie oftmals durch, so werdet ihr euch bei gelegenheit des näheren entsinnen und danach handeln. Zwar kann ich euch nur etwas weniges hinterlassen; aber euch etwas gediegenes lernen zu lassen, dazu habe ich mein bestes, ja mein möglichstes getan. Ihr seid alle gut im stande, so daß ihr im stande seid, euch redlich durch zu schlagen. Sollte jedoch einer von euch je in nöten sein, so ist es durchaus von nöten, daß ihr euch gegenseitig helft.

Seid stets willens, euch untereinander zu willen zu sein. Irrt einer von euch, so sollen die übrigen ihn eines anderen, und zwar eines besseren, belehren. Achtet jedermann, vornehme und geringe, arm und reich. Seid keinem feind; denn jemandes feind sein bringt oft unheil. Tut niemand ein leid an, so wird man euch nicht leicht etwas zu leide tun. Euer seliger vater sagte oft zu seinen schülern: „tut nie böses, so widerfährt euch nichts böses." Macht euch eine brüderliche friedfertigkeit zu eigen, indem ihr im streit nach dem worte handelt: „gehst du zur rechten, so habt ihr recht, ja das größte recht, wenn ihr euer recht sucht." Laßt nichts außer acht, ja außer aller acht, wenn ihr freundschaft schließt. Wählt nicht den ersten besten als freund und sorgt, daß ihr unter euern mitarbeitern nie die letzten seid. Wollt ihr wichtiges zuwege bringen, so müßt ihr ernstlich zu werke gehen. Sucht auf dem laufenden zu bleiben und zieht nie eine ernste sache ins lächerliche. Verachtet nie das leichte, so wird es euch schließlich ein leichtes, auch das schwierigste zu überwinden. Es ist aber das schwierigste, daß man sich selbst bezwingt. Seid ihr aber in einer angelegenheit im dunkeln, so übt vorsicht, denn im dunkeln stößt man leicht an. Seid auch im geringsten nicht im geringsten untreu. Zum letzten rate ich euch folgendes: befolgt das vorstehende, so braucht euch nicht angst zu sein; ohne angst könnt ihr dann zu guter letzt auf das beste stand halten, auf das beste hoffen und trotz aller widerwärtigkeiten zeit eures lebens dem schicksal trotz bieten. (KOSOG 1912)

„Zuerst las der Lehrer den Text vor und betonte, wir hätten den Vorteil, den Text nicht als Kontrolldiktat schreiben zu müssen. Wir brauchten nur die großzuschreibenden Wörter unterstreichen. Jedem, der weniger als 20 Fehler machte, wollte er zehn Mark geben. Ich habe versucht die Aufgabe zu bewältigen und kam auf 32 Fehler, damit lag ich im Mittelfeld der Klasse. Durch das Kosog'sche Diktat habe ich als Schüler gelernt, dass Rechtschreibung unberechenbar ist und Üben keinen Sinn hat."

Natürlich kann man sich darüber empören, dass der Lehrer ausgerechnet diesen Text verwendet hat, um die Groß- und Kleinschreibung zu exerzieren, wurde er von Kosog doch mit dem Ziel präsentiert, die Unberechenbarkeit der Rechtschreibung zu belegen: „Eine Rechtschreibung, die selbst von den Gebildetsten im Volke nicht beherrscht wird, hat ihr Daseinsrecht verwirkt, und je eher sie verschwindet, desto besser." (KOSOG 1912) Gravierender ist aber, dass mit diesem Text als ‚Diktatknüppel' problematische Einstellungen erzeugt werden: Man kann Rechtschreibung nie ‚fertig' lernen, es gibt immer einen noch schwereren Text. Deshalb kann man in Rechtschreibung nie ein guter Schüler werden. Manche Schüler ziehen daraus einen eigenwilligen Schluss: Wenn man mit Rechtschreibung nicht fertig werden kann, braucht man nicht damit anzufangen. Andere folgern: Je mehr Regeln man lernt und übt, umso mehr Fehler macht man angesichts der Unberechenbarkeit der Materie.

Die Erfahrung der Unberechenbarkeit und Unlernbarkeit von Rechtschreibung lebt bei Deutschlehrern spätestens dann wieder auf, wenn sie Rechtschreibung unterrichten müssen. Sie äußert sich in Unsicherheit, Festhalten an vorgegebenen Texten, dem Überbetonen oder Vermeiden von Zweifelsfällen und in rigider Beschränkung der jeweils zu vermittelnden Phänomene: Dass meistens immer nur eine Regel bzw. ein Phänomen geübt wird (Großschreibung von Verben, Dehnung, Endungen ...), geschieht auch zur Sicherheit des Lehrers. Denn in einem streng abgesteckten Rahmen wahren Rechtschreibregeln ihren rationalen Schein – und nur so scheint den verunsicherten Lehrern Qualität überhaupt erreich- und überprüfbar.

Wie tief die Grunderfahrung sitzt, dass Rechtschreibung unberechenbar ist, wird bei Reaktionen auf Ergebnisse von Untersuchungen zur Rechtschreibleistung von Schülern deutlich. Wenn Industrie- und Handelskammern auf der Grundlage zweifelhafter Untersuchungen alarmieren: „Aber selbst bei Abzug der Interpunktions-Fehler verbleibt eine Gruppe von 15 Prozent, die nicht in der Lage ist, einen Satz mit zehn Wörtern fehlerfrei zu schreiben" (in: WESTFÄLISCHE RUNDSCHAU v. 11.02.2000), löst das ein Gefühl bestätigender Resignation aus: „Wir haben alles versucht, aber die Rechtschreibung und die Leistungen der Schüler sind einfach gegen uns. Es gibt Bereiche im Deutschunterricht, in denen kann man keine Qualität erreichen – auch wenn der Unterricht noch so gut ist."

Qualitäts-Grunderfahrung II: die Unmöglichkeit eines Konsenses

Deutschstunde in der siebten Klasse. Der Referendar hat folgende Definition erarbeitet: „Ein Präpositionalobjekt stellt eine Ergänzung (Objekt) dar, die nicht durch einen Fall (Kasus) gebildet wird, sondern durch ein Verhältniswort (Präposition), das vom Verb gefordert wird. Man erfragt Präpositonalobjekte durch präpositionale Fragewörter: wie, woran, worauf ...?"

Der Fachleiter runzelt die Stirn, der Referendar schaut kurz zu ihm hinüber. Unbeirrt führt er an Beispielsätzen (Abb. 2) die Formen des Präpositionalobjektes ein. Die Schüler sind bemüht, dem Referendar zu helfen. Bei den ersten drei Sätzen geht das gut. Beim vierten Satz will der Referendar auf

Nummer sicher gehen und bittet den besten Schüler um die Satzgliedbestimmung. Der Schüler erklärt: „‚Er' ist das Subjekt, ‚verzweifelt' ist das Prädikat, ‚da irgendwie' ist ein Modaladverbiale. Man fragt:

> *Präpositionalobjekte und ihre Formen*
> 1. Sie wartet darauf, <u>dass er geht</u>.
> 2. Er will sie zwingen, <u>das Kleid zu kaufen</u>.
> 3. Sie zweifelt <u>an seinem Verstand</u>.
> 4. Er verzweifelt <u>da irgendwie</u>.

Abb. 2: Beispielsätze

Wie?, also lautet die Antwort: Irgendwie!" Der Fachleiter nickt. Der Referendar wehrt halblaut ab: „Pro-no-mi-nal-gruppe!" Der Schüler ist irritiert: „Nicht Adverbiale?", fragt er zurück. „Doch", bestätigt ihn der Fachleiter, „in der Grammatik ist das so, wenigstens in meiner." – In der darauf folgenden Deutschstunde versucht der Referendar die Angelegenheit zu klären. Natürlich hat er Recht gehabt.

Offensichtlich wird dem Deutschunterricht besonders dann Qualität zugeschrieben, wenn er eine klare Unterscheidung von ‚richtig' und ‚falsch' vertritt. Dies führt bei Schülern wie bei Lehrern zu zwei Effekten: Sie entwickeln zum einen ein starkes Bedürfnis nach geschlossenen Systemen und perfekten Regelwerken und zum anderen gleichzeitig eine ausgeprägte Haltung gegen andere Systeme und Regelwerke bzw. gegen die Vorstellung überhaupt, dass zwei Ansichten oder Regeln gleichzeitig gelten könnten. So erwächst ein Selbstbewusstsein, das gleichermaßen nach Abgrenzung und Ausweitung strebt und einen Konsens unter Fachkollegen letztlich nur zu eigenen Bedingungen zulassen will – und damit unmöglich macht. Für Schüler bedeutet dies, dass ein Lehrerwechsel in Deutsch meistens auch einen System- und Regelwechsel bedeutet – und zwar bis in die Grammatik hinein, von Interpretationen und Analysen gar nicht zu reden.

Qualitäts-Grunderfahrung III: die Inszenierung von Bildungserlebnissen

„Studiendirektor Dr. R. hat sich nachhaltig geweigert, in unserem Kurs Goethes Faust durchzunehmen. Seine Begründung ‚Lest das, wenn ihr es versteht, also frühestens mit fünfzig' hielten wir zuerst für eine Finte (‚Sie wollen uns ja nur neugierig machen!'), dann für eine Provokation (‚Sie müssen Faust machen!'). Schließlich gaben wir auf und fragten nur noch gelegentlich nach. Hätte Dr. R. nicht Ende der 12 einen Herzinfarkt bekommen und die Schule verlassen, hätten wir niemals Faust behandelt und wären wahrscheinlich neugierig darauf geblieben. In der 13 übernahm dann Dr. S. den Unterricht und Goethes Faust kam auf den Plan. Dr. S., immer die abgegriffene Mappe mit den Klarsichthüllen dabei, informierte uns in der ersten Stunde der Unterrichtsreihe über den Bildungsgehalt des Faust und bereitete uns auf das sich bei der Lektüre zwangsläufig einstellende Bildungserlebnis vor. Sein Ton war sachlich, und schon begannen wir mit dem ‚Vorspiel auf dem Theater‘. Seine Frage nach der Versform beantwortete er sich mit einem Blick auf seine Klarsichthülle selbst. Dr. S. gab sich alle Mühe und wir erfuhren Bildungserlebnisse: Knittelvers, Madrigalvers, regelmäßig vierhebig alternierend, freie Rhythmen, retardierende Momente, Hier bin ich Mensch ... Wir wurden gebeten, uns in Faust (Vv. 1532–1867, Studierzimmer) hineinzuversetzen und uns zu fühlen, wie er sich fühlt (Vv. 3217–3250, Wald und Höhle). Dr. S. dokumentierte nach einem für uns undurchschaubaren System unsere Empfindungen und Vermutungen an der Tafel. Wir hatten den Verdacht, dass er die ‚richtigen‘ Gefühle (‚Ich als Faust ...‘) bereits vor den Unterrichtsstunden in den Entwürfen seiner Tafelbilder notiert hatte, und nur darauf wartete, bis sie sich einstellten. Jede Stunde war von Dr. S. durchdacht und sorgfältig geplant. Und jede Stunde führte zu Ergebnissen. Noch heute beweisen die Unterrichtsmitschriften unsere Bildungserlebnisse. Aber am Ende der Unterrichtsreihe fanden wir, Dr. R. hatte Recht gehabt: Wir hätten den Faust (noch) nicht lesen sollen.“

Spurensicherung: Inszenierung von Bildungserlebnissen

Der ‚Schulrat‘ kommt. Mit welchem der folgenden Klausurthemen könnten Sie ihn am meisten beeindrucken? Warum?

1. Interpretieren Sie ‚Abend‘ aus Faust I (Vv. 2678-2752) unter Berücksichtigung des Kontextes. Gehen Sie auch auf Mephistos Rolle in dieser Szene ein.
2. Analysieren und erläutern Sie anhand von prägnanten Textbeispielen die Figur des Mephisto und ihre Funktion.
3. Interpretieren Sie die Kerkerszene aus Faust I nach Gehalt und Form, indem Sie Ihre Analyse vor allem auf eine genaue Untersuchung der Kommunikation zwischen Faust und Margarete stützen. Erörtern Sie – mit einem Blick auf das Gesamtwerk – die Behauptung, dass Faust die Befreiung Margaretes notwendigerweise misslingen muss.

(Klausurthemen 1997/98: Grund- u. Leistungskurse
aus Gymnasien in Bayern und NRW)

In dieser Rückschau wird eine dritte Grunderfahrung von Qualität sichtbar: Bildungserlebnisse (besonders bei der Literaturvermittlung) sind konstitutiv für guten Deutschunterricht. Deshalb müssen sie im Unterricht produziert werden. Dies gelingt nur, wenn die Schüler mitspielen oder zumindest so tun, als würden sie mitspielen.

Die Forderung, die als hochwertig angesehenen Bildungserlebnisse im Unterricht zu produzieren, kann sowohl Lehrer als auch Schüler mächtig in die Bredouille bringen. Schwierige Rahmenbedingungen können die Erfüllung dieser Forderung manchmal schier unmöglich machen:

„Der letzte Kursabschnitt ist extrem kurz, die Klausurtermine liegen früh, dann die Unterrichtsausfälle durch die Feiertage! Wie kann man nur im zweiten Halbjahr die Doppelstunde auf einen Donnerstag legen! In meinem Grundkurs habe ich für den Faust gerade sieben Unterrichtsstunden! Wie soll das gehen? Was sollen meine 27 Schüler da lernen? Von ‚Verstehen' will ich nicht sprechen."

Schwierigkeiten bei der Produktion von Bildungserlebnissen im Deutschunterricht können auch auftreten, wenn ungeliebte oder wenig geschätzte Inhalte vermittelt werden müssen (Sternchenthemen, Lehrplanvorgaben, Absprachen der Fachkonferenz, Lehrbuch) oder wenn ein Inhalt gegen den Widerstand der Schüler durchgesetzt wurde.

Häufig wird versucht, solche Schwierigkeiten zu vermeiden oder mindestens zu überdecken, damit es dann doch noch zum Bildungserlebnis und somit zum guten Deutschunterricht kommt.

Strategien der Inszenierung von Bildungserlebnissen

1. Man macht als Lehrer die eigene Nähe, die man zum Gegenstand hat, zum Auswahlkriterium für die Unterrichtsthemen. Das soll authentischen Unterricht ermöglichen und helfen, dass Schüler ebenfalls Nähe zum Unterrichtsgegenstand entwickeln. Für Schüler wird dies unter Umständen Anlass unreflektierter Idealisierung oder, bei Distanz zum Unterrichtsgegenstand, zum Identifikationszwang: Da die Identifikation der Schüler mit der Lehrerhaltung Merkmal des Unterrichtserfolgs ist, müssen Schüler diese produzieren. Ein Beispiel für die Problematik solchen Lernens liefert Peter Weirs hochgelobter Film „Der Club der toten Dichter" (1988).

2. Man spielt Bildungserlebnisse vor. Dies muss nicht immer in böser Absicht erfolgen (siehe Beispiel von Dr. S.). Das Vorspielen oder Inszenieren erfolgt in mehreren Schritten: a) Ankündigung der Inszenierung sowie Verpflichtung der Schüler als Mitspieler, b) Berufung auf Zeugen für die Bedeutung des folgenden Bildungserlebnisses, c) Vorspiel des Erlebnisses, dabei mögliche

Grundstimmungen: getragene Ernsthaftigkeit, Emphase, Stille, Drastik, Verweis auf eigene Erlebnisse und Erfahrungen, Kryptizismus, d) Dokumentation des Erlebnisses, Selbstbestätigung, e) Verbreitung des Erlebnisses durch Erzählung.

3. Man überfordert die Klasse systematisch durch besonders schwierige Texte („Faust – habe ich schon in der 9 gemacht!"). Dies wird der Klasse als Einzigartigkeit und besondere Auszeichnung vermittelt und schafft den Erlebnischarakter. Gleichzeitig ermöglicht Überforderung Abstriche von Qualitätsanforderungen.

4. Man schafft Betroffenheit und schaltet die Distanz der Schüler zum Thema aus. Diese Strategie ist beim Thema ‚Jugendliteratur' beliebt, wenn zum jeweils aktuellen Problem das passende Jugendbuch gelesen wird. Je größer dabei die Betroffenheit ist, umso besser ist der Unterricht. Varianten dieser Strategie sind die Betonung der inneren Nähe zum Gegenstand (s.o.), die Verschreibung einer Stimmung („Wäret ihr in dieser Situation nicht auch ...") oder Ausblendung des Analysierens („Das kann man nicht verstehen, das muss man erfühlen ...").

5. Man stellt Scheinprodukte von Bildungserlebnissen her. Diese Strategie funktioniert nur im Einverständnis mit den Schülern: a) Vorstellung eines Textes, der ein Bildungserlebnis auslösen kann (z.B. Stimmungsbild, Gedicht, Märchen), b) Herausarbeitung der Textmerkmale, die ein Bildungserlebnis anzeigen können (bei Stimmungsbildern z.B. Gefühlsausdrücke, Betonung subjektiver Wahrnehmung), c) Herstellung ähnlicher Texte unter Verwendung dieser Merkmale (Variation bzw. Reproduktion), d) Veröffentlichung der Texte als eigenständige Produkte.

Sicherlich gehören diese Strategien manchmal zum zugelassenen und vielleicht sogar notwendigen Repertoire des Deutschunterrichts. Sie regelmäßig zu verwenden, verstellt jedoch den Blick für Qualität. Sie wäre in diesem Fall nur ein Begriff für das Gelingen einer Inszenierung und keine Aussage über die Bedeutung, die Wirkung und das Maß des Vermittelten und Geleisteten. Inszenierungen von Bildungserlebnissen können zur Selbsttäuschung werden. Gerade deshalb ist es wichtig, solche Erlebnisse in Rückschauen – auch mit den Schülern – immer wieder zu untersuchen und zu prüfen: Was wurde im Deutschunterricht wirklich erreicht? Was bleibt? Was von dem, das bleibt, hat Bedeutung?

Rückschauen können systematisch mit Hilfe des genannten Fragenkataloges erfolgen, sie ergeben sich aber oft auch spontan:

Rückschau im Tagebuch: beunruhigendes Wiedersehen

„Gestern 25-jähriges Klassentreffen meiner alten 10 a, in der ich Klassenlehrer war. Ich erkannte D. sofort wieder. Sie gab mir unsicher die Hand. ‚Sie erkenne ich gar nicht mehr‘, sagte sie. Ich lächelte. ‚Ich bin dein oller Deutschlehrer!‘ Sie staunte, dann rief sie: ‚Ach hören Sie auf. Bei Sie ha'm wir nie Deutsch gehabt.‘ Alle drehten sich zu uns um. Ein schallendes Lachen. Ich bekam einen roten Kopf. Einen Moment lang dachte ich, D.s verdammter Fehler wäre *mein* Fehler.

Drei Dinge ärgern mich an dieser Geschichte: Zuerst, dass ich für D. nicht so wichtig war, denn sonst hätte sie mich sicherlich gleich erkannt. Dann wurmt mich, dass sie einen so blöden Fehler gemacht hat, wo sie doch eine der besten Schülerinnen der Klasse war. Im Unterricht hat sie nie solche Fehler gemacht. Am meisten aber ärgert mich, dass mir das Ganze derart peinlich war und ich dagestanden habe, als wäre ich persönlich für diesen Fehler verantwortlich. Ich verstehe nicht, warum ich das für so wichtig genommen und auf mich bezogen habe. Vielleicht, weil das an meiner Vorstellung gekratzt hat, meine Schüler würden in Deutsch etwas fürs Leben lernen, und das, was ich ihnen beigebracht habe, hätte Bestand. Nichts. D. lebt seit 15 Jahren in Gelsenkirchen. Dagegen kommt mein Dativ nicht an. Gegen Einflüsse wie Gelsenkirchen bist du als Deutschlehrer einfach machtlos.“

Ganz gleich, ob Erfahrungen systematisch erforscht werden oder ob sie spontan aufkommen, es ist wichtig, sie festzuhalten und auszuwerten. So werden sie zu einer echten Rückschau und können die Wahrnehmung für Unterricht und dessen Qualität schärfen und die eigene Position über Qualität klären. Insofern ist Rückschau immer schon ein Blick nach vorn.

2 Grundzüge der Debatte über Qualität

Einige haben es befürchtet, andere haben es beinahe sehnlich erwartet: Endlich erreicht die aktuelle Qualitätsdebatte auch den Deutschunterricht, endlich wird nicht nur gefragt: Was ist eine gute Schule?, sondern es wird nachgesetzt: Was heißt guter Fachunterricht, was heißt guter Deutschunterricht? Hätte die Qualitätsdebatte über Schule nicht Konjunktur in Wissenschaft, Politik und Gesellschaft (KLEMM 1999), hätten nicht dummerweise der Mathematik- und der naturwissenschaftliche Unterricht den bis dahin mit sich zufriedenen Deutschunterricht in den Strudel der Qualitätsdebatte gezogen, dann könnten sich Deutschunterricht und -didaktik wie bisher weitgehend vor ihr drücken. Das ist nun nicht mehr – auf jeden Fall nicht mehr so einfach – möglich.

Ein Gedankenexperiment zur Einführung

Die Bedeutung und auch die Brisanz der Qualitätsdebatte wird durch das folgende Gedankenexperiment deutlich. Dieses Experiment hat allerdings für viele Eltern einen überaus realistischen – und zum Teil bitteren – Hintergrund.

Ausgangspunkt des Experiments ist folgende Checkliste für Eltern und Schüler, die vor der Entscheidung stehen eine weiterführende Schule zu wählen.

Checkliste: Die richtige Schule für mein Kind?

Diese Checkliste erfasst alles, was Sie wissen müssen, um eine Entscheidung bei der Wahl einer geeigneten Schule für Ihr Kind treffen zu können. Gehen Sie wie folgt vor:

- Beginnen Sie bei sich selbst: Welche Erwartungen haben Sie an die Schule Ihres Kindes? Kennzeichnen Sie diese jeweils mit ●.

- Fragen Sie Ihr Kind: Wie soll es in deiner neuen Schule sein? Kennzeichnen Sie die Antworten mit X.

- Nutzen Sie jetzt den Informationstag der in Frage kommenden Schulen und befragen Sie dort einen Lehrer bzw. ein Mitglied der Schulleitung: Wie ist es an Ihrer Schule? Kennzeichnen Sie die Antworten mit ◇.

- Werten Sie die Liste aus, u. a. mit Hilfe folgender Fragen: Wo bestehen die größten Gemeinsamkeiten und wo die größten Unterschiede? Welche Items/Angaben sind für Ihre Entscheidung besonders wichtig?

Checkliste: Die richtige Schule für mein Kind?

In der Schule ...	immer ++	+	+/–	–	nie --
beginnt und endet der Unterricht pünktlich.	☐	☐	☐	☐	☐
erhalten die Schüler klare Orientierung über den Leistungsstand.	☐	☐	☐	☐	☐
besteht ein großes Lehrangebot (viele Fächer).	☐	☐	☐	☐	☐
werden Leistungsansprüche deutlich formuliert.	☐	☐	☐	☐	☐
arbeiten Eltern und Schule gut zusammen.	☐	☐	☐	☐	☐
bilden sich die Lehrkräfte fort.	☐	☐	☐	☐	☐
erhalten schwächere Schüler besondere Unterstützung.	☐	☐	☐	☐	☐
fallen wenig Stunden aus, gibt es wenig Vertretungen.	☐	☐	☐	☐	☐
gibt es ein Angebot an außerunterrichtlichen Aktivitäten.	☐	☐	☐	☐	☐
gibt es ein Schulprogramm.	☐	☐	☐	☐	☐
gibt die Schulleitung Anstöße für pädagogische Initiativen.	☐	☐	☐	☐	☐
haben die Lehrer eine positive Einstellung zu Schülern.	☐	☐	☐	☐	☐
können die Schüler sich sicher fühlen.	☐	☐	☐	☐	☐
hat das verwendete Lernmaterial eine hohe Qualität.	☐	☐	☐	☐	☐
ist der Unterricht anspruchsvoll.	☐	☐	☐	☐	☐
ist die Hausaufgabenpraxis transparent.	☐	☐	☐	☐	☐
können die Schüler ihre Interessen in den Unterricht einbringen.	☐	☐	☐	☐	☐
fühlen sich Lehrer verantwortlich für die Leistungen der Schüler.	☐	☐	☐	☐	☐
sichern die Lehrer Disziplin und Ordnung.	☐	☐	☐	☐	☐
sind die Klassen- und die Fachräume freundlich eingerichtet.	☐	☐	☐	☐	☐
setzen sich die Klassen leistungsmäßig heterogen zusammen.	☐	☐	☐	☐	☐
stimmen sich die Lehrer über den Unterricht ab.	☐	☐	☐	☐	☐
wechseln die Arbeitsformen im Unterricht.	☐	☐	☐	☐	☐
werden Leistungsfortschritte der Schüler genau beobachtet.	☐	☐	☐	☐	☐
werden die Schüler gelobt.	☐	☐	☐	☐	☐

In der Schule ...	immer				nie
	++	+	+/-	-	--
■ werden die Schüler zu selbstständigem Arbeiten erzogen.	☐	☐	☐	☐	☐
■ werden grundlegende Kenntnisse und Fähigkeiten vermittelt.	☐	☐	☐	☐	☐
■ werden moderne Unterrichtsmethoden verwendet.	☐	☐	☐	☐	☐
■ werden Probleme frühzeitig erkannt und bearbeitet.	☐	☐	☐	☐	☐
■ wird für die Einhaltung vereinbarter Regeln gesorgt.	☐	☐	☐	☐	☐
■ werden Schüler ernst genommen.	☐	☐	☐	☐	☐
■ werden positive Werthaltungen vermittelt.	☐	☐	☐	☐	☐
■ wird der Unterrichtsstoff klar dargeboten.	☐	☐	☐	☐	☐
■ wird die Unterrichtszeit effektiv für das Lernen genutzt.	☐	☐	☐	☐	☐
■ wird Allgemeinbildung vermittelt.	☐	☐	☐	☐	☐
■ wird Konzentration gefördert.	☐	☐	☐	☐	☐
■ wird nur geprüft, was auch unterrichtet worden ist.	☐	☐	☐	☐	☐
■ ...					

Durchführung des Gedankenexperiments:

Erster Schritt: Versetzen Sie sich zuerst in die Rolle des Elternteils, dann des Kindes, und kennzeichnen Sie in der Checkliste deren (vermutliche) Erwartungen.

Zweiter Schritt: Denken Sie nun als Lehrer an Ihre eigene Schule. Geben Sie an, wie es dort Ihrer Meinung nach wirklich ist. Unterstreichen Sie dann bitte die zehn Items, die Ihrer Meinung nach am wichtigsten sind.

Dritter Schritt: Analysieren Sie. Bei welchen Fragen haben Sie (in welcher Rolle) besonders schnell antworten können oder besonders große Schwierigkeiten gehabt? An welchen Stellen ist Ihnen die Übernahme der Perspektive von Eltern, Schülern und Lehrern besonders leicht oder schwer gefallen? Wo bestehen die größten Gemeinsamkeiten und wo die größten Unterschiede zwischen den Erwartungen und Einschätzungen? Welche Angabe wäre für Ihre weitere Arbeit besonders wichtig?

Vierter Schritt: Stellen Sie sich vor, ein Elternteil würde Ihnen Ihre (ausgefüllte) Checkliste vorlegen. Was würden Sie im Hinblick auf die Schulwahl für das Kind empfehlen?

Fünfter Schritt: Wären Sie Schulleiter Ihrer Schule: Was würden Sie – der Checkliste nach – tun bzw. veranlassen?

Sechster Schritt: Beantworten Sie zum Schluss kurz und bündig folgende Frage: Was bedeutet für Sie jetzt Qualität von Schule?

Besonders ergiebig ist es, dieses Verfahren in einer Gruppe (im Kollegium oder in der Lehrerfortbildung) durchzuführen. Zuerst füllt jeder Teilnehmer eine Checkliste aus, dann werden diese untereinander (verdeckt) ausgetauscht und mit Hilfe der Fragen des dritten Arbeitsschrittes analysiert.

Die Auseinandersetzung über die Checkliste (und deren zum Teil befremdend wirkende Fragestellungen) führt mitten in die aktuelle Qualitätsdebatte. Die einzelnen Items der Checkliste greifen zentrale Erkenntnisse der Forschung über Schulqualität auf (vgl. FEND 1998, S. 87–237; EIKENBUSCH 1998, S. 81 ff.; BURKARD/EIKENBUSCH 2000, S. 56 ff.). Der Perspektivenwechsel macht eins deutlich: Was man unter Qualität versteht, ist interesse- und positionsgebunden. Für Schüler und Eltern bedeutet Qualität von Schule in der Regel etwas anderes als beispielsweise für Lehrer, Bildungspolitik oder Schulaufsicht. Die gemeinsame Analyse dieses Gedankenexperiments macht weitere Implikationen des Qualitätsbegriffs deutlich:

- Nicht für jeden haben die einzelnen Merkmale von Qualität immer das gleiche Gewicht. Je nach individueller Passung und Vorgeschichte kann die Bedeutung der Merkmale für Qualität variieren. Gute Schulen müssen nicht für jeden Schüler gut sein. (ILEA 1990)
- Wie Merkmale sich beeinflussen, ist nicht generell für alle Fälle zu sagen.
- Die Messbarkeit eines Qualitätsmerkmals bedeutet nicht schon, dass man es auch gezielt verändern könnte.
- Ob Schule oder Unterricht besser werden, wenn einzelne Qualitätsmerkmale erfüllt oder besser erreicht werden, ist unsicher. Gleichermaßen unsicher ist, ob Schule und Unterricht schlechter werden, wenn Merkmale schlechter erfüllt oder gar nicht mehr erreicht werden.
- Die Erfüllung von Qualitätsmerkmalen ist immer eine Momentaufnahme. Sie lässt keine Aussagen darüber zu, ob die Qualität weiter bestehen bleibt oder ob auch weiterhin Qualität erreicht werden kann.
- Die Qualitätsmerkmale haben z. T. einen geringen Konkretisierungsgrad. Die mit ihrer Hilfe vorgenommenen Einschätzungen bleiben häufig zu allgemein, als dass man daraus Konsequenzen für die Arbeit ziehen könnte.

Diese Einwendungen lassen allerdings nicht die Schlussfolgerung zu, die Auseinandersetzung über Merkmale der Qualität sei fundiert nicht möglich oder führe zu nichts. Im Gegenteil, gerade weil es noch so viele offene Felder und unklare Zusammenhänge gibt, ist eine intensive Beschäftigung mit dem Thema ‚Qualität von Schule und Unterricht' notwendig, insbesondere zur Unterrichtsqualität und Güte von Fachleistungen (vgl. TILLMANN 1999, S.17) und zu den so genannten ‚harten' Qualitätskriterien (POSCH/ ALTRICHTER 1999). Weiterhin darf die Tatsache, dass zentrale Fragen und Zusammenhänge noch nicht geklärt sind, nicht darüber hinwegtäuschen, dass wesentliche Erkenntnisse schon vorliegen, dazu gehören u. a.:

- Lernerfolg und Lernergebnisse sind nicht unabänderlich vorgegeben oder für immer festgelegt. Man kann sie gezielt beeinflussen und verändern.

- Es gibt keine allgemein gültige Definition von Qualität – noch weniger eine von Qualität der Schule oder von Qualität des Deutschunterrichts. Man muss sich also immer wieder darüber austauschen, was unter Qualität verstanden werden soll und muss (!).

- Qualität von Schule und Unterricht entsteht im Zusammenwirken verschiedener Merkmale. Es gibt nicht den einen Königsweg für alle. Man muss also unterschiedliche Wege zur Qualität zulassen und fördern.

- Qualität von Schule und (Deutsch-)Unterricht wird vor allem geprägt durch ein Zusammenwirken von Merkmalen aus drei Bereichen: **Input- und Kontextmerkmale** (Ressourcen, gegebene schulische und außerschulische Umwelt, Vorgaben, Ausstattung …), **Prozessmerkmale** (Strukturierung, Klarheit, Verständlichkeit, Zeitnutzung, didaktische Gestaltung ...) sowie **Ergebnismerkmale** (erzieherische Wirkungen, kognitive Effekte .../KLEMM 1999). Wenn man von Qualität in der Schule spricht und sich damit auseinander setzen will, muss man diese drei Bereiche beachten und darf nicht einzelne Bereiche ausblenden.

- Schulen und Lehrkräfte machen Unterschied(e). Es ist also nicht gleich (-gültig), welche Schule ein Kind besucht und von welcher Lehrkraft es unterrichtet wird. Man muss also anerkennen, dass es Qualitätsunterschiede zwischen Schulen und zwischen Lehrkräften gibt und dass diese Unterschiede Konsequenzen für die Kinder haben können.

Qualität? Eine allgemeine Bestandsaufnahme

Sowohl die Erträge als auch die noch offenen Fragen der Qualitätsdebatte fordern dazu auf und regen an, sich (weiter) mit der Frage der Qualität von Schule und von Unterricht zu befassen. Dass dabei keine schnellen oder einfachen Antworten erwartet werden können, zeigt schon der Versuch, sich darauf zu verständigen, was unter Qualität verstanden werden soll. Offensichtlich ist ‚Qualität' ein Zauberwort, das in jeder Diskussion Platz hat und Wirkung erzielen kann. Was darunter verstanden wird, ist oft widersprüchlich, unklar oder verdeckt. Ursprünglich kennzeichnet der Begriff deskriptiv und wertfrei nur die Beschaffenheit einer Sache. Eine Sache kann jede denkbare Eigenschaft haben, also auch eine schlechte oder unzureichende Qualität. Sie zu untersuchen, heißt auf dieser Ebene nur, ihre Merkmale möglichst umfassend analytisch zu beschreiben.

Aus dem eher nur beschreibenden Begriff ist in der gegenwärtigen Qualitätsdebatte nun ein wertender oder ein normativer Begriff geworden: Qualität meint nun die (zu erreichende) gute oder die beste Beschaffenheit von Schule oder Unterricht. Was das aber genau sein kann, bleibt umstritten, je nach Wertungsstandpunkt oder Überzeugung.

Einige Beispiele dafür, was als (gute) Qualität gilt:

a) die Gesamtheit von Eigenschaften und Merkmalen eines Produktes oder einer Tätigkeit, die sich auf deren Eignung zur Erfüllung gegebener Erfordernisse beziehen (DIN 55350, Teil 11)

b) das Synonym für die Hochwertigkeit eines Produktes (lediglich durch Erfahrung fassbar)

c) die als ‚gut' definierte messbare Größe bzw. Eigenschaft eines Produktes

d) ein günstiges Preis-Leistungs-Verhältnis

e) eine nicht ergebnisbezogen messbare Größe (W. EDWARDS DEMING)

f) das Ausmaß der Anpassung an vorgegebene Forderungen

g) das, was überzeugt (ARISTOTELES)

h) die Erfüllung von Kundenwünschen (ARMAND V. FEIGENBAUM)

i) das, was über den wirtschaftlichen Erfolg eines Produktes entscheidet (WALTER MASING)

j) eine aktive Qualitätssorge sowie der Prozess kontinuierlicher Qualitätsverbesserung (BILDUNGSKOMMISSION NRW 1996, S. 194)

Qualität im wertenden Sinne ist erreicht, wenn gestellte Anforderungen erfüllt und formulierte Ziele erreicht werden (Qualität = Angemessenheit).

Dabei wird bewusst die Entscheidung darüber ausgeklammert, wie eine Sache (oder ein Vorgang) sein soll: Die Definition von Qualität ist vorgegeben, es wird nur überprüft, ob sie erreicht ist. Qualität im normativen Sinne ist gegeben, wenn eine Sache oder ein Prozess so beschaffen ist, dass sie/er nach vorgegebenen Normen als gut ‚anerkannt' werden kann.

Untersucht man die Qualität von etwas auf der Basis wertender oder normativer Definitionen, erhält man kein objektives Ergebnis, sondern eine Aussage, die sich auf (vorher vorgenommene) eigene Setzungen bezieht. Deshalb ist es bei Aussagen über Qualität wichtig, nicht nur Ergebnisse oder Beobachtungen, sondern auch die eigenen Setzungen zu thematisieren.

So wäre beispielsweise ein Befund, dass nach einer bestimmten Veränderung des Unterrichts die Fehlerquote der Schüler bei der Rechtschreibung um 20 Prozent sinkt, wenig aussagekräftig. Wenn beispielsweise zum Erreichen dieser Leistung die Zahl der Übungsstunden für Rechtschreibung vervierfacht oder Fehlerstrafen eingesetzt worden wären, könnte hier von Qualität bzw. Qualitätssteigerung nur gesprochen werden, wenn man bereit wäre, die Rechte der Schüler, die Vorgaben für die Stundentafel sowie Richtlinien und Lehrpläne zu ignorieren oder gar zu missachten.

In der Ungeklärtheit bzw. Vieldeutigkeit des Qualitätsbegriffs liegt dessen Problem und Chance. Was unter Qualität verstanden und akzeptiert wird, bedarf kontinuierlicher Klärung, Verständigung und auch Setzung (z. B. durch Gesetze, Richtlinien und Lehrpläne). Hilfreich ist es, wenn man bei einem solchen Klärungs- und Verständigungsprozess auf nützliche Erläuterungen und Modelle zurückgreifen kann, an denen man sich orientieren oder von denen man sich gegebenenfalls auch abgrenzen kann:

- Auslöser und Hintergründe der aktuellen Diskussion über Qualität,
- Konzepte von Qualität: Elemente, Konsequenzen, Grenzen,
- Vorstellungen und Ideen über ‚Qualität in der Zukunft',
- Ergebnisse der Forschung über Qualität von Schule und Unterricht.

Der Anstoß zur aktuellen Qualitätsdebatte

Begriffe wie Qualität, Exzellenz, Markt und Evaluation spielten in Diskussionen in der Schule und in der Bildungspolitik lange Zeit – wenn überhaupt – eine absolute Nebenrolle. Das muss man eher als alarmierendes Zeichen denn als einen Beleg für ‚gute Zeiten' ansehen. Denn gegen Mitte der 90er Jahre wurden diese lange nicht beachteten Paradigmen als Wachablösung für die ‚alten' Paradigmen von Quantität und Chancengleichheit („mehr Bildung für alle") – nicht selten in instrumentalisierender Absicht – für Staat und Wissenschaft in Stellung gebracht. Seitdem soll es nicht länger um das Erreichen neuer Qualitäten im Bildungs- und Sozialbereich durch Änderung (Erhöhung) der Quantitäten (Expansion) gehen. Im Mittelpunkt des bildungspolitischen Interesses steht neuerdings, Qualität konkret zu bestimmen, sie vergleichbar zu machen und sie zu möglichst günstigen Bedingungen zu erzielen (HELMKE u. a. 2000, S. 8 ff).

Qualität in der Bildungsdiskussion der 60er bis 90er Jahre				
60er und 70er Jahre	Erreichen neuer Qualitäten im Bildungs- und Sozialbereich durch Änderung (Erhöhung) der Quantitäten (Expansion)			
	Quantität	Gleichheit/ Gleichverteilung	Staat	Wissenschaft
	↕	↕	↕	↕
	Qualität	Exzellenz	Markt	Evaluation
80er und 90er Jahre	Qualität konkret, quantitativ bestimmbar und vergleichbar machen (Kosten-Nutzen-Analyse; Effektivität – Effizienz; Ergebnisse)			

Fragt man nach dem Auslöser für die aktuelle Debatte über Qualität von Schule, wird vor allem die TIMS-Studie (TIMSS = Third International Science and Mathematics Study) (BAUMERT/LEHMANN u. a. 1997 u. BAUMERT/BOS/WATERMANN 1998) genannt. „Der Schock kam plötzlich und sitzt noch immer tief: Die deutschen Schülerinnen und Schüler erreichten im Rahmen einer empirischen Studie im internationalen Vergleich in den Naturwissenschaften nur Mittelmaß, vor allem Japan hatte viel besser abgeschnitten!" (SCHLÖMERKEMPER 1998, S. 262) Hinzu kam, dass im innerdeutschen Teil der Auswertung bemerkenswerte Leistungsunterschiede zwischen Bundesländergruppen nachgewiesen wurden. (KLEMM 1998, S. 275)

So verbreitet die Rede vom ‚TIMSS-Schock' auch ist, sie erklärt lediglich einen Teil des Entstehens jener Debatte um Qualität: „Seit 1996/97, also relativ zeitgleich zur TIMS-Studie, besannen sich die Bildungspolitiker mehrerer Bundesländer (Nordrhein-Westfalen, Bremen, Hamburg, Brandenburg) auf die Steuerung der Schulentwicklung durch zentrale Leistungskontrollen" (SYGUSCH 1999, S. 2), diese stellten allerdings keine Abschlussprüfungen

wie in anderen Bundesländern dar. Offensichtlich bestand zu diesem Zeitpunkt aus unterschiedlichen Motiven und Anlässen heraus ein Interesse an
einer Diskussion über die Qualität von Schule. Nur wenige Jahre zuvor hatte dieses Interesse offenbar noch nicht – oder nicht in diesem Maße – bestanden. Die 1994 erschienene internationale Vergleichsstudie zur Lese-
fähigkeit (LEHMANN u. a. 1995) mit äußerst mäßigen deutschen Ergebnissen
hat „in diesem Land bildungspolitisch niemanden interessiert" (TILLMANN
1999, S. 16). Auch der 1989 publizierte Bericht der OECD „Schulen und Qualität" (OECD 1991) hat höchstens in Insider-Kreisen Aufmerksamkeit erregt
– ebenso wie eine internationale Lesestudie (LEHMANN u. a. 1992).

Was bewirkte dann, dass 1997/98 ausgerechnet die TIMS-Studie einen
solchen plötzlichen Schock auslöste?

a) **Für Eltern und Kinder gewann Qualität in der Schule wieder mehr Bedeutung:** Der Wunsch nach individueller Entfaltung und die wachsende
Nachfrage nach höher und hoch qualifizierten Beschäftigten bei gleichzeitig immer geringeren Berufschancen schlechter Qualifizierter ließen
Eltern und Kinder stärker darauf achten, eine gute Schulbildung und einen möglichst zukunftssicheren Bildungsabschluss anzustreben.

b) **Die unterschiedliche und zum Teil konkurrierende Ausgestaltung des
Schulwesens in den Bundesländern wurde als problematisch wahrgenommen:** Das Bemühen, die im Grundgesetz verlangte ‚Einheitlichkeit
der Lebensverhältnisse' und die ‚Freizügigkeit zwischen den Ländern' zu
gewährleisten, schlug sich in Absprachen und Vorhaben nieder, für ver-
gleichbare qualitative Standards der schulischen Ergebnisse zu sorgen.

c) **Die Einbindung Deutschlands in die Europäische Gemeinschaft stärkte
die Aufmerksamkeit für die wirtschaftliche Bedeutung von guter
Schulbildung für den Einzelnen und für die Gesellschaft insgesamt.**
(KLEMM 1999)

d) **Angesichts größerer Selbstständigkeit der Einzelschule wuchs das Bedürfnis nach Sicherung der Vergleichbarkeit der Abschlüsse** (KLEMM
1998, S. 274): Der Möglichkeit, dass einzelne Schulen mehr Gestaltungs-
freiheiten bei ihrer Arbeit, Struktur und Verwaltung in Anspruch nehmen
können, wurde das ‚funktionale Äquivalent' (KLEMM 1998, S. 275) der externen Evaluation, von Tests und zentralen Prüfungen entgegengesetzt.

e) **Das Duale System bzw. die Hochschulen versuchten die angeblich ver-
sagende Selbststeuerung des Gesamtsystems ihrerseits durch Einführung von Eingangsprüfungen zu reparieren:** Die Behauptung, das
System der Selbststeuerung des Bildungssystems habe versagt, wird mit

einem Verweis auf das Überangebot derer belegt, die über eine schulisch erworbene und auch zertifizierte Berechtigung den Zugang zum Dualen System bzw. zur Hochschule suchen. Dieses Überangebot sei entstanden, weil zu viele Schüler in den nachfolgenden Systemen (besonders im Gymnasium) aufgenommen worden seien und dort dann die Leistungsstandards preisgegeben werden müssten (vgl. KLEMM 1998, S. 273). Man kann diesen Befund auch drastischer formulieren. Angesichts eines Überangebots an Schülern neigen höhere Schulen und Universitäten dazu, über die angeblich falschen (=schlecht ausgebildeten, ungeeigneten) Schüler zu klagen und naiv zu schließen: Hätten wir kein Überangebot, wären die Leistungen aller besser. Dieser Schluss macht – wenn überhaupt – nur Sinn, wenn es möglich wäre, die Schülerzahl in solchem Maße zu senken, dass sich ausschließlich die besseren Schüler qualifizieren.

f) **Durch die (möglicherweise ungewollte) Veröffentlichungsstrategie wurde die TIMS-Studie gezielt lanciert bzw. strategisch eingesetzt** (BRÜGELMANN 1999, S. 82): Nicht zuletzt angesichts der beginnenden Debatte über Qualität bestand in der Öffentlichkeit und in der Politik ein großes Interesse an Daten und Ergebnissen zur Qualität von Schule, um damit eigene Positionen zu stützen. Dabei verbarg sich hinter dem vermeintlichen Interesse „häufig ein diffuses Verständnis von Qualität schulischer Arbeit". (KLEMM 1999) Die Reaktionen auf die Veröffentlichung von TIMSS konzentrierten sich zunächst auf testtheoretische und empirisch-methodische Probleme sowie auf den Grundansatz der Studie, weiteten sich dann aber immer mehr in eine allgemeine Diskussion über Qualitätsentwicklung und -sicherung aus.

g) **Die reformorientierte Schulforschung hatte über Jahre die Fachleistungs-Dimension vernachlässigt** (TILLMANN 1999, S. 17): Die Befunde der öffentlichkeitswirksamen TIMS-Studie, gefolgt von Studien wie LAU (= Aspekte der Lernausgangslagen an Hamburger Schulen/LEHMANN/PEEK 1995 u. 1997), BIJU (= Bildungsverläufe und psychosoziale Entwicklung im Jugendalter; GRUEHN 1998) oder PISA (= Programme for International Student Assessment) enttabuisierten die Frage nach der Güte von Fachleistungen.

h) **In Schulentwicklungsprozessen geriet die Unterrichtsentwicklung und damit auch die Frage der Qualität des Fachunterrichts immer stärker in den Blickpunkt** (vgl. EIKENBUSCH 1998): Wenn Schulentwicklung wirklich zu guten Schulen führen sollte, dann musste sie auch zu besserem Unterricht führen.

i) **Nicht zuletzt konnte die TIMS-Studie einen Schock auslösen, weil es schon seit längerem (u. a. in der Reformpädagogik) eine Kritik an der Qualität und den Ergebnissen der Schulen gab:** Allerdings wurde hier weniger das Problem thematisiert, ob die Schüler auch genug und im Vergleich zu anderen Ländern besser lernen. Es wurde vielmehr die Frage gestellt, ob die Schüler überhaupt das Richtige richtig lernen. TIMSS ist also offensichtlich nur ein Teil der Qualitätsdebatte. Die Studie hat sie erst richtig ins Rollen gebracht, aber sie umfasst sie nicht. Wesentliche Anstöße zur aktuellen Qualitätsdebatte haben Schul- und Unterrichtsentwicklung, Schulforschung und Reformpädagogik gegeben. Es ist deshalb wichtig, bei der Diskussion über Qualität im Deutschunterricht nicht ausschließlich auf TIMSS (oder PISA) zu fokussieren, sondern auch die reformpädagogischen Aspekte der Qualitätsdebatte aufzugreifen.

Was ist ‚Qualität‘? – Kategorien, Konsequenzen, Grenzen

Ein Hauptcharakteristikum des Qualitätsbegriffes ist seine relative Natur. Wie Qualität definiert wird, ist eine Frage des persönlichen Standortes und der eigenen Interessen, aber auch eine Frage der Bezugsgröße bzw. eines Unterscheidungskriteriums für Qualität und Nicht-Qualität.

Legt man die nachfolgende Übersicht bei der Analyse der Stammtischäußerung zu Grunde: „Wir haben früher noch richtig Rechtschreibung gelernt!", kann man sich produktiver mit ihr auseinander setzen: In welchem Verhältnis steht der Qualitätsbegriff zur Person, die ihn verwendet? Worauf richtet sich die Aussage überhaupt (‚früher‘? – ‚richtige Rechtschreibung‘…). Welcher Anspruch wird durch die Aussage für wen formuliert? In welchem Verhältnis stehen Anspruch und Selbstdefinition zueinander?

Angesichts der Relativität des Qualitätsbegriffes sagen dann manche Äußerungen über Qualität mehr über den Sprecher und dessen (Wunsch-) Bild von sich selbst aus als über die angeblich gemeinte Sache. Und mancher Anspruch würde zurückhaltender formuliert, müsste man ihn selbst erfüllen. (Oder, zugespitzt formuliert: Die Forderungen an Beherrschung der Rechtschreibung werden umso höher, je weniger man selbst schreiben muss und je mehr man andere schreiben lassen kann!)

HARVEY/GREEN (2000, S. 17) unterscheiden mehrere Aspekte der Relativität des Qualitätsbegriffes:

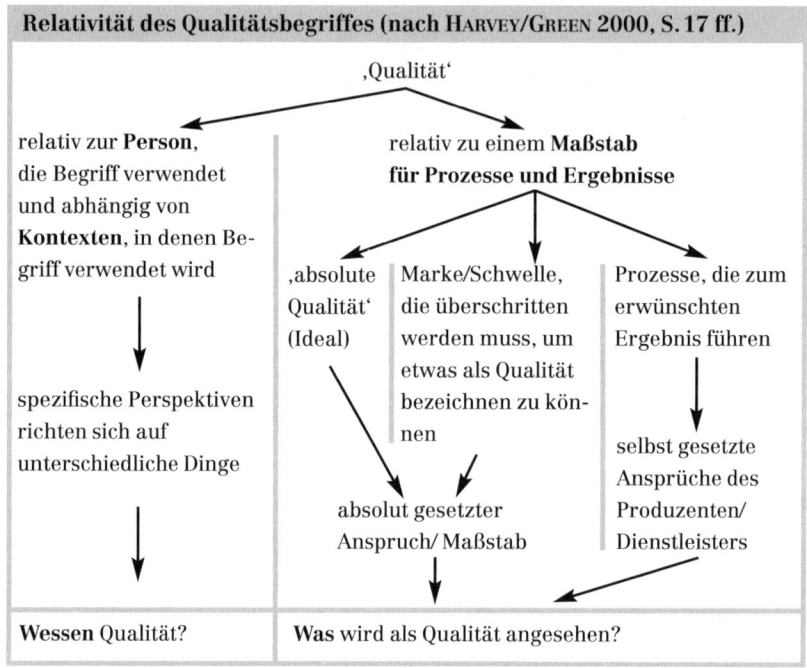

Relativität des Qualitätsbegriffes (nach HARVEY/GREEN 2000, S. 17 ff.)		

,Qualität'

relativ zur **Person**,
die Begriff verwendet
und abhängig von
Kontexten, in denen Begriff verwendet wird

spezifische Perspektiven
richten sich auf
unterschiedliche Dinge

relativ zu einem **Maßstab**
für Prozesse und Ergebnisse

,absolute Qualität' (Ideal)

Marke/Schwelle, die überschritten werden muss, um etwas als Qualität bezeichnen zu können

absolut gesetzter Anspruch/ Maßstab

Prozesse, die zum erwünschten Ergebnis führen

selbst gesetzte Ansprüche des Produzenten/ Dienstleisters

Wessen Qualität?   **Was** wird als Qualität angesehen?

Wenn man die Relativität des Qualitätsbegriffes berücksichtigt, was ist denn dann ,Qualität'? Eine allgemein gültige, alle Bereiche umfassende und damit wenig hilfreiche Definition des Begriffes würde wahrscheinlich enden bei „Qualität ist Qualität – und sonst gar nichts."

Für den Bildungsbereich haben HARVEY/GREEN (2000, S. 18–34) einen produktiven Differenzierungsversuch unternommen. Sie gehen davon aus, dass es den *einen* Qualitätsbegriff weder in der Theorie noch in der Praxis gibt, und teilen Qualität in fünf unterscheidbare und gleichwohl miteinander in Beziehung stehende Kategorien ein:

A. Exzeptionelles Verständnis

Qualität wird in der folgenden Kategorie angesehen als Ausnahme, als ,das Besondere'.
Drei Varianten dieser Kategorie lassen sich unterscheiden:
a) **Traditionelles Verständnis**
    Qualität ist etwas Spezielles, Hochklassiges. Mit ihr wird apodiktisch eine Vorstellung von Exklusivität verbunden, die sich nicht an Kriterien messen lassen muss.

„Wir am Josefinum *sind* Qualität – da können andere sich noch so sehr bemühen, sie kommen nicht an uns heran." – „Meine Schüler können froh sein, dass sie bei mir Deutschunterricht haben, da sind sie an der ersten Adresse."

b) **Exzellenz I (Übertreffen hoher Standards)**
Hier werden die Vortrefflichkeit und die Verlässlichkeit mit Blick auf hohe Standards in den Vordergrund gestellt. Herausragend sind sowohl die Voraussetzungen wie auch die Ergebnisse.
„Wir haben den besten Ruf, die beste Ausstattung, die besten Schüler und natürlich auch die besten Leistungen."

c) **Übereinstimmung mit Standards**
Qualität heißt: Konformität mit (häufig: Minimal-)Standards. Meistens wird angenommen, es handle sich um objektive Standards, in der Realität werden solche Standards aber oft ausgehandelt oder situationsspezifisch differenziert. Entscheidend für diese Variante ist, dass die Standards erreicht werden. Weniger bzw. gar nicht wichtig ist die Vergleichbarkeit der Standards. Mit dem Bezug auf relative Standards verliert der Qualitätsbegriff an Exklusivität.
„Unter Berücksichtigung unserer spezifischen Bedingungen haben wir einen guten Abiturjahrgang." Oder: „In der 10 lagen die Deutschstunden immer am Ende des Schultages. Deshalb sind die Klassenarbeiten dann doch wirklich gut ausgefallen, das zeigen auch die Parallelarbeiten."

Die Kategorie ‚Qualität als Perfektion oder Konsistenz' stellt Prozesse und Teilschritte in den Vordergrund, die erreicht werden müssen, damit man von Qualität sprechen kann. Dies kann in zwei Varianten erfolgen:

a) **Exzellenz II (Fehlerlosigkeit)**
Qualität wird erreicht durch Fehlerlosigkeit und Perfektion bei der Produktion bzw. in einem Arbeitsprozess sowie durch die Prävention gegen Qualitätsmängel. Entscheidend ist weniger der Input oder der Output, sondern die Prozessqualität: Von Anfang an müssen die richtigen Dinge in der richtigen Weise getan werden und den Anforderungen (Spezifikationen) entsprechen.
„Gute Arbeit braucht Zeit und Sorgfalt. Es geht nicht darum Fehler zu verbessern, sondern sie zu vermeiden. Nur was man gut gelernt hat, bleibt dauerhaft. Man muss üben, üben, üben, bis man keine Fehler mehr macht."

b) **Kultur der Qualität**
Bei dieser Variante tragen alle Beteiligten die Verantwortung für Qualität und sorgen dafür, dass die folgende ‚Einheit' (z. B. Klasse oder Fach) auf die vereinbarten Fähigkeiten und Leistungen zurückgreifen kann. Wichtig ist nicht Kontrolle des Outputs, sondern das verantwortliche Handeln einer jeden Arbeitseinheit (z. B. eines Lehrers) für das Gesamtergebnis. Von Anfang an soll alles richtig gemacht werden (Null-Fehler-

Philosophie). Der Prozess ‚Qualität‘, nicht der Wert steht im Vordergrund.

Diese Variante ist vor allem dort anzutreffen, wo ein ganzheitliches Verständnis von Schule favorisiert wird und ein Vergleich von Leistungen nicht vorrangig ist.

„Jeder ist für die Qualität zuständig. Wir sprechen uns detailliert ab, wir haben genau vereinbart, was wie bis wann gelernt werden soll. Wir sind *eine* Schule und lernen *gemeinsam*."

B. Funktionales Verständnis

In der Kategorie ‚Qualität als Zweckmäßigkeit‘ macht das Ausmaß, in dem ein Produkt oder eine Dienstleistung seinen/ihren Zweck erfüllt, die Qualität aus. Potenziell kann also alles ein Qualitätsprodukt sein, wenn es nur zweckmäßig ist. Auch diese Kategorie kann in zwei Varianten umgesetzt werden:

a) **Zweckmäßigkeit I: (Anforderungen von Konsumenten)**
Erreichbar wird Qualität dadurch, dass zuerst die Anforderungen des Konsumenten erhoben und dann erfüllt werden. Je besser die Erfüllung der Anforderungen, umso besser die Qualität. Produzenten *und* Kunden sind demnach wesentliche Faktoren des Produktionsprozesses.
„Wir haben die Betriebe befragt und uns genau nach den Abläufen erkundigt. Jetzt können wir die Schüler genau auf diese Situation hin ausbilden." Oder: „Wir haben uns vom Gymnasium genau beschreiben lassen, was dort in der 5. Klasse verlangt wird. Darauf arbeiten wir hin."

b) **Zweckmäßigkeit II: (Auftrag der Institution)**
Bei dieser Variante setzt nicht der ‚Kunde‘ die Maßstäbe für Qualität, sondern der ‚Produzent‘. Qualität ist erreicht, wenn die Institution ihre eigenen bzw. die festgelegten Ziele und Aufträge erfüllt. Die Kontrolle der Auftragserfüllung erfolgt durch Qualitätssicherung, bei der kontrolliert wird, ob und wie die Aufträge erfüllt worden sind. Das Vorhandensein von Qualitätssicherungsmechanismen wird dabei häufig schon gleichgesetzt mit dem Erreichen von Qualität.
„Wir evaluieren dieses Jahr sämtliche Fächer und Klassen. Nächstes Jahr gehen wir die Zertifizierung nach ISO 9000 an." Oder: „Die Rückmeldung der Schulaufsicht auf unser Schulprogramm war hervorragend!"

C. Konkurrenzorientiertes Verständnis

In der Kategorie ‚Qualität als adäquater Gegenwert‘ bedeutet Qualität den angemessenen Gegenwert für das investierte Geld. Die Angemessenheit des Gegenwertes kann man beurteilen, wenn der Produzent, an Standards und Indikatoren orientiert, Rechenschaft darüber ablegt, was der Wert oder die Leistung einer Sache ist und wie viele Mittel er dafür benötigt hat (accountability-Konzept). In zwei Varianten taucht diese Kategorie auf:

KATEGORIE 3: Qualität als Zweckmäßigkeit

a) Leistungsindikatoren

Hier ist die Qualität vorrangig eine Frage der Effizienz. Leistungsindikatoren (z. B. Prüfungsergebnisse, Rahmenbedingungen, Qualifikation des Personals) bilden die Grundlage für die Bewertung, ob die erreichten Ergebnisse in Bezug auf den für sie erfolgten Aufwand angemessen sind. Leistungsindikatoren machen an sich also noch keine Aussage über Qualität, sondern erst ihre Analyse und Bewertung im Hinblick auf die Effizienz.

„Meine Klasse hat bei zehn Prozent weniger Unterrichtsstunden im Vergleich zu anderen Klassen einen um 0,3 besseren Notendurchschnitt bei der Prüfung erzielt!" Oder: „Müller kommt exzellent mit großen Klassen zurecht. Während anderen Kollegen die Schüler weglaufen, ist bei ihm die Anwesenheitsquote sogar überdurchschnittlich hoch."

b) Consumer Charts

Consumer Charts geben an, was Kunden für ihr Geld bzw. ihre Arbeit erwarten dürfen und wo sie es am besten bekommen. Vorrangig finden Charts dort Anwendung, wo keine Marktmechanismen bestehen (z. B. im Krankenhaus, in der öffentlichen Verwaltung).

„Unsere Schule war bei den landesweiten Prüfungen nie schlechter als Platz 3 (von 450 Schulen!). Diese hervorragende Platzierung werden wir halten!" Oder: „An unserer Schule können Sie im Fach XY erwarten: ..." Oder: „Wir stellen uns dem Wettbewerb, wir machen mit bei der Mathe-Olympiade ..."

D. Veränderungsorientiertes Verständnis

Der (persönliche) Wandel der Teilnehmer ist der Kern dieser Kategorie. Es wird nicht etwas für den Kunden geleistet oder produziert, sondern es wird (besonders in Bildungseinrichtungen) etwas *am* Kunden vollzogen. Schule und Erziehung werden so nicht als Dienstleistung verstanden, sondern als ein Bemühen um Transformation der Teilnehmenden. Dies kann in zweierlei Varianten erfolgen:

a) Weiterentwicklung (Enhancing)

Qualität meint hier Wertsteigerung gegenüber der Ausgangssituation (value added), wenn also durch Bildungsmaßnahmen Wissen, Fähigkeiten und Fertigkeiten gesteigert werden. Es geht aber nicht (nur) um einen quantitativen Wandel (Zuwachs von Input → Output), sondern besonders um den qualitativen Wandel der Teilnehmer. Voraussetzung dafür ist, dass Lernende im Zentrum des Lernprozesses und im Zentrum des Prozesses der Evaluation von Lernen stehen: „Rückmeldung von Lernenden ist ein entscheidender Aspekt von Evaluation." (HARVEY/GREEN 2000, S. 32)

„Ich erinnere mich noch ziemlich genau daran, wie Sie vor neun – bei manchen auch vor zehn – Jahren hier als Schulanfänger gestanden ha-

KATEGORIE 5

ben. Sie haben sich wirklich verändert. Nicht nur, dass Sie an Körperlänge alle im Schnitt über 30 Zentimeter zugelegt haben. Ihr Wissen, ihre Fähigkeiten sind gewachsen ..."

b) **Ermächtigung (Empowerment)**
Qualität ist nach dieser Auffassung erreicht, wenn Teilnehmer ihre eigene Entwicklung (z. B. durch begrifflich-konzeptuelle Kenntnisse und durch Selbstbeobachtungsfähigkeit) beeinflussen können und Autonomie, Akzeptanz und Selbstwert der Teilnehmer gesteigert werden (FEND 2000, S. 58). Das erfordert, dass Teilnehmer einbezogen werden in Entscheidungen, die ihre eigene Entwicklung betreffen, und dass sie selbst auf die Entscheidungsprozesse Einfluss haben.
„Manchmal muss ich als Lehrer für die Schüler unbequem sein, ich muss sie aufrütteln und verunsichern. Ich muss dann aber auch ihre Reaktionen und Entscheidungen ernst nehmen."

Je nach Kategorie und Variante von Qualität ergeben sich unterschiedliche Konsequenzen für Qualitätsentwicklung bzw. -steigerung. Wollte z. B. eine Einrichtung, die ein Qualitätsverständnis im Sinne von Exzellenz I verfolgt, ihre Qualität steigern, würde sie dies vorrangig durch eine Erhöhung der Ressourcen (Unterrichtszeit, Schüler-Lehrer-Verhältnis, Anzahl der Leistungsüberprüfungen) und durch eine gezielte Rekrutierung leistungsstarker Schüler erreichen können. Dass hierbei die Gesamtqualität eines Bildungssystems unter Umständen sinken und es zu massiven Benachteiligungen (z. B. angesichts ungeeigneter Rekrutierungsverfahren) kommen würde, wird dann bedauernd oder zustimmend hingenommen.

Die Entscheidung für eine Kategorie des Qualitätsbegriffs ist also gleichzeitig immer auch schon eine Entscheidung für Konsequenzen in der Qualitätsentwicklung und -sicherung. Manchmal steuert der Wunsch nach einem bestimmten Konzept von Qualitätsentwicklung – bewusst oder gar unbewusst – sogar die Entscheidung für einen Qualitätsbegriff.

Konsequenzen: Was könnte/müsste man für Qualitätsentwicklung tun?	
Traditionelles Verständnis	■ Einrichtung/Unterricht ‚exklusiver' machen ■ Unerfüllbare Anforderungen stellen (Scheitern von Schülern ist Beleg für Exklusivität der Schule!)
Exzellenz I	■ Mehr Ressourcen und bessere Schüler gewinnen
Übereinstimmung mit Standards	■ Höhere Standards vorgeben/anstreben ■ Lehrkräften/Schülern hohe Erwartungen vermitteln ■ Problematische Schüler und Arbeitsfelder loswerden

Exzellenz II	▪ Systematisch trainieren Fehler zu vermeiden ▪ Klare curriculare Vorgaben geben ▪ Kontinuierlich intern Ergebnisse überprüfen ▪ Unterrichtsmaterial verbessern
Kultur der Qualität	▪ Prozess- statt Outputkontrolle ▪ Strukturen für gemeinsame Verantwortung schaffen ▪ An Lehrende u. Lernende hohe Erwartungen richten
Zweckmäßig- keit I:	▪ Zufriedenheit der Lernenden kontinuierlich erfassen ▪ Beziehung Lehrende-Lernende positiv gestalten
Zweckmäßig- keit II:	▪ Qualitätssicherung erfolgt durch Verfahren und Prozesse zur Sicherstellung bestimmter Produkte/Ergebnisse
Leistungs- indikatoren	▪ Arbeit systematisch auf Verbesserung der ausgewählten Leistungsindikatoren ausrichten ▪ Personal- und Sachkosten gering halten ▪ Rechenschaft ablegen ▪ Kein Geld für schlechte Leistungen ausgeben
Consumer Charts	▪ Leistungen/Anforderungen klar definieren ▪ Charts bekannt machen, über Preis-Leistungs-Verhältnis informieren

Weiter-
entwicklung
	▪ Unterschiedliche (qualitative) Dimensionen des
	  Lernzuwachses der Schüler analysieren
	▪ Lernende ins Zentrum des Lernprozesses und der Evalua-
	  tion stellen

Ermächtigung	▪ Evaluation durch Lernende ermöglichen
	▪ Minimalstandards garantieren und Verantwortlichkeit für
	  deren Überwachung zuweisen
	▪ Kontrolle und Organisation ihres eigenen Lernens an die
	  Lernenden überantworten
	▪ Kritische Fähigkeiten der Lernenden entwickeln helfen

Dass es den *einen*, alles umfassenden Qualitätsbegriff für Schule und Unterricht nicht geben kann, machen nicht zuletzt auch die Grenzen und Probleme deutlich, die schon mit einzelnen Kategorien und Varianten auftreten. Selbst wenn man z.B. alle genannten Bedenken hintanstellen und ein traditionelles Qualitätsverständnis verfolgen würde, hätte man noch keine Garantie, Qualität in diesem Sinne auch ‚produzieren‘ zu können. Ein exklusiver Ruf einer Einrichtung ist nicht planmäßig herstellbar. Außerdem würde ein Vergleich mit mehreren Einrichtungen gleichen Selbstverständnisses die Angreifbarkeit dieses Qualitätsverständnisses schnell offenbaren.

Grenzen – Probleme in der jeweiligen Qualitätskategorie bzw. -variante?	
Traditionelles Verständnis	▪ Der Ruf einer Schule ist nur begrenzt planmäßig steuerbar. ▪ Es ist keine graduelle Einschätzung von Qualität möglich.
Exzellenz I	▪ Absolutistisches Konzept
Übereinstimmung mit Standards	▪ Standards werden von Lehrkräften autonom konkretisiert und gelten nicht absolut. ▪ Standards unterliegen der Auslegung und Aushandlung.
Exzellenz II Kultur der Qualität	▪ Fehler gehören zum Lernprozess. Sie können und dürfen nicht absolut vermieden werden. ▪ Fehlerlosigkeit bei unerwünschten Produkten ist irrelevant. ▪ Begründung, Aufrechterhaltung und Kontrolle von Standards bzw. Spezifikationen sind strittig.
Zweckmäßigkeit I:	▪ Unklarer Kundenbegriff ▪ Kunden bestimmen nicht das Produkt. ▪ Anforderungen können sich ändern. ▪ Kundenzufriedenheit kann Ausdruck von Qualitätsdefiziten sein.
Zweckmäßigkeit II:	▪ Zweck von Schule ist umstritten. ▪ Institutioneller Auftrag ist oft nicht Kundenwunsch. ▪ Fehlen eines freien Marktes verhindert Korrektiv.
Leistungsindikatoren	▪ Wichtige Aspekte von Leistung werden nicht erkannt/unterbewertet. ▪ Vergleichbarkeit und Stabilität von Indikatoren ist unklar/unsicher. ▪ Leicht messbare Faktoren erhalten besondere Bedeutung.
Consumer Charts	▪ Einfluss auf Bildungsbereich ist umstritten. ▪ Oft nur Minimalstandards formuliert. ▪ Kontrolle liegt beim Produzenten bzw. Dienstleister.
Weiterentwicklung	▪ U. U. starke Neigung zu Input ➟ Output-Erfassung

Ermächtigung	■ Rückführung zum Konzept Exzellenz I möglich: Exzellente Institutionen führen zu deutlichsten Lernprozessen.
	■ Ermächtigung muss sich an bestimmten Standards messen lassen, sonst bestimmt Willkür die Qualität.

Qualität von Schule und Unterricht zu definieren und Kategorien von Qualität zu bestimmen, ist weder philologische Pflichtübung noch Spielerei, sondern ein pädagogischer und bildungspolitischer Entscheidungsprozess. Letztlich stellen Qualitätsdefinitionen für Schule und Unterricht die Machtfrage: Wer bekommt unter welchen Bedingungen welche Chancen?

Wägt man die Möglichkeiten, Konsequenzen und Grenzen der unterschiedlichen Kategorien und Varianten ab, werden bei der Diskussion über Qualität im Deutschunterricht die Kategorien der Zweckmäßigkeit und der Transformation der Teilnehmer besonders zu beachten sein.

Wohin wird sich Qualität in Zukunft entwickeln?

Eine Definition von Qualität und ihren Zielen ist immer auch ein Wechsel auf die Zukunft. Zukunftsorientierungen in Qualitätsdefinitionen bleiben spekulativ – aber notwendig. Sie explizit darzulegen und damit einer zukünftigen Beurteilung und Revision zugänglich zu machen, ist nicht nur eine Frage der Redlichkeit, es hilft auch, die eigene Entwicklung im Bezug auf Qualität im Blick zu behalten. Entscheidend ist dabei nicht, ob man mit seiner Zukunftsperspektive richtig gelegen hat, sondern welche Prozesse und Bedingungen die Entwicklung bestimmt haben.

Zukunftsorientierungen in Qualitätsvorstellungen kann man zum einen herausfinden durch eine Analyse ‚historischer‘ Konzepte: Besonders geeignet sind hier vergangene Entwürfe für pädagogische Innovationen (lohnend: Entwürfe zum programmierten Unterricht oder zur informationstechnologischen Grundbildung). Das andere – meist mit weniger Häme und Besserwisserei verbundene – Verfahren ist die Zukunftsprojektion, in der man die zukünftige Bedeutung aktuell wichtiger Faktoren einschätzt.

Im Rahmen einer Fortbildungsveranstaltung „Qualität von Schule: heute und in der Zukunft?" haben Teilnehmer zuerst ihre aktuelle Auffassung von ‚Qualität‘ herausgearbeitet und dann geschätzt, wie gewichtig die einzelnen Faktoren zukünftig sein werden:

Die Einschätzung zukünftiger Entwicklung hilft dann wiederum, die gegenwärtige Position zu überprüfen und zu relativieren.

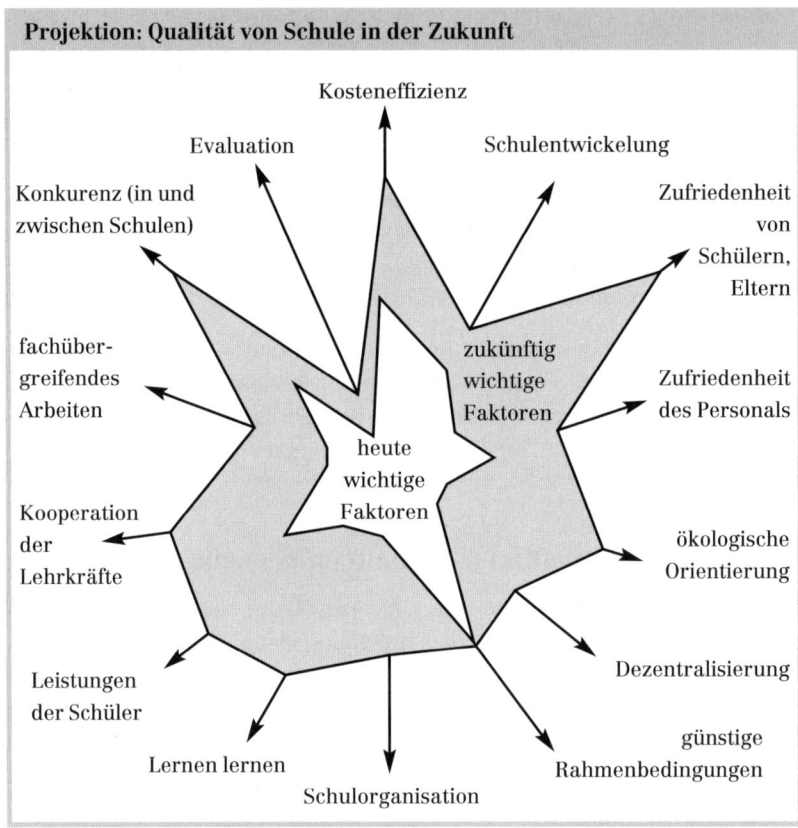

Projektion: Qualität von Schule in der Zukunft

Kosteneffizienz

Evaluation

Schulentwickelung

Konkurenz (in und zwischen Schulen)

Zufriedenheit von Schülern, Eltern

fachübergreifendes Arbeiten

zukünftig wichtige Faktoren

Zufriedenheit des Personals

heute wichtige Faktoren

Kooperation der Lehrkräfte

ökologische Orientierung

Leistungen der Schüler

Dezentralisierung

Lernen lernen

günstige Rahmenbedingungen

Schulorganisation

Wer Qualität als Begriff oder als Konzept fasst, kann und darf sich nicht der Formulierung einer unsicheren und manchmal auch spekulativen Zukunftsperspektive enthalten. ‚Neutrale Qualität' hat keine Zukunft.

Welche Erkenntnisse haben Wissenschaft und Forschung über Schul- und Unterrichtsqualität?

Wer sich ausführlicher mit Forschungsergebnissen zur Schul- und Unterrichtsqualität beschäftigt hat, wird zunächst versucht sein, auf die Frage nach dem, was Wissenschaft und Forschung denn aussagen können, impulsiv zu antworten: „Alles!" Und dann wird er wahrscheinlich resigniert hin-

zufügen: „Und nichts." Die Zahl der Studien über Schul- und Unterrichtsqualität, der in ihnen verwendeten Verfahren und Ansätze (von der Hand-
lungsforschung über repräsentative Befragungen und Tests bis hin zu Experimenten) und der in ihnen erforschten Untersuchungsvariablen ist
dementsprechend unüberschaubar. Unterrichts- und Schulforschung ist –
auch in Deutschland – zu einem heiß umkämpften Markt geworden. Dort
geht es nicht nur um wissenschaftliche Erkenntnisse, sondern auch um
handfeste Interessen, um bildungspolitische Einflussnahme und um den
nächsten (Forschungs-)Auftrag. Zu dessen Akquisition haben sich zwei Mar-
ketingstrategien besonders bewährt:

- Bei der Strategie ‚**Verunsichern – beruhigen – einkaufen**‘ kündigt ein
Forscher(-team) eine Untersuchung über Schul- und Unterrichtsqualität
an, die z. B. einen Ländervergleich der Schülerleistungen enthalten soll.
Diese Ankündigung löst üblicherweise Verunsicherung bei eventuell Betroffenen (z. B. in Ministerien) aus, die daraufhin nach Möglichkeiten
‚präventiver Beratung‘ suchen. Die Gewährung solcher Einflussnahme
beruhigt die Betroffenen meist, erhöht zudem das Gewicht der Studie und
damit ihren Öffentlichkeitswert und sie schafft nicht zuletzt eine Vertrau-
ensbasis für die weitere Zusammenarbeit, aus der dann Forschungs- oder
Gutachteraufträge resultieren können.

- Bei der Strategie ‚**Ergebnis garantieren**‘ bürgen Reputation und vorherige Studien des Forscher(-teams) für die Vorhersehbarkeit und Kalkulier-
barkeit zukünftiger Studien. Es kann, ohne dass die Objektivität und Un-
beeinflussbarkeit der Forscher in Frage gestellt wird, ein Ergebnis
innerhalb einer bestimmten Bandbreite garantiert werden.

Angesichts der Unmöglichkeit, die Forschung in diesem Bereich zu
überblicken, und der immer größer werdenden Bedeutung solcher Forschungen für die (bildungs-)politische Diskussion und der sich daraus ergebenden Einflussnahmen ist eine skeptische Haltung gegenüber Forschungsergebnissen zur Schul- und Unterrichtsqualität durchaus angebracht.

Ein weiterer Grund für eine kritische Haltung gegenüber der Forschung
zur Schul- und Unterrichtsqualität ergibt sich aus der Komplexität und der
Unklarheit des Forschungsgegenstandes selbst: Bei der Schul- und Unter-
richtsqualität wirken derart viele unterschiedliche Qualitätsmerkmale auf
so komplexe Weise zusammen, dass eine Aussage über die langfristige
Bedeutung und Wirkung bestimmter Merkmale derzeit nicht möglich ist.
DITTON (2000, S. 75) resümiert, „dass [es] insgesamt unklar ist, auf welcher
Ebene [...] und mit welchen Verfahren [...] an Hand welcher Bewertungs-

maßstäbe und Erwartungen [...] reliable und valide Aussagen über die schulische Qualität oder Grade der Zielerreichung getroffen werden können." Für eine Diskussion über Qualität im Deutschunterricht sind – bei Berücksichtigung der genannten Vorbehalte und Einschränkungen – vor allem aus zwei Bereichen Ansätze und Ergebnisse der Forschung nützlich:

- Modelle schulischer Qualität
- Untersuchungsergebnisse zur Unterrichtsqualität, insbesondere zu proximalen Bedingungsfaktoren (Faktoren, die die Lehr- und Lernsituation direkt betreffen), die offensichtlich gegenüber den Faktoren auf der Schul- oder Kontextebene (distale Faktoren) eine primäre Bedeutung für Qualität haben (vgl. DITTON 2000, S. 75).

Modelle schulischer Qualität

Bereits bei der Definition der Kategorien des Qualitätsbegriffs und deren Varianten ist von Input und Output die Rede gewesen und bei mehreren Varianten stand der Prozess für die Qualität im Vordergrund. Damit wurde indirekt auf ein Faktorenmodell schulischer Qualität zurückgegriffen, wie es z. B. ALTRICHTER (1998) präsentiert hat.

In solchen Modellen bilden Input, Prozess, Output bzw. Outcome sowie die Kontextbedingungen die Faktoren der Schul- und Unterrichtsqualität. Über deren genaue Abgrenzung, über Zusammenwirken, Stabilität und Bedeutung einzelner Faktoren und ihrer Elemente ist damit noch nichts ausgesagt.

Faktoren der Schul- und Unterrichtsqualität		
Input	Prozess	Ergebnis (Output bzw. Outcome)
in das System eingehende Faktoren, z. B. Qualifikation der Lehrkräfte, räumliche Ausstattung, verfügbare Materialien, Ressourcen, Gesetze und Regelungen ...	Schulleben und seine Kultur; Interaktionen zwischen Lehrkräften und Schülern und zwischen Lehrkräften, Aktivitäten der Schüler im Unterricht, ihre Auseinandersetzung mit Aufgaben ...	kurz- und mittelfristige Ergebnisse der Arbeit, z. B. Leistungen von Schülern, Ergebnisse schulischer Betriebsführung, Image der Schule, Zufriedenheit von Schülern und Lehrkräften ...
Kontext (Umfeld der Schule, indirekter Einfluss)		

(vgl. ALTRICHTER 1998, S. 297)

Eine Differenzierung und Operationalisierung der einzelnen Faktoren von Schul- und Unterrichtsqualität sowie die Aufklärung über deren Zusammenwirkens ist auf der Modellebene außerordentlich anspruchsvoll und bisher nur in Ansätzen gelungen. Es ist hierfür beispielsweise nötig, die unter-

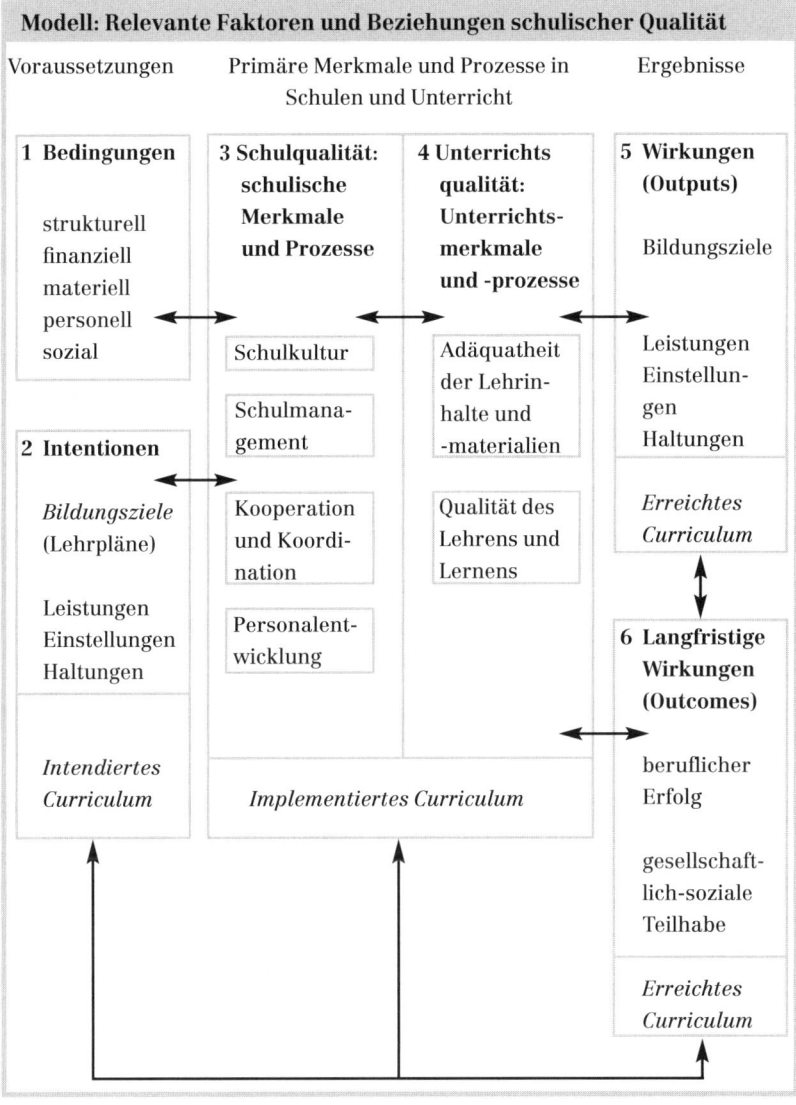

Modell: Relevante Faktoren und Beziehungen schulischer Qualität

Voraussetzungen	Primäre Merkmale und Prozesse in Schulen und Unterricht		Ergebnisse
1 Bedingungen strukturell finanziell materiell personell sozial	**3 Schulqualität:** **schulische** **Merkmale** **und Prozesse**	**4 Unterrichts** **qualität:** **Unterrichts-** **merkmale** **und -prozesse**	**5 Wirkungen** **(Outputs)** Bildungsziele
	Schulkultur	Adäquatheit der Lehrinhalte und -materialien	Leistungen Einstellungen Haltungen
2 Intentionen *Bildungsziele* (Lehrpläne)	Schulmanagement Kooperation und Koordination	Qualität des Lehrens und Lernens	*Erreichtes Curriculum*
Leistungen Einstellungen Haltungen	Personalentwicklung		**6 Langfristige** **Wirkungen** **(Outcomes)**
Intendiertes Curriculum	*Implementiertes Curriculum*		beruflicher Erfolg gesellschaftlich-soziale Teilhabe *Erreichtes Curriculum*

(DITTON 2000, S. 79)

schiedlichen Ebenen der Schule (strukturelle Dimension) sowie die Lernprozesse und die Transformation der Teilnehmer (dynamische Dimension) miteinander in Beziehung zu setzen. Gleichzeitig muss beachtet werden, dass Schule nicht der einzige Wirkfaktor ist, der Schülerleistungen beeinflusst, sondern dass auch außerschulische Einflussgrößen hinzukommen. DITTON (2000, S. 77) hat versucht, ein Modell von Qualität in der Schule zu entwerfen (s. S. 43), das diese Anforderungen in seiner Grundstruktur erfüllt (ohne Anspruch auf Vollständigkeit). Es ist zwar primär für Forschungszwecke gedacht, kann jedoch als Diskussions- und Arbeitsgrundlage dienen, um Komplexität und Differenzierungen schulischer Qualität zu reduzieren.

Dieses Modell stellt die Wechselbeziehungen zwischen Unterricht und Schulbetrieb als Kernpunkt schulischer Qualität dar. Die Konsequenz einer solchen Sichtweise für die Auseinandersetzung mit Qualität von Deutschunterricht wäre, sich nicht ausschließlich auf Schulqualität *oder* Unterrichtsqualität zu konzentrieren, sondern deren Wechselbeziehung zu beachten und zu fragen: In welcher Beziehung stehen Lehrinhalte/Materialien und die Qualität des Lehrens und Lernens zur Schulkultur? Welche Bedeutung hat Personalentwicklung (z. B. Fortbildung, Unterrichtsverteilung) auf die Unterrichtsqualität? – Aber so nahe liegend und interessant diese Fragen zur Wechselbeziehung von Unterrichts- und Schulqualität auch sind, es gibt zu wenig Untersuchungen, um hier weitergehende Aussagen zu treffen, so dass die beiden Qualitätsbereiche in vieler Hinsicht noch isoliert voneinander betrachtet werden müssen.

Untersuchungsergebnisse zur Unterrichtsqualität

Ein großer Teil der Forschungsergebnisse über Unterrichtsqualität stammt aus Ländern, deren Bedingungen und Strukturen von Schule nur eingeschränkt mit denen in Deutschland vergleichbar sind. So ist z. B. eine direkte Übertragung von Befunden aus den Vereinigten Staaten über die Bedeutung, die die Schulleitung für die Qualitätsentwicklung hat, auf europäische und speziell deutsche Verhältnisse nur in sehr begrenztem Maße sinnvoll.

Viele Forschungsarbeiten zur Unterrichtsqualität beziehen sich auf unzureichende Theorieansätze und enthalten überwiegend theorielose Zusammenstellungen von Variablen (EINSIEDLER 1997a, S. 233 f.). Die Analyse der Forschung bleibt in der Regel auf der Ebene allgemeiner Faktoren stehen, fachliches Lernen wird häufig gar nicht erfasst (z. B. die Qualität der Inhalte, die Qualität der Aufgabenstellung und der Strukturierung). Oft liegen Forschungsarbeiten über Unterrichtsqualität gar keine eigenen Erhebungen zu Grunde, sondern es handelt sich um Meta-Studien, die wiederum Einzelstudien analysieren. Und zudem geben sich diese Meta-Studien nicht immer deutlich als solche zu erkennen, die dort vorgetragenen Ergebnisse werden dann teilweise als eigene Ergebnisse präsentiert.

Auch wenn man die Kritik an den Schwächen der Forschung zur Schul- und Unterrichtsqualität teilt, so sind die konstruktiven Impulse dennoch nicht zu übersehen, die eine Reihe kompetenter Studien und gründlicher Forschungen auf die Inhalte und die Struktur der Qualitätsdiskussion – auch in Deutschland – ausgeübt hat (vgl. u. a. STEFFENS/BARGEL 1993, FEND 1998, MORTIMORE/SAMMSONS/STOLL 1988, PORTER/BROPHY 1988, FULLAN 1991, SCHEERENS 1992, SCHEERENS/BOSKER 1997). Wichtig waren hier besonders die Forschungen über zentrale Merkmale guten Unterrichts, guter Schulen und guter Lehrkräfte:

■ **Forschungsergebnisse – Merkmale guten Unterrichts:** z. B. förderndes Lernen – pädagogisches Engagement der Lehrer – kontrollierte Beobachtung und Begleitung der Lernfortschritte von Schülern – Sicherung der Mindestbedingungen von Disziplin und Ordnung in der Schule – Klima des Vertrauens – klare Struktur und klare Ziele – angemessene Lernumgebung – gute Übungsmöglichkeiten – gezielte und regelmäßige Lernfortschrittskontrollen – effektive Nutzung der Lern-/Unterrichtszeit – Betonung von Lernen als Zentrum von Unterricht – enger Zusammenhang zwischen dem, was unterrichtet und was geprüft wird

■ **Forschungsergebnisse – Merkmale einer guten Schule:** z. B. Leistungsorientierung – arbeitsorganisatorisches Funktionieren – Lehrerkooperation: gemeinsame Planung und Umsetzung – Innovationsbereitschaft und -fähigkeit der Lehrer – Einbeziehung der Eltern – flankierende schulaufsichtliche Stützmaßnahmen – Führungsqualitäten von Leitungs- und Lehrpersonen in der Schule – gemeinsame Wertorientierung – intensive Interaktion und Kommunikation – unterrichtsbezogene Leitung – Fähigkeiten zur Evaluation – angemessene finanzielle und materielle Ressourcen – gutes Schulklima – aktive Beteiligung der Lehrer an Erarbeitung schulinterner Lehrpläne – Beteiligung an Entscheidungsprozessen in der Schule

■ **Forschungsergebnisse – Merkmale guter Lehrer:** z. B. ‚teilautonome Professionals‘ – Klarheit über Unterrichtsziele – Beherrschung der inhaltlichen Umsetzung der Ziele – Wissen über Methoden zur Umsetzung der Ziele – machen Schülern klar, was von ihnen erwartet wird und warum – fachmännische Nutzung von Unterrichtsmaterialien – kennen die Schüler – Anpassung des Unterrichts an Bedürfnisse und Vorwissen der Schüler – Fähigkeit, Schülern Lernstrategien und -methoden zu erklären und zu vermitteln – regelmäßiges Einholen von Schülerfeedback (Absicherung der Lerninhalte) – Abstimmung der Unterrichtspraxis mit der der anderen Fächer – Annahme der Verantwortung für die Leistung der Schüler – Überdenken und Reflexion der eigenen Praxis.

Je mehr einzelne Qualitätsmerkmale ermittelt wurden, umso deutlicher stellte sich die Frage nach deren Zusammenhang und Zusammenwirken im Unterricht: Sind alle Merkmale gleichbedeutend? Ergänzen die Merkmale einander oder schließen sie eventuell einander aus? Welche dieser Merkmale müssen in welchem Maße und wie in der konkreten Unterrichtssituation verwirklicht werden, um Qualität zu erreichen?

Für DITTON (2000, S. 81 ff.), der die Ergebnisse der Unterrichtsforschung zusammengefasst hat, sind es vor allem vier Faktoren, die die Qualität des Unterrichts ausmachen:

- Qualität der Vermittlung (Curriculum, Präsentation und Darstellung der Inhalte im Unterricht)
- Qualität der Angemessenheit der Vermittlung (Richtigkeit des Schwierigkeitsgrades)
- Qualität der Motivierung (Bereitschaft der Lernenden, dem Unterricht zu folgen, sich daran zu beteiligen und sich Inhalte anzueignen)
- Qualität des Angebotes und der Nutzung von Unterrichtszeit (ausreichend zur Verfügung gestellte und genutzte Zeit für die Aneignung des Stoffes).

Diese Faktoren, denen weitere aus der Forschung als relevant genannte Faktoren zugeordnet werden, gehören zusammen wie ein Puzzle und sind miteinander verbunden wie die Glieder einer Kette, die nur so stark ist, wie ihr schwächstes Glied. „Für den Lernzuwachs kann daher vermutet werden, dass eine balancierte Verbesserung mehrerer Elemente [der Faktoren] wichtiger ist als die Optimierung eines isoliert betrachteten einzelnen Elements" (DITTON 2000, S. 82, siehe folgende Seite).

Sieht man diese Faktoren in ihrem Zusammenwirken als bedeutsam für den Unterricht an, dann ergeben – so DITTON (ebd.) – die zu den einzelnen Faktoren erzielten Forschungsergebnisse folgende Hinweise über Lern- und Unterrichtsformen, die für die Leistungsentwicklung der Schüler besonders förderlich sind:

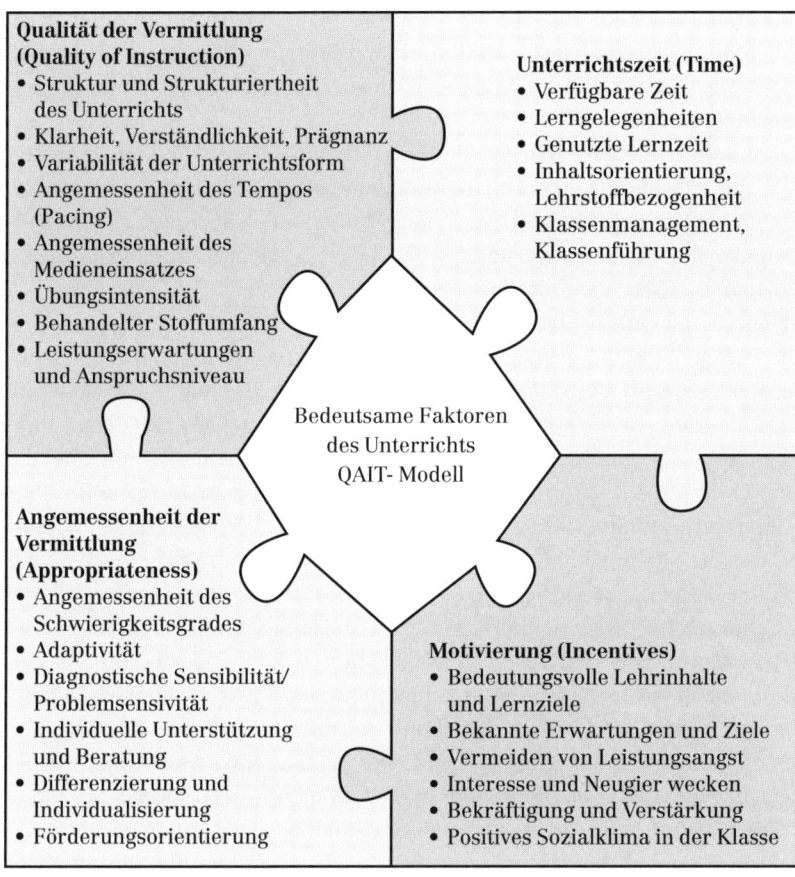

Qualität der Vermittlung (Quality of Instruction)
- Struktur und Strukturiertheit des Unterrichts
- Klarheit, Verständlichkeit, Prägnanz
- Variabilität der Unterrichtsform
- Angemessenheit des Tempos (Pacing)
- Angemessenheit des Medieneinsatzes
- Übungsintensität
- Behandelter Stoffumfang
- Leistungserwartungen und Anspruchsniveau

Unterrichtszeit (Time)
- Verfügbare Zeit
- Lerngelegenheiten
- Genutzte Lernzeit
- Inhaltsorientierung, Lehrstoffbezogenheit
- Klassenmanagement, Klassenführung

Bedeutsame Faktoren des Unterrichts QAIT- Modell

Angemessenheit der Vermittlung (Appropriateness)
- Angemessenheit des Schwierigkeitsgrades
- Adaptivität
- Diagnostische Sensibilität/ Problemsensivität
- Individuelle Unterstützung und Beratung
- Differenzierung und Individualisierung
- Förderungsorientierung

Motivierung (Incentives)
- Bedeutungsvolle Lehrinhalte und Lernziele
- Bekannte Erwartungen und Ziele
- Vermeiden von Leistungsangst
- Interesse und Neugier wecken
- Bekräftigung und Verstärkung
- Positives Sozialklima in der Klasse

(DITTON 2000, S. 82)

■ Generell förderlich sind Lern- und Unterrichtsformen, die von den einzelnen Schülern als angemessen kognitiv anspruchsvoll erfahren werden und die insgesamt einen kognitiv stimulierenden Klassenkontext ausmachen. [Diese Schlussfolgerung gewinnt angesichts der Befunde der Untersuchungen zur Lernausgangslage (LEHMANN u. a. 1997 u. 1999) und von TIMSS (BEATON u. a. 1996 a, 1996 b) besondere Brisanz, da der Unterricht primär auf eher leistungsschwächere Schülerinnen und Schüler ausgerichtet ist und mit vergleichsweise niedrigeren Ansprüchen gearbeitet wird und deutsche Schülerinnen und Schüler daher Basisroutinen immer gleich gut beherrschen, hingegen anspruchsvolle Aufgabenstellungen erwartungswidrig seltener lösen.]

■ Wird die Entwicklung ‚reiner‘ Fachleistungen angestrebt, ist offensichtlich ein lehrerzentrierter und direkter Unterricht besonders förderlich, „[so]dass man Schülern das, was sie lernen sollen, am besten direkt beibringt“ (DITTON 2000, S. 83).

■ Für die Vermittlung übergreifender Kompetenzen, von Denkfähigkeit und Problemlösefähigkeit oder von Kompetenzen zu sozialem und kommunikativem Handeln ist ein variierender Methodeneinsatz unter Berücksichtigung der sach-, gegenstands- und adressatenspezifischen Voraussetzungen wahrscheinlich effektiver.

Ob Lern- und Unterrichtsformen realisiert werden können und wie sie den Lernerfolg der Schüler beeinflussen, hängt auch von der Qualität der schulischen Unterstützungsfaktoren ab, die, vermittelt über den Unterricht, auf den Lernerfolg der Schüler positive Wirkungen haben kann. Zu diesen Faktoren gehören eine förderliche Schulkultur (gemeinsame Ziele, Einigkeit, gute Leitung), ein verantwortungsvolles Schulmanagement (gemeinsames Aufgabenverständnis und gemeinsame Vision, geklärte Befugnisse und Aufgaben), eine gelungene Kooperation und Koordination sowie eine auf Qualitätsentwicklung ausgerichtete Personalpolitik und -entwicklung.

Schulqualität ist somit ein Wirkungsfaktor für die Unterrichtsqualität und den Lernerfolg der Schüler. Allerdings kommen noch andere Einflüsse hinzu, die nach vorliegenden empirischen Befunden sogar als bedeutend stärker einzustufen sind, z. B.: die Herkunft und das soziale Umfeld der Schüler, individuelle Persönlichkeitsmerkmale der Schüler, etwa Motivation, Fähigkeit zur Metakognition und Denkfähigkeit (WANG/HAERTEL/WALBERG 1993).

DITTON (ebd., S. 86) formuliert auf der Grundlage der aktuellen Diskussion über die Einflussfaktoren auf den Lernerfolg von Schülern die These von der primären Bedeutung proximaler Faktoren, „dass die hauptsächlichen Einflüsse auf den Lernerfolg [...] von individuellen Schülermerkmalen, der Qualität des Unterrichts sowie dem familiären und außerschulischen Kontext der Schüler“ ausgehen.

Zu bedenken ist allerdings, dass die These von der primären Bedeutung proximaler Faktoren deskriptiver Art ist: Sie beschreibt die Bedeutung der Faktoren unter gegebenen Bedingungen und Verhältnissen. Sie ist jedoch nicht prognostisch oder präskriptiv und macht keine Aussage darüber, ob die jetzige Gewichtung der Faktoren auch zukünftig so bleiben wird oder muss. Dass die distalen Faktoren (Variablen auf der Schul- und Kontext- oder Systemebene) entsprechend dieser These eine geringere Bedeutung für den Lernerfolg von Schülern haben, muss also nicht bedeuten, dass dies auch zukünftig so bleiben muss, und kann deshalb nicht als Beleg dafür genommen werden, dass distale Faktoren nicht wirksamer sein *könnten*. Die festgestellte geringere – als bisher angenommene – Bedeutsamkeit distaler Faktoren für den Lernerfolg kann deshalb auch eine Aufforderung darstellen, sich ihnen verstärkt zu widmen, sie zu verbessern und zum Beispiel – für einen Teil der Schüler zumindest – die hoch bemessene Bedeutsamkeit des sozialen und familiären Kontextes für den Lernerfolg herabzusetzen. Wenn also in der Untersuchung zur Lernausgangslage (nach LEHMANN 1999) festgestellt wird, dass

- die Lernentwicklung der Kinder umso günstiger verläuft, je höher der Schulabschluss des Vaters und/oder der Mutter ist,
- bei gleicher Lernausgangslage und bei gleichem Lernpotenzial Kinder aus sozial benachteiligtem Milieu es schwerer haben (besonders) erfolgreich zu sein und
- sich Unterschiede hinsichtlich des sozialen Milieus (erfasst durch Postzustellbezirke der Wohnadressen von Jugendlichen) – auch innerhalb einzelner Schulformen – auf die Lernentwicklung der Schüler auswirken,

wäre es zynisch und ungerecht, die primäre Bedeutung proximaler Faktoren hinzunehmen und nicht daran zu arbeiten, das Zusammenwirken von Unterrichts- *und* Schulqualität zu einem bedeutsamen Faktor für den Lernerfolg der Schüler zu machen.

Möglichkeiten, die Schulqualität bedeutsamer für den Lernerfolg zu machen, bestehen im Rahmen von Schulentwicklung beispielsweise darin,

- die verbindlichen Ziele für die Arbeit in der Schule gemeinsam zu entwickeln und verbindlich umzusetzen,
- die Kooperation der Lehrkräfte mit den Eltern zu verbessern,
- die Unterrichtsinhalte und -methoden gut aufeinander abzustimmen,
- den Erfolg aller Schüler zu sichern *und* hervorragende Leistungen zu fördern,
- den frühzeitigen Abbruch von Schulkarrieren auszuschließen,
- die eigene Arbeit (Schul- und Unterrichtsmerkmale) und die Lernerfolge in der Schule systematisch zu entwickeln und zu evaluieren/kontrollieren.

Resümee der Erkenntnisse aus Wissenschaft und Forschung:

- Für Unterrichts- und Schulqualität gibt es nicht die eine (scheinbar) objektive Definition.
- Analysen und Bewertungen von Unterrichts- und Schulqualität sind Ansichtssache.
- Trotz zum Teil deutlicher Mängel in der Forschung insgesamt gibt sie wichtige Hinweise und konstruktive Impulse für eine Diskussion über Qualität und deren Merkmale und Bedingungen.
- Im Mittelpunkt der Diskussion über Qualität sollten nicht einzelne, isolierte Faktoren von Qualität stehen, sondern Unterrichtsqualität und ihre Wechselbeziehung mit der Schulqualität sollten der Kernpunkt der Diskussion sein.
- Es gibt auf dem Hintergrund der Forschungslage keinen Anlass, einzelne Merkmale von Qualitätsfaktoren besonders herauszuheben oder nicht zu beachten. Dass ein Qualitätsmerkmal in der Schule vorkommt oder nicht, gibt noch keine Auskunft über die Unterrichts- oder die Schulqualität. Auch die Summe erreichter bzw. nicht erreichter Merkmale kann für sich allein genommen nichts über die Qualität aussagen. Wie die einzelnen Merkmale zusammenwirken, sich bedingen und beeinflussen, muss in einem Analyse und Verständigungsprozess in jeder einzelnen Schule herausgearbeitet werden.
- Eine wichtige produktive Wirkung der Analyse von Forschungsergebnissen zur Schul- und Unterrichtsqualität besteht darin, keine falsche Sicherheit vorzutäuschen und keine Ideallösungen zu verbreiten.
- „Es gibt zwar das Phänomen des mehrkriterial erfolgreichen Unterrichts, nicht aber ein einheitliches damit korrespondierendes Muster des didaktischen Handelns.“ (WEINERT/HELMKE 1996, S. 231) „Erfolgreicher Unterricht kann auf sehr verschiedene, aber nicht beliebige Weise realisiert werden.“ (WEINERT/HELMKE 1997, S. 472).
- Eine Fixierung auf bloß fachliche Lernleistungen erfasst nicht die komplexen Lernsituationen und -erfolge der Schüler.
- Die Forschungslage belegt nachhaltig, dass es nicht die eine Lern- oder Lehrform gibt, die für alle Lernforderungen, -situationen und -ziele geeignet ist. Dagegen gibt es offensichtlich für bestimmte, eingegrenzte Lernforderungen und -ziele besonders effektive Lern- und Lehrformen.
- Die – nach Forschungslage – nachrangige Bedeutung von Schulqualität für die Lernerfolge der Schüler ist kein Nachweis ihrer Bedeutungslosigkeit oder Nicht-Berechtigung, sondern eher ein Hinweis auf die bisherige Erfolglosigkeit, Schulentwicklung zu einer verbindlichen Angelegenheit aller Beteiligten zu machen.
- Qualitätsentwicklung und -sicherung ist nur möglich, wenn Unterrichts- und Schulmerkmale zusammenhängend in differenzierter Form evaluiert werden und sich nicht nur auf den Aspekt von Schülerleistungen konzentrieren.

Und fast alle Fragen offen ...
– ‚fachliche' Qualität von Deutschunterricht

Mit dem Fach Deutsch und der Frage nach Qualität verhält es sich wie mit dem Löwen und der Maus: Guter Stimmung und ohne Arg macht die Maus ihren täglichen Morgenspaziergang. Plötzlich wirft sich ein Schatten über sie, die Maus blickt auf und sieht direkt in das weit geöffnete Maul eines Löwen. Noch nie zuvor hat die Maus ein solches Tier gesehen, sie hat nur schon oft darüber reden hören. Und daher weiß sie auch, gleich wird der Löwe zufassen, ihre kleinen Knöchelchen werden beinahe geräuschlos zermalmt werden, wenn ihr nicht in allerletzter Sekunde doch noch etwas einfällt, das die Gefahr abwenden kann. Sie fasst sich ein Herz, streckt ihre rechte Vorderpfote vor, die artige, und wispert: „Entschuldigung, kennen wir uns nicht von irgendwo her? Haben wir nicht schon einmal miteinander getanzt?" Gespannt wartet sie, dass der Löwe ihr auf den Leim gehen wird. In dem Moment wird sie versuchen zu flüchten und sich in einem kleinen, sicheren Loch zu verstecken, wo sie unerreichbar ist – wenigstens für so große und gefährliche Tiere.

Wer von den beiden in dieser Geschichte ist das Fach Deutsch? Und wer die Frage nach Qualität? Das sind fast Scheinfragen: Übermächtig und bedrohlich, aber auch etwas unbehände steht die Qualitätsfrage vor dem kleinen Deutschunterricht und droht ihn zu verspeisen. Da bleibt als einzige Rettung nur die Flucht in unverbindliche Höflichkeit oder gar die Vorspiegelung falscher Tatsachen: Das beste Mittel, um unangefochten weiterziehen zu können, ist wahrscheinlich zu behaupten, man kenne sich schon lange Zeit und schätze einander sehr.

Der Qualitäts-Dornröschenschlaf

Die Angst des Deutschunterrichts – wie die der Maus – vor der übermächtigen Qualitätsdebatte ist mehr als begründet: Wie kaum ein anderes Schulfach steht der Deutschunterricht der Qualitätsfrage hilf- und sprachlos gegenüber. Darüber, was guter Deutschunterricht ist (oder sein kann), ist vergleichsweise wenig erforscht und noch weniger bekannt und es herrscht darüber ein noch geringerer Konsens als in anderen Disziplinen. Dementsprechend hat die Deutschdidaktik sprachliche und literarische Lernprozesse als solche nur ansatzweise untersucht oder sie durch Wissenschaftsorientierung überblendet (vgl. RUPP 1997). Bemühungen, in der Deutschdidaktik den Unterricht als komplexen Lernprozess und als Handlungsfeld von Kommunikation aufzufassen und zu erforschen, sind zwar propagiert (Ivo 1975), aber nur ansatzweise umgesetzt worden.

Wie konnte es dazu kommen, dass das Fach Deutsch über so lange Zeit einen Dornröschenschlaf führt? Vor allem aus folgenden Gründen:

1. Nach einer grundsätzlichen Infragestellung und Verunsicherung des Fachs (z. B. durch Ideologiekritik) sowie der regen Suche nach wissenschaftlicher Neuorientierung (Rezeptionsästhetik, Linguistik, Strukturalismus, vgl. BECKER-MROTZEK 1997) in den 60er und 70er Jahren **bestand ein Bedürfnis nach Beruhigung und Konsolidierung des Faches.**

2. **Es gab zu wenig deskriptives Wissen, das die Deutschdidaktik oder den Deutschunterricht wirklich aufgerüttelt hätte. Ein Konsens über Ziele und Funktion des Deutschunterrichts wurde als unmöglich oder als nicht wünschenswert angesehen.** Grundlegende, differenzierte Untersuchungen zur Qualität von Deutschunterricht liegen nicht vor, im Vordergrund standen bisher normative, präskriptive Beiträge (vgl. BREMERICH-VOS 2000, S. 44) – nicht selten wie Glaubensbekenntnisse verfasst – oder Detailuntersuchungen zu spezifischen und abgegrenzten Bereichen der Didaktik und zu Schülerleistungen. Praxisorientierte und auf das Sprachhandeln der Schüler ausgerichtete Deutschdidaktik (z. B. Ivo 1975, S. 32) geriet ebenso in Ideologieverdacht wie eine kanonische Didaktik. Aus fachlicher Sicht erschien ein Konsens über Qualität von Deutschunterricht problematisch und aus politischer Sicht unmöglich. Neue Vorschläge wurden sofort *einer* Richtung zugeordnet und damit entsprechend geund entwertet. Die Deutschdidaktik war darüber hinaus im Wesentlichen mit der Inszenierung ihrer eigenen Wirkungslosigkeit und Unkenntlichkeit beschäftigt. So wird noch heute die Auffassung vertreten, bestimmte Methoden oder Inhalte (z. B. Gruppenarbeit oder sprachliche Sozialisation) seien immer mit *einer* bestimmten Auffassung von Deutschunterricht verknüpft (links!). Solche Auffassungen erschweren eine Verständigung über Qualität so nachhaltig, dass man lieber darauf verzichtet. Kein Konsens scheint zudem die beste Garantie für den Erhalt der eigenen Auffassung zu sein. Die Zurückhaltung gegenüber Konsens-Diskussionen wird noch durch die Tatsache verstärkt, dass die Sisyphusarbeit der Erreichung eines Konsenses keine Garantie für dessen Umsetzung bietet: Wenn endlich der Konsens erreicht ist, macht jeder so weiter, wie er will – aber man hat einen virtuellen Konsens, auf den man bei Bedarf verweisen kann.

> ### Reine Glaubenssache – aus dem Protokoll einer Unterrichtsbesprechung
>
> *Versetzen Sie sich* bitte *in die Situation der Referendarin und formulieren Sie eine Reaktion auf die Seminarleiter!*
> Unterrichtsbesuch Referendarin X., Klasse 9.
> Thema der Stunde: I. Morgner „Kaffee verkehrt" als Ausgangstext zur Bewusstmachung von Rollenstereotypen in mündlichen Kommunikationssituationen.
> Ziele: Ausgehend vom fiktionalen Text sollen die Schüler erkennen, dass es rollenbedingt unterschiedliche Erwartungen an das Kommunikationsverhalten von Männern und Frauen gibt. Diese Erkenntnis sollen die Schüler auf eine in ihrem eigenen Umfeld existierende Gesprächssituation übertragen.
> Nachbesprechung: Nach Zusammenfassung und Reflexion der Stunde durch die Referendarin (Analyse des Ablaufes, der Zielerreichung) betont der Fachleiter seine Zufriedenheit mit der Stunde (methodisch, inhaltlich, Lehrer-Schüler-Interaktion) und hebt Aktualität und Handlungsbezug der Unterrichtsstunde hervor. Der Hauptseminarleiter stimmt ihm zu, gibt jedoch zu bedenken, dass das Thema ‚Geschlechtsspezifisches Sprachverhalten' umstritten und inaktuell sei. Zumindest sei eine Relativierung angebracht. Der Fachleiter stimmt zu: Das Thema sei zwar etwas für den Deutschunterricht, es sei aber wichtig, Generalisierungen und neue Geschlechtsrollenstereotype vom bösen Mann und der guten Frau zu vermeiden. Er selbst kenne im Familien- und im Bekanntenkreis niemanden, der sich so dumm benähme wie der Mann in Morgners Text. In der nächsten Stunde müsse die Referendarin vermitteln, dass sich die Zeiten geändert hätten, dass Morgners Text sich nur auf die DDR beziehe ...

3. Ein weiterer Grund für den Dornröschenschlaf liegt darin, dass die Frage nach der Qualität von Deutschunterricht aus bildungspolitischen Gründen nicht gestellt werden durfte bzw. nicht beantwortet werden sollte, um damit verbundene Meinungsverschiedenheiten zu vermeiden. Nach diversen Auseinandersetzungen über Richtlinien und Lehrpläne (vgl. HESSISCHE RAHMENRICHTLINIEN 1972) und neue Deutschbücher (vgl. DRUCKSACHEN 1974) gab es in der Bildungspolitik und in den Schulen einen geordneten Rückzug: Die Frage nach der Qualität von Deutschunterricht wurde zum Tabu erklärt und allenfalls bei Lehrerstammtischen oder in den Pausen angesprochen. Der allgemeine Vorteil dieses Vorgehens bestand (und besteht) darin, dass sowohl Auseinandersetzungen als auch der Druck durch befürchtete schlechte Ergebnisse vermieden wurden und die inhaltlichen und methodischen Gestaltungsräume der einzelnen Lehrkraft weitgehend unangetastet blieben. Die Frage nach der Qualität von Deutschunterricht nicht zu stellen, bedeutet(e) für die Lehrkräfte: Gewinn an Auto-

nomie, Minderung von Rechenschaftsansprüchen und Erweiterung der individuellen Gestaltungsfreiheit.

Für die Bildungspolitik hatte die Nicht-Beschäftigung mit der Qualitätsfrage den Vorteil, dass man sich den Debatten über Schulformen und deren Leistungen nicht ausliefern musste und bestehende Vorurteile weiter pflegen konnte. Ein Beleg für solches Vorgehen ist der zurückhaltende Umgang mit Fragen zur Qualität des Fachunterrichts in Projekten der Schulentwicklung in den 90er Jahren oder auch die Skepsis gegenüber länderumfassenden bzw. -übergreifenden Untersuchungen von Fachleistungen in der Schule.

Auf der Suche nach der verloren gegangenen Qualität

① **Ein heikles Fischrezept …**
Weisen Sie im Rahmen einer Fachkonferenz oder Fortbildung auf ein bestimmtes Werk der Deutschdidaktik hin. Stellen Sie das Buch am nächsten Morgen in Ihrer Lehrerbibliothek aus (z. B. mit dem Hinweis: ‚Aktuell') und legen Sie bei der Gelegenheit einen kleinen Zettel mit einem interessanten Fischrezept in das Buch. Bitten Sie auf dem Zettel den Finder des Rezepts um Nachricht. Schätzen Sie vorher, wie lange Sie warten müssen, bis jemand das Fischrezept findet. Teilen Sie den Kollegen nicht mit, dass Sie keine Rückmeldung erhalten haben.
② **Alte Aufsätze, Bücher, Protokolle**
Werten Sie drei bis fünf alte Aufsätze (z. B. Abitur, Klassenarbeitshefte) oder Deutschbücher aus: Was haben die Schüler damals gelernt? Wie ist das aus heutiger Sicht zu beurteilen?

Der Dornröschenschlaf der Qualitätsdiskussion hat für das Fach Deutsch, die Lehrer und die Bildungspolitik gute *und* schlechte Auswirkungen: Er sorgt für Ruhe und gibt (vermeintliche) Stabilität, verschafft einen Freiraum für Experimente und hilft, fruchtlose Diskussionen zu vermeiden. Zu den negativen Auswirkungen gehören beispielsweise eine zu hohe Selbstzufriedenheit oder auch tiefgreifende Verunsicherung bzw. Resignation bei den Lehrern und den Schülern („Deutsch ist eben so …").

Die Fachdidaktik hat sich bis zur Wirkungslosigkeit ausdifferenziert und abgegrenzt, sodass eine Gesamtsicht auf die Qualität des Unterrichts nicht mehr erfolgt. Dass seit einem Vierteljahrhundert keine Deutschdidaktik mehr formuliert worden ist (RUPP 2000), bestätigt dies.

Zu den negativen Auswirkungen des Qualitäts-Dornröschenschlafes gehören auch die als Methodenfreiheit missverstandene professionelle Isolati-

on von Deutschlehrern („Ich mache meinen Deutschunterricht so, wie ich
ihn für richtig halte, da lasse ich mir von niemandem hineinreden ...") sowie
deren Unsicherheit und das fehlende Wissen über Wirkungen des Deutschunterrichts. Die folgenschwerste Konsequenz des Dornröschenschlafes ist
jedoch, dass das Fach Deutsch der allgemeinen Qualitätsdiskussion (inklusi-
ve der Überlegung der Einführung zentraler Tests) derzeit nichts entgegen-
zusetzen hat und auch nur wenig dazu beitragen kann.

Während lange Zeit die Vor- und die Nachteile des Qualitäts-Dornröschenschlafes einander aufgehoben haben, drohen jetzt die Nachteile deutlich zu überwiegen. Es wäre nun falsch, auf einen Prinzen zu warten, der diesen Dornröschenschlaf beendet und alle erlöst. Wenn einem daran gelegen
ist ‚guten Deutschunterricht‘ zu machen, dann muss man sich als einzelner
Lehrer, als Fachkonferenz und in der Deutschdidaktik der Qualitätsfrage aktiv annehmen und folgenden Fragen nachgehen:

- Was wissen wir über Bedingungen, Wirkungen und Ergebnisse von gutem
  Deutschunterricht?
- Welche Faktoren sind für die Qualität von Deutschunterricht wichtig? Wie
  wirken sie zusammen? Wie kann man sie eventuell beeinflussen?

Nachdem zu Beginn des Buches Anregungen geboten wurden, die eigenen
individuellen Hintergründe dieser Fragestellung zu klären, und dann eine
Orientierung an der allgemeinen Qualitätsdiskussion gegeben wurde, sollen
nun ‚fachliche‘ Untersuchungen, Befunde und Ansätze aus der Fachdidaktik und der Bildungsforschung vorgestellt werden.

Deutschunterricht auf den „Fach"-Prüfstand

Aussagen über die Qualität von Deutschunterricht basieren meistens auf
mindestens einem der folgenden vier Untersuchungsansätze:

**1. Fachliche bzw. fachwissenschaftliche Prüfung von Inhalten und Ergeb-
nissen des Unterrichts**

Ausgangspunkt ist eine Bestimmung dessen, was besonders relevante
Elemente und Ergebnisse der Bezugswissenschaft(en) des Deutschunterrichts sind und welche von ihnen in der Schule vermittelt werden können
oder sollen. In einem zweiten Schritt wird analysiert, wie und in welchem
Umfang die genannten Elemente und Ergebnisse welchen Schülern welcher Schulformen vermittelt werden können oder sollen. Daraus werden
in einem dritten Schritt normative Anforderungen entwickelt, wie die Ver-

mittlung der Elemente und Ergebnisse erfolgt sein muss, damit sie als qualitätsvoll gelten kann und ein fachlich angemessenes Niveau erfüllt. Die Erfüllung dieser Anforderungen wird dann in einem vierten Schritt überprüft, etwa an den Richtlinien und den Lehrplänen, an Übersichten zu Unterrichtsinhalten, an Klassenarbeits- oder Abiturthemen oder an Schülerarbeiten generell. So kann man denn fachlich trefflich darüber streiten, ob das populäre Kommunikationsmodell SCHULZ VON THUNS (1989) „Vier Seiten einer Nachricht und vierohriger Empfänger" ein relevantes Konzept (z. B. der Germanistik, der Kommunikationswissenschaften oder der Psychologie) ist und ob es, selbst wenn es das wäre, im Deutschunterricht behandelt werden kann und soll. Entschließt man sich nach fachwissenschaftlicher Analyse dazu dies anzunehmen, könnte man beispielsweise an den von SCHULZ VON THUN selbst entwickelten Übungen feststellen, ob dieses Modell (mindestens im Sinne des Verfassers) richtig verstanden worden ist und angewendet werden kann. – Dieser in der Praxis in vielfachen Variationen eingesetzte Untersuchungsansatz für Qualität von Deutschunterricht hat zwei deutliche Schwachpunkte: Zum einen besteht in der Fachwissenschaft kein wirklicher Konsens über die besonders relevanten Elemente, zum anderen ist der Untersuchungsansatz meist so stark fachlich ausgerichtet, dass er nur eine eng begrenzte fachwissenschaftliche Qualität von Unterricht angeben kann. An dieser streng eingegrenzten fachwissenschaftlichen Qualität sind letzten Endes aber höchstens die Fachwissenschaftler selbst interessiert. Wenn überhaupt kommt es als Folge dieses Untersuchungsansatzes zu einer Formulierung von Minimalstandards im Sinne des Verständnisses von ‚Übereinstimmung mit Standards' (vgl. S. 33).

2. **Teilnehmende oder nicht-teilnehmende Beobachtung des Unterrichts**
Man kann Unterricht teilnehmend oder als Außenstehender beobachten und das Handeln der Beteiligten einer Analyse und Bewertung unterziehen. Zusätzlich kann man Beteiligte abschließend noch befragen, wie sie einzelne Abschnitte des Unterrichts wahrgenommen haben und einschätzen. Diese Auskünfte kann man mit denen der Beobachter zusammenführen und vergleichen. – Dieser Weg wird in der Praxis häufig pragmatisch von Lehrkräften angewandt, die Auskünfte über die Arbeit in ihrer Klasse erhalten möchten. An eine weitere Verbreitung oder Verallgemeinerung der Beobachtungen wird meist nicht gedacht. Wissenschaftler haben es schwer mit dieser Methode: Sie erfordert hohen zeitlichen Aufwand, eine gute Einfindung in ein (fremdes) System sowie umfangreiche

und differenzierte Praxiskenntnis – und das alles unter Umständen, die verallgemeinerbare Erkenntnisse beinahe unmöglich machen.

3. **Diskursiv-phänomenografische Verfahren zur Analyse des Lern- und Verstehensprozesses bei Schülern**

Man kann z. B. durch semistrukturierte Interviews und Beobachtungen zu ‚kritischen Fällen' (PATTON 1987, S. 54) versuchen, den Lern- und Verstehensprozess von Schülern zu analysieren und zu prüfen, wie das Selbstkonzept des Lehrers und sein Verständnis vom Unterrichtsgegenstand auf sie wirkt (vgl. TULLBERG 1997, S. 25f., MARTON/BOOTH 1997). Diese diskursiv-phänomenografische Methode (HASSELGREN/BEACH 1996, SÄLJÖ 1999), die sich an PIAGETS Interview-Methode anlehnt, wird bisher ansatzweise in der Mathematik (z. B. bei der Fehleranalyse) und in den Naturwissenschaften (z. B. bei der Analyse von Modell-Präkonzepten) angewandt. Auch für das Fach Deutsch könnte sie wichtige Erkenntnisse liefern, etwa über Präkonzepte von Schülern, über Fehler als Indikatoren von Vorstellungen und Verstehensprozessen sowie über Strategien beim Schreiben (vgl. S. 35/36: Weiterentwicklung, Ermächtigung). Elemente dieses Untersuchungsansatzes verwenden RUF/GALLIN (1998), indirekt aufgegriffen werden sie in den Analysen der Schreib- und Korrekturstrategien in der Hamburger Lesestudie (LEHMANN u. a. 1995) und in der Aufsatzstudie-Ost (HARTMANN/JONAS 1996).

4. **Untersuchungen der Merkmale von Unterricht und (Fach-)Leistungen der Schüler**

Man kann einzelne Merkmale bzw. Faktoren von Unterrichtsqualität untersuchen bzw. messen (lassen). Merkmale auf der Wahrnehmungs- bzw. Bewertungsebene (z. B. Zufriedenheit mit bestimmten Inhalten und Methoden) können mit Hilfe von Befragungen untersucht werden, Verhaltens- bzw. Handlungsmerkmale sind durch Beobachtungen oder durch Auswertung von Arbeitsergebnissen oder Leistungen festzustellen. Am häufigsten werden Schülerleistungen bzw. Produkte von Schülern untersucht. Qualitätskriterien dafür werden meist von einem Qualitätsverständnis abgeleitet, das auf die Annahme der ‚Qualität als Perfektion' (Exzellenz II/Fehlerlosigkeit, vgl. S. 34) bzw. der ‚Qualität als Zweckmäßigkeit' gegenüber dem Auftrag der Institution zurückgeht. Kriterien sind dann beispielsweise: Grad der Zielerreichung (etwa dem Lehrplan gegenüber), Grad der (sprachlichen) Richtigkeit, Grad der Aufgabenerfüllung, Grad der Beherrschung von Wissen, Grad der Fähigkeit, Regeln anwenden zu können. Nicht selten werden in solchen Untersuchungen

Schlussfolgerungen für die Gesamtqualität von Schülerleistungen gezogen, die sich aber eigentlich nur auf ein einziges Merkmal der komplexen Schülerleistungen beziehen. Dies ist etwa der Fall, wenn von Rechtschreibleistungen auf sprachliche Leistungen insgesamt geschlossen wird oder wenn Ergebnisse aus Wissenstests („Nenne die Verfasser von Urfaust, Faust I und Faust II ...“) für Aussagen über die Fähigkeit im Umgang mit Literatur herangezogen werden. In der aktuellen Diskussion zur Qualität von Deutschunterricht gilt das Interesse weniger den beiden unter 2. und 3. genannten Untersuchungsansätzen, obwohl von ihnen bedeutende Beiträge qualitativer Forschung zu erwarten wären. Das Interesse in der Qualitätsdiskussion gilt vorrangig dem letztgenannten Untersuchungsansatz, also der Analyse einzelner Faktoren von Unterrichtsqualität – besonders von Fachleistungen in spezifischen Bereichen des Deutschunterrichts.

Im Folgenden werden exemplarisch Untersuchungen zu den Bereichen Rechtschreibung, Aufsatz, Lesekompetenz, Grammatik und Lernen/Schlüsselkompetenzen vorgestellt.

Früher war alles besser

Klagen über die schlechten bzw. sinkenden Schulleistungen von jugendlichen Schulabgängern haben eine lange Tradition (vgl. KELLER 1989). Zugespitzt könnte man sagen: So lange es Deutschunterricht in der Schule gibt, so lange gibt es Klagen über dessen sinkende bzw. mangelhafte Leistungen, falsche Inhalte und fehlende Qualifikationen von Schulabgängern. Besonders beliebt sind Klagen über sinkende Rechtschreibfähigkeiten der Schüler. Einige Beispiele für diese Klagetradition:

Klagen über Deutschunterricht haben Tradition ...

Beginn 20. Jahrhundert „Nach meinem Dafürhalten sind die Leistungen im Deutschunterricht die allerungünstigsten.“ (KOHL, nach GRÜNER 1984, S. 34)
1930 „[...] zeigen deutlich, dass die Jungen, die alljährlich in Industrieberufe gehen, von Jahr zu Jahr weniger Rüstzeug von der Volksschule mitbringen.“ (ARNOLD/SENFT 1930)
Mitte der 30er Jahre „[...] die Prüfungsämter sind der Ansicht, dass das Niveau des Schulwissens seit geraumer Zeit im Sinken begriffen ist.“ (GRÜNER 1984, S. 534)
1954 „[...] dass ein Teil der Schulentlassenen mit unzureichenden Kenntnissen im Rechnen und in der Rechtschreibung eintrete und dass seit Jahrzehnten in

diesem Gebiet eine rückläufige Tendenz festzustellen sei." (STEMME 1954, S. 49)

Ende der 60er Jahre „Seit Ende der 60er Jahre – mit der ersten vom Deutschen Industrie- und Handelstag (DIHT) durchgeführten Untersuchung zum Leistungsstand von Volksschulabsolventen – ist das Thema beständig sinkender Schulleistungen kaum mehr völlig aus der öffentlichen Diskussion verschwunden." (EBBINGHAUS 1999, S. 8)

In den 80er Jahren „In den Schulen sind die Ansprüche im letzten Jahrzehnt eindeutig gesunken. [...] Dies gilt für alle Schulstufen und ist Ausfluss der offiziellen Bildungspolitik." (CHRISTIANS 1981, nach EBBINGHAUS 1999, S. 9)

1984 „Mit der Rechtschreibung wird es immer schlechter, das Ausdrucksvermögen nimmt mehr und mehr ab. [...] Betroffen sind Berufsanfänger wie Doktoranden." (in: SPIEGEL v. 9.7.1984)

1997 „Die Bildung der Bewerber hat kontinuierlich nachgelassen." (in: SPIEGEL 1997)

1998 „Die Bildung der deutschen Real- und Hauptschüler nimmt immer mehr ab." (in: RHEIN-NECKAR-ZEITUNG v. 9.10.1998)

1999 „Der Prozentsatz der sprachlich zurückgebliebenen Kinder (vor Eintritt in die Schule) ist von vier Prozent Ende der siebziger Jahre auf derzeit (1999) 25 Prozent angewachsen". (in: PSYCHOLOGIE HEUTE, nach TACKE 2000: 308)

2000 „IHK-Hauptgeschäftsführer Crone-Erdmann zog [...] Schlussfolgerungen: In der Schule werde zu wenig Wert auf solide Wissensgrundlagen gelegt. Und: Die Gesamtschüler seien wieder mal besonders schlecht." (HEINEMANN 2000)

Die Tradition dieses Klagens ließe die naive Schlussfolgerung zu, dass sich in den letzten 100 Jahren die Leistungen der Jugendlichen (auch im Fach Deutsch) kontinuierlich verschlechtert haben und nun auf dem Nullpunkt angekommen sein müssten. Schon 1967 hat INGENKAMP (1967, S. 30) pointiert kommentiert: „Wäre der von Generation zu Generation beklagte Rückgang der Leistungen und Fähigkeiten eine Tatsache, dann dürften unsere Universitäten heute kaum noch das Niveau der Volksschulen von 1830 aufweisen." Welche Gründe könnte es dann für diese lange und scheinbar nicht zu beseitigende Klagetradition geben?

- Auffällig ist, dass diese Klagen besonders dann erhoben werden, wenn ein Überangebot an Ausbildungsplatzsuchenden besteht und die Wirtschaft nicht in der Lage oder bereit ist, genügend Ausbildungsplätze anzubieten (vgl. NORDHAUS 1997, S. 18-21) bzw. wenn ein Überangebot derer besteht, die auf Grund ihrer erworbenen Berechtigungen einen Ausbildungsplatz suchen (vgl. KLEMM 1998, S. 273).
- Man könnte annehmen, die Anforderungen der Wirtschaft seien stärker gestiegen als die Leistungen der Ausbildungsanfänger. Das würde bedeu-

ten: Nicht die Leistungen sind schlechter, sondern die Anforderungen sind größer geworden. Dieses Argument ist mit Vorsicht zu genießen, denn um den *allgemeinen* Leistungsverfall der Schüler zu erklären, müssten dann die Anforderungen in *allen* Bereichen der Wirtschaft gleichermaßen gestiegen sein.

■ Schließlich kann der Grund für das Klagen schlicht darin bestehen, dass sich die Klagenden durch ihr Klagen irgendeinen Gewinn oder Vorteil erhoffen. Wertet man Erhebungen und Studien über das Leistungsniveau (z. B. DIHT 1965, QUEISNER 1967, BRAND/MAISCH 1973, IHK Essen 1968, IHK NRW 1981, GÖBEL 1984, FREYTAG 1995, BASF 1995 – alle in EBBINGHAUS 1999, vgl. auch DOSTAL 1998) sowie über das intellektuelle Vermögen von Ausbildungsanfängern (TEMPLER 1988) aus, zeigt sich folgende Tendenz: Bei wiederholten Querschnittuntersuchungen *scheint* die Beherrschung der Rechtschreibung insgesamt rückläufig zu sein und die Defizite in der Rechtschreibung *scheinen* insgesamt zuzunehmen (EBBINGHAUS 1999, S. 36). *Diese Schlussfolgerung ist nicht nur falsch, sie ist auch höchst unzulässig.* Zumindest aber ist sie nicht auf der Grundlage der genannten Erhebungen vertretbar, denn diese weisen erhebliche Einschränkungen und zum Teil sogar Mängel auf.

Die Repräsentativität der Stichproben ist nicht gesichert (bis auf TEMPLER 1988), eine Vergleichbarkeit der Stichproben wird ebenfalls nicht hergestellt (EBBINGHAUS 1999, S. 43). Die Konstruktion der Untersuchungsinstrumente wird nicht offen gelegt und teilweise werden fragwürdige Items verwendet (Beispiel: Richtig oder falsch?: ‚Teil nehmen' BASF AG 1995, S. 3 – beide Antworten sind möglich). Anforderungen an Reliabilität und Validität werden nicht erfüllt, der Schwierigkeitsgrad von Aufgaben wird deutlich unterschätzt (EBBINGHAUS 1999, S. 44). Die meisten der eingesetzten Instrumente sind Diktate (STEMME 1954, DIHT 1965, 1967), verwendet werden auch Lückentexte mit einzelnen, zum Teil auch verbundenen Sätzen (METZGER 1980) sowie Tests zum Rechtschreibkorrigieren (BASF 1975). Sie erfassen Rechtschreibphänomene meist unspezifisch bzw. ungewichtet und sind in ihrem Wortschatz oft nicht einmal auf die Schulform/Qualifikation ausgerichtet. Standardisierte Rechtschreibtests werden nur selten eingesetzt (GÖBEL 1984).

Die Daten der Erhebungen lassen auch keine Längsschnitt-Schlussfolgerungen zu: Wenn in aufeinander folgenden Untersuchungen die Fehlerzahl gestiegen ist, muss das nicht zwangsläufig auch ein Sinken der Leistungen bedeuten, sondern das kann ebenso an einer Veränderung der

Stichprobengruppe oder einer veränderten Durchführungsweise liegen. Ein weiterer Grund, diesen Erhebungen mit großer Vorsicht zu begegnen, ist, dass sie mit unterschiedlichen oder willkürlichen Maßstäben arbeiten (Warum ist ein Diktat mit sieben Fehlern und mehr mangelhaft? Warum ein Diktat mit zwei Fehlern eine gute Leistung?). Ein besonders gravierender Einwand gegen diese Erhebungen ist, dass bei ihrer Darstellung teils erhebliche Vereinfachungen vorgenommen werden und sie bis an die Grenze der Manipulation interessegeleitet präsentiert werden (vgl. BRÜGELMANN 1999, S. 11 f.).

Klagen als Ausgangspunkt von Qualitätsarbeit

■ Sammeln Sie bei Konferenzen, Elternsprechtagen oder Stammtischtreffen Aussagen über Schülerleistungen im Fach Deutsch.

■ Erbitten Sie (entweder direkt oder später) einen Beleg für diese Aussage, z. B. einen Aufsatz, ein Diktat, einen Brief (was in den meisten Fällen zu einer Rücknahme der Aussage führen wird). Dokumentieren Sie von jeder Klassenarbeit in der 5. Klasse, die ein Diktat oder einen Grammatikteil enthält, je eine Arbeit der Noten 1, 3 und 5.

■ Bewahren Sie die Belege mehrere Jahre lang auf und setzen Sie sie dann im Unterricht, in der Konferenz oder bei Elternsprechtagen ein (als Illustration, Beleg, Diktat oder Korrigier-Übung).

■ Werten Sie die Ergebnisse (für sich oder mit der Gruppe) aus: Wie haben sich die Auffassungen von ‚Qualität des Deutschunterrichts' und die Ergebnisse in den letzten Jahren entwickelt? Führen Sie beim Vergleich der Schülerleistungen eine Fehlerdiagnose durch und vermeiden Sie bei Ihrer Analyse und Wertung Komparative (wie besser, schlechter ...).

INGENKAMP fasst die Einwände gegen die hier vorgestellten Untersuchungen zum Leistungsstand von Berufsschulanfängern wie folgt zusammen: „Die angeführten Untersuchungen entsprechen in keinem Falle den international anerkannten Standards empirischer Sozialforschung. Die Defizite bei der Stichprobenbildung, den Untersuchungsinstrumenten, der Datenverarbeitung und Berichterstattung sind eklatant. [...] Nach wissenschaftlichen Kriterien liegt kein generalisierbarer Beweis für eine Leistungsveränderung in positiver oder negativer Richtung vor." (INGENKAMP 1986, S. 14)

Kann man nun angesichts dieser Einwände einfach Entwarnung geben und davon ausgehen, alles habe seine Ordnung? Das wäre genauso einseitig und wenig fundiert wie die Erhebungen. Denn sie sind lehrreich und Anstöße für die Diskussion über Qualität von Deutschunterricht.

a) Es gibt in Deutschland (noch) keine anerkannte Kultur des produktiven Umgangs mit Leistungsuntersuchungen von Schülern/Schulen. Erhebungen werden – zum Teil ungewollt – instrumentalisiert. **Bei Untersuchungen über Leistungen in der Schule muss von Beginn an daran gedacht werden, wie die Ergebnisse produktiv und verantwortungsvoll vermittelt werden können.**

b) Die bei Leistungsuntersuchungen von Ausbildungsanfängern verwendeten Verfahren und Interpretationsansätze weisen unnötig große Schwächen auf. **Erhebungen müssen ihren Ansatz, ihre Verfahren, ihre Stichproben usw. klar darlegen und begründen, damit deren Analyse und eine kritische Diskussion darüber wirklich möglich werden.**

c) Es ist wahrscheinlich, dass sich spätestens seit Beginn der 80er Jahre in einigen Bereichen der Rechtschreibung die Leistungen der Ausbildungsanfänger (eher leicht) verschlechtert haben. Diese negativen Entwicklungen finden sich innerhalb einzelner Schulformen deutlich und in der Gruppe der Ausbildungsanfänger insgesamt weniger deutlich. Es ist aber nicht klar, wie groß und wichtig diese negativen Entwicklungen sind und ob sie eine Bedeutung für die weitere berufliche Entwicklung haben. „Für die Grundschulzeit deutet sich an, dass in der Nachkriegszeit bis etwa Mitte der sechziger Jahre sowohl die Lese- als auch die Rechtschreibleistungen besser geworden sind. [...] Wohl aber deuten die vorliegenden Studien darauf hin, dass sich die Rechtschreibung ab Mitte der sechziger Jahre verschlechtert hat. Ungefähr Anfang der achtziger Jahre ist der Leistungsabfall zum Stillstand gekommen und danach ist das Niveau konstant geblieben." (TACKE 2000, S. 304). **Die vorliegenden Ergebnisse geben keinen Anlass zu Katastrophenmeldungen oder zur Selbstzufriedenheit mit den Leistungen im Bereich Rechtschreibung.**

d) HARTMANN/JONAS (1996, S. 214 f.) stellen im Rahmen ihrer Aufsatzstudie-Ost fest, dass in den ersten zehn Schuljahren zufrieden stellende Rechtschreibsicherheit erreicht und mit Unterstützung durch das Elternhaus gehalten werden könne. Aufmerksamkeit müsse dem ‚Halten‘ der Rechtschreibsicherheit geschenkt werden (Zusammenarbeit mit Elternhaus). **Die einseitige Betonung auf den Vermittlungsprozess von Recht-**

schreibfähigkeiten bedarf dringend der Ergänzung um den Prozess des Haltens von Rechtschreibkompetenz(en).

e) Offensichtlich haben Lehrkräfte große Schwierigkeiten, über lange Zeiträume die Entwicklung von Rechtschreibleistungen der Schüler zu verfolgen. Sie sind eher bereit, eine kontinuierliche Verschlechterung der Rechtschreibleistung über Jahre hinweg anzunehmen als eine (durch Messverfahren belegte) Verbesserung der Rechtschreibleistungen anzuerkennen (INGENKAMP 1967).

Bei der Bewertung langfristiger Entwicklung von Schülerleistungen müssen Lehrkräfte in viel höherem Maße auf kontrollierte Fakten zurück greifen (können).

f) Bei Diskussionen über Rechtschreibleistungen ist der emotional-persönlich-biografische Anteil sehr hoch. Nicht zuletzt die sonderbaren Auseinandersetzungen über die Rücknahme der Rechtschreibreform machen deutlich, dass es bei Fragen der Rechtschreibung auch um Machtproben geht, um Aberglauben an die wahre Urgestalt der Sprache (JESSEN 2000), und dass Orthografie zur „geheiligten Autorität" wird, die aus dem Blick geraten lässt, dass Sprache und Schrift in stetem Fluss sind.

Leistungsuntersuchungen besonders im Bereich Rechtschreibung müssen beachten, dass sie auf Vorurteile und Einstellungen über Sprache und Schrift treffen. Solche Untersuchungen sind immer auch Arbeit an Einstellungen in der Öffentlichkeit.

g) Dass Rechtschreibung als ein entscheidender Indikator für Qualität angesehen wird, kann man beklagen, aber das hilft nicht. Die eigene Erinnerung an Rechtschreibleistung als schwergewichtiges (und damit auch belastendes) Kriterium für Qualität im Fach Deutsch ist so stark, dass sie das Qualitätsverständnis prägt. Im Deutschunterricht werden Leistungen außerhalb der Rechtschreibung (und Grammatik) häufig nicht bewusst gemacht und auch nicht als Leistung dargestellt.

Bei Erhebungen zur Qualität von Deutschunterricht müssen die Bandbreite der Leistungen sowie die Prozessmerkmale und die Rahmenbedingungen beachtet werden.

h) Die Qualifikation der Jugendlichen insgesamt ist im entsprechenden Zeitraum nicht gesunken (BAUMERT 1991, S. 338-340; HUSTEDT 1998, S. 162).

Man muss untersuchen, ob und wie negative Entwicklungen in Teilbereichen durch positive Entwicklungen in anderen Bereichen oder Fächern ausgeglichen werden.

Aufsatz und Leseverständnis:
die Vermessung des Einzelnen zum Ganzen

Gegenüber den in der Öffentlichkeit stärker beachteten bzw. lancierten (vgl. HEINEMANN 2000) Erhebungen über das Leistungsniveau in Deutsch/Rechtschreiben bei Ausbildungsanfängern haben andere Studien zu Leistungen und Qualität von Deutschunterricht einen, wenn überhaupt, nur bescheidenen Widerhall außerhalb einer sehr begrenzten Fachöffentlichkeit gehabt. Dass z. B. ULSHÖFER (1949) bereits 1949 auf die Willkür bei der Beurteilung von Aufsätzen und damit auf die Problematik der Aussagen über Schülerleistungen hinwies, hatte außer etwas Empörung keine nennenswerten Folgen. Und dass nach der Studie von RATHENOW/VÖGE (1982) Kinder aus zweiten Schulklassen der Grundschule heute rund ein Drittel schneller lesen können als 1904 bzw. 1926, ist genauso wenig Gegenstand öffentlicher Beachtung gewesen wie die von INGENKAMP (1967) beobachtete markante Leistungssteigerung im Bereich Lesen und Rechtschreibung bei Berliner Schülern der 5. Klasse zwischen 1949 und 1962. Die Verdopplung des Wortschatzumfangs bei Schulanfängern (BRÜGELMANN 1999, S. 16) ist ebenso wenig weiter öffentlich thematisiert worden wie die Tatsache, dass in manchen Langzeituntersuchungen die Rechtschreibleistungen konstant bleiben bzw. besser wurden (z. B. BOYER 1991). Auch positive Ergebnisse zur Entwicklung der Lesekultur und aus dem Bereich der Leseerziehung haben es schwer, gegen Hiobsbotschaften über Schul- und Schülerversagen anzukommen.

Für die Diskussion über Qualität von Deutschunterricht liefern solche Studien, wie gesagt, aufschlussreiche aber eben nur ausschnitthafte Beiträge über einzelne Qualitätsmerkmale: Meistens sind sie auf isolierte produktbezogene Schülerergebnisse reduziert und der Bezug zum Unterricht und zu den schulischen und außerschulischen Arbeits- und Rahmenbedingungen wird nicht hergestellt.

Die im Rahmen internationaler Vergleichsstudien zum Leseverständnis und zum Aufsatzunterricht entstandenen Untersuchungen wollen da mehr leisten und einen umfassenderen Einblick liefern. Sie werden seit 1984 in über einem Dutzend Ländern von der IEA (International Association for the Evaluation of Educational Achievement) durchgeführt. Und die länderspezifischen Ergebnisse sind in einer Vielzahl von Veröffentlichungen dokumentiert worden. (Vgl. u. a. LEHMANN/HARTMANN 1987, GORMAN/PURVES/DEGENHART 1988, LEHMANN 1992 u. 1995)

Vom Beginn der Durchführung dieser Studien bis zur Mitte der 90er Jahre sind deren Ergebnisse – selbst in Fachkreisen – kaum beachtet worden, sie stießen auf wenig Gegenliebe: „Viel zu lange haben Schule und Schuladministration es abgelehnt, der Empirie die Schultore zu öffnen" (RAAB 1998, S. 52). Die Auseinandersetzung mit dem Konzept und den Ergebnissen der Studien wurde nachgeordneten Behörden oder Pädagogischen Studien überlassen. Intern wurde der Umgang mit den Studien als ‚Begräbnis dritter Klasse' eingeschätzt. Die Ergebnisse der Studie zum Leseverständnis und den Lesegewohnheiten deutscher Schülerinnen und Schüler wurden noch Mitte der 90er Jahre mit nur geringem Interesse zur Kenntnis genommen (TILLMANN 1999, S. 81), obwohl sie für die deutschen Schülerinnen und Schüler nur sehr mäßig waren. Erst Ende der 90er Jahre wurde diesen Studien mehr Aufmerksamkeit zuteil (vgl. S. 29 f.) und ihre Bedeutung für die Diskussion über die Qualität von Deutschunterricht wurde zunehmend wahrgenommen.

Im Folgenden werden zwei der Studien vorgestellt:

- **Die Aufsatzstudie-Ost** aus dem Jahr 1991 (HARTMANN/JONAS 1996)
  Sie orientiert sich in der Anlage an IEA-Studien (u. a. LEHMANN 1995) und nimmt Bezug auf deren Ostberliner Ergebnisse. Sie setzt allerdings eigene Akzente und untersucht ausführlich die Umbruch-Situation des Deutschunterrichts nach der Wende. Dies ist interessant, weil wir es hier mit einer Umbruchsituation für alle Beteiligten (Schüler, Eltern, Lehrer), für die Deutschdidaktik und für das Fach insgesamt zu tun haben, in der die Auffassungen über Qualität und Leistung für Deutschunterricht redefiniert und revidiert werden mussten.

- **Die PISA-Studie** (Programme for international Student Assessment) aus dem Jahr 2000
  Der Ansatz der PISA-Studie wird hier als Beispiel einer aktuellen Bemühung präsentiert, nämlich den für den Deutschunterricht besonders relevanten Bereich des Leseverständnisses und der Lesekompetenz von Schülern genauer zu erfassen.

Umbrüche zeigen Strukturen: Die Aufsatzstudie Ost von 1991

Die Studie greift auf eine Analyse von mehr als 2.500 Aufsätzen von insgesamt 705 Ost-Berliner Schülerinnen und Schülern der 11. Klasse sowie auf 548 Schülerfragebögen zurück. Die Aufsätze wurden von einer Jury im Hinblick auf Leistungen in Inhalt, Stil, Ausdruck, Einhaltung grammatischer Normen und Beachtung von Rechtschreibung auf einer Skala von 1 bis 5 bewertet. Wesentliches Ziel der Studie ist, die Aufsatzleistungen von Schülern nach zehnjährigem Schulbesuch in der DDR zu erklären, der Genese der

Leistungen nachzugehen und zu prüfen, welche Lernbedingungen zu welchen Lernergebnissen führten. Dabei geht die Studie davon aus, dass Aussagen „zu einem sensiblen, geisteswissenschaftlichen Fach mit messenden Methoden" erfasst werden können. (HARTMANN/JONAS 1996, S. 21)

Bemerkenswert ist, dass die Studie die Lernbedingungen differenziert auf drei miteinander zum Teil eng verbundenen Ebenen untersucht:

a) normative Ebene (Anordnungen, Lehrpläne, Bewertungsrichtlinien – in ihrem zeitlichen Zusammenhang),

b) Vermittlungsebene (didaktische und methodische Konzeptionen und Arbeitsmaterial),

c) Realisierungsebene (Ablauf des konkreten Unterrichts und Leistungen).

Das Verständnis von Qualität, das dieser Studie zu Grunde liegt, besteht also nicht nur aus Schüler- oder Schulleistungen, sondern es erfasst ebenso den Unterricht und die ihn beeinflussenden Bedingungen. Die Ergebnisse der Studie rechtfertigen die Schlussfolgerung:

Wer sich mit Qualität von Deutschunterricht auseinander setzen will, muss die normative Ebene, die Vermittlungs- und die Realisierungsebene beachten.

Übung: Untersuchung der Normenebene

Untersuchen Sie die normativen Vorgaben für den Deutschunterricht, greifen Sie dabei aber nicht auf Literatur zurück, sondern befragen Sie Zeitzeugen (ehemalige Kollegen, Schüler ...):

a) Was waren die zentralen Vorgaben für den Deutschunterricht in den Jahren 1960–1980–2000?

b) Welche Regelungen für die Bewertung von Schülerleistungen wurden (dort) getroffen?

c) Welche Rahmenbedingungen für Deutschunterricht (Klassenarbeiten, Themen, Lehrerausbildung) bestanden zu den jeweiligen Zeitpunkten?

d) Wie wurden Regelungen und Rahmenbedingungen in der Unterrichtspraxis sichtbar?

e) Wie schätzen die Befragten und Sie die Entwicklung von 1960 bis heute ein?

Gerade in der Umbruchsituation nach der Wende zeigt sich, wie ergiebig die Untersuchung der normativen Ebene ist: So hatte z. B. die 1984 in der DDR erfolgte Wendung von kommunikativ orientierten praxisnahen Themen und Textformen hin zu einer Beschränkung auf literarische Themen deutliche Auswirkungen auf die Aufsatzbearbeitung durch Schüler (HARTMANN/JONAS 1996, S. 17). Diese Auswirkungen werden hier als Folge normativer Entscheidungen deutlich, womit mögliche Konsequenzen klarer abgeleitet werden können.

Auch die Analyse der Vermittlungsebene (z. B. verwendete Sprachbücher oder in der Ausbildung propagierte didaktische Konzepte) erweist sich als wichtig für die Auseinandersetzung über Qualität von Deutschunterricht. Steuerung auf der Vermittlungsebene kann bis in Vorgaben zur Analyse der Prozessstruktur des Erzählens reichen, wenn bestimmte Analysekonzepte (z. B. Raffung-Dehnung, funktional-kommunikative Merkmale) präferiert werden, während andere deutlich abgelehnt werden (z. B. Aufbau eines Spannungsbogens). Dass solche Steuerungen über die Vermittlungsebene in der Praxis immer wieder unterlaufen wurden, ist leicht verständlich (ebd., S. 19), es bleibt aber eine deutliche Regulierungswirkung über Lehrerausbildung, Prüfungsthemen, Sprachbücher usw. bestehen.

Der Bedeutung der Realisierungsebene (Ablauf des Unterrichts) für die Qualitätsdiskussion ist ein großer Teil der Aufsatzstudie gewidmet. Sie untersucht in Anlehnung an die Hamburger Lesestudie (LEHMANN u. a. 1995) vier Aufsätze je Schüler aus vier Kategorien, Einschätzungen von Lehrkräften und Schülern zum Unterricht, Selbsteinschätzungen zu den Aufsätzen, Erfahrungen über Arbeitsweisen, Korrekturgewohnheiten und Unterrichtsgewohnheiten. Untersucht werden auch zeittypische Probleme (innerhalb der Schule und Klasse sowie gesellschaftliche, politische und wirtschaftliche Entwicklungen).

Aufgabenarten und Themen der Aufsatzstudie-Ost

Zu bearbeiten war jeweils eine Aufgabe je Kategorie

KATEGORIE 1

KATEGORIE I: Situationsbezogene Aufgabe (15 Minuten)
- *Gegenstandsbeschreibung:* Brief mit Beschreibung eines Fahrrades
- *Selbstbeschreibung:* Brief mit Selbstbeschreibung
- *Entschuldigungsbrief/Nachricht aufschreiben:* Entschuldigung an Schulleitung
- *Bewerbungsschreiben:* Brief mit Bewerbung für Ferienjob

KATEGORIE 2

KATEGORIE II: Längere Aufgabenform (60 Minuten)
- *Narrative Aufgabenform:* Persönliche Erzählung (Eine Entscheidung, die mir schwer fiel. – Endlich hatte ich's geschafft. – Etwas Gutes, das ich tat. – Mein Traum wurde wahr. – Ich gewann einen neuen Freund. – Mein schrecklichstes Erlebnis. – Plötzlich verstand ich den anderen.)
- *Appellative Aufgabenform:* Argumentativer Text zu einem selbst gewählten Problem (Denk an etwas, zu dem du eine ausgeprägte Meinung

KATEGORIE 2

hast. Das Problem kann etwas mit deiner Familie, Schule, Umwelt oder der Gesellschaft als Ganzem zu tun haben. Schreibe einen Aufsatz, um jemanden von deiner Ansicht zu überzeugen, der deine Meinung nicht teilt.)

- *Reflexive Aufgabenform:* Problemerörterung (Erschwert es das Fernsehen unabhängig zu denken? – Viele junge Menschen finden es heute schwer, mit der Generation ihrer Eltern zu reden und sie zu verstehen. – Was würde geschehen, wenn Schüler mehr Einfluss auf die Inhalte und Methoden der Schule hätten? – Wie sähe die Welt aus, wenn die Rolle der Frau in der Gesellschaft radikal verändert würde? – Die Sorge um den Besitz hindert – mehr als irgendetwas sonst – die Menschen daran, frei und edel zu leben. – Fühlt sich nicht das Herz inmitten der Masse oft schrecklich allein?)

KATEGORIE 3+4

KATEGORIE III: Nennung der an der eigenen Schule üblichen Kriterien für einen guten Aufsatz (20 Minuten)
- *Brief* mit Ratschlag an jüngeren Schüler über erfolgreiches Aufsatzschreiben

KATEGORIE IV: Analyse/Interpretation eines Zeitungstextes (90 Minuten)
- *Zeitungsartikel* über das Waldsterben

Die Bearbeitung der Aufgaben dauerte insgesamt vier Schulstunden und wurde an zwei Tagen durchgeführt.

Dieses Instrumentarium und der komplexe Auswertungsprozess machen deutlich, wie aufwändig und schwierig es ist, auch für einen abgegrenzten Teilbereich des Deutschunterrichts verallgemeinerbare und vergleichende Aussagen zu treffen und daraus Konsequenzen abzuleiten. Die Notwendigkeit, Aufgaben so zu konstruieren, dass sie aus Vergleichsgründen für Schulsysteme und Curricula mehrerer Länder passen und noch mit vertretbarem Aufwand auszuwerten sind, führt zu unbefriedigenden Kompromissen und konventionellen Aufgabenformen als kleinstem gemeinsamen Nenner. Es ist in der täglichen Unterrichtspraxis wegen des Umfangs nicht möglich, solche umfangreichen Instrumentarien einzusetzen. Sinnvoll ist es jedoch, sich einzelner Strukturen und Elemente solcher Untersuchungen zu bedienen, um in der Klasse die Qualität des eigenen Deutschunterrichts zu untersuchen. Das können u. a. sein:

- die Beurteilung von Schüleraufsätzen in der Fachkonferenz trainieren (notwendig ist eine kurze Beschreibung des unterrichtlichen Hintergrundes) – in den Schritten: individuelle Definition der Leistungserwartungen – Beurteilung des Aufsatzes entsprechend der formulierten Leistungserwartung – Vergleich der Leistungserwartungen – individuelle Revisionsmöglichkeit der Beurteilung – Vergleich der Leistungserwartungen und Beurteilungen

- Aufgabenstellungen verwenden, bei denen die Schüler das Thema selbst angeben/eingrenzen können
- Schüler die Kriterien für Leistung mittels einer offenen Aufgabe reflektieren lassen (vgl. Kategorie III)
- die Rahmenbedingungen des Deutschunterrichts durch Schülerbefragungen untersuchen
- in der Fachkonferenz Teilaufgaben von Arbeiten bearbeiten und sie korrigieren
- zwischen den einzelnen Aufgabenkategorien für Schüler sorgfältig unterscheiden: Was genau wird erwartet?

Die Aufsatzstudie-Ost hat umfangreiche Ergebnisse und Schlussfolgerungen speziell zum Bereich Aufsatzschreiben (= Erzählen, Beschreiben, Erörtern, problemorientiertes Darstellen und Anwendung von Gebrauchsformen), aber auch für den Deutschunterricht insgesamt erbracht. Im Folgenden werden die im Hinblick auf die Qualitätsfrage wichtigen Aspekte und Konsequenzen für die Weiterentwicklung des Unterrichts genannt:

Konsequenzen aus der Aufsatzstudie von HARTMANN/JONAS 1996
Rahmenbedingungen: Entlastung durch bessere Rahmenbedingungen, andere Formen der Vorbereitung und nachhaltige Vermittlung von Unterrichtsinhalten

Günstigere Arbeitsbedingungen (z. B. Klassengröße) der Lehrkräfte wirken sich auf bessere Leistungen der Schülerinnen aus (ebd. S. 205; PURVES 1992, S. 90 f.), deshalb: Verbesserung der Klassenfrequenz, Mittelausstattung; neue Formen der Vorbereitung (Teams, gemeinsame Nutzung von Materialien und Aufgabenstellungen) können Entlastung bringen, ebenso Verwendung von (standardisierten) Kommentaren (ebd. S. 214). Eine nachhaltige Vermittlung von Rechtschreibsicherheit in den ersten zehn Schuljahren kann in der Sek. II Entlastung erreichen (ebd. S. 214), ebenso durch Beschränkung der Zeit, die auf Formalia verwendet wird.

Einstellung zu Lehrplanzielen (Stoff): Orientierung durch Teilschritte bieten

Langfristig und prozessual angelegte Konzepte (z. B. Schreibkonferenzen oder Projekte) sollten Haltepunkte an Teilschritten und -zielen geben, damit die Lehrkräfte eine kontinuierliche Orientierung erhalten.

Methoden: Überprüfung der bisherigen, zum Teil problematischen Verfahren bei Aufsatzunterricht notwendig

Methoden des Aufsatzunterrichtes sollten überprüft werden, besonders Übungsstrategien zum logischen Strukturieren und Schreiben. Unter Überarbeiten von Texten darf nicht nur Sicherstellung der grammatisch-orthografischen Richtigkeit verstanden werden. Präzisieren, Kürzen, Ergänzen, Erweitern, Umstellen, Neuformulieren und Korrigieren sollten mehr Aufmerksamkeit finden (ebd., S. 214), auch bei der Beurteilung von Schülerleistungen bzw. Schreibprozessen.

Inhalte: dem Schreibprozess größere Aufmerksamkeit schenken

Es muss dem Schreibprozess ebenso große Aufmerksamkeit geschenkt werden wie dem Schreibprodukt. In den alten Bundesländern sollten verstärkt literarische Texte, in den neuen Bundesländern Sachtexte als Schreibanlass genutzt werden. Der Fähigkeit zu argumentativer Auseinandersetzung muss ebenfalls mehr Aufmerksamkeit gewidmet werden (ebd. S. 215).

Beeinflussung der häuslichen Situation: Leseerziehung und Einbindung der Eltern verstärken

Es besteht ein positiver Zusammenhang zwischen dem Vorhandensein und Lesen von Büchern besonders aus dem Bereich der schönen Literatur in der häuslichen Umgebung sowie der Leistung von Schülern (ebd. S. 177, APPLEBEE u. a., GUBB u. a.). Ein ähnlicher Zusammenhang besteht zwischen Bibliotheksbesuchen und der Schreibleistung sowie zwischen Schreiben zum eigenen Vergnügen und schulischer Schreibleistung. Hoher Fernsehkonsum scheint schädlicher für die Schreibleistung zu sein als niedriger (ebd. S. 171). Dagegen ist ein linearer Zusammenhang zwischen der Zeit, die für Hausaufgaben verwendet wird, und der erzielten Schreibleistung nicht festzustellen (ebd. S. 181). Viel Zeit für Hausaufgaben kann auch Ausdruck für Schwierigkeiten und fehlende Motivation sein. Konsequenzen: Verstärkung der Leseerziehung in der Schule; mehr und bessere Bücher für Schüler und Lehrer, Verstärkung der Arbeit mit dem Elternhaus (z. B. Lesezirkel mit Eltern/vgl. Europäische Kommission 2000, S. 16); Kooperation Schule-Bibliothek, Klassenbibliothek; Vermittlung von Lernstrategien bzw. Veränderung von Hausaufgabenstrategien schwächerer Schüler.

Professionalität der Lehrkräfte: Fähigkeiten im Bereich prozessorientierter, diagnostischer u. binnendifferenzierender Unterrichtsverfahren stärken

Aus- und Fortbildung müssen sich in Theorie und Praxis stärker auf den Unterricht konzentrieren, prozessorientierte, diagnostische und binnendifferenzierende Unterrichtsverfahren vermitteln und Möglichkeiten bieten, sich als professionell und kompetent wahrzunehmen (keine Defizitorientierung).

Leseverständnis/Lesekompetenz: das große Forschen – die Aufwertung länderübergreifender Studien (PISA 2000)

Nach langer Zurückhaltung der Bildungspolitik gegenüber länderübergreifenden Untersuchungen zum Lern- und Leistungsstand von Schülern ist Ende der 90er Jahre ein Meinungsumschwung eingetreten. Die Kultusministerkonferenz der Bundesrepublik Deutschland vereinbarte 1997, neben länderbezogenen Maßnahmen der Qualitätssicherung in der Sek. I auch regelmäßige länderübergreifende Vergleichsuntersuchungen zum Leistungsstand in Deutsch, Mathematik, Naturwissenschaften und Fremdsprachen durchzuführen und dabei auch Schlüsselqualifikationen zu erfassen (KMK 1997). Als Gründe für die Entscheidung werden das Bemühen um die Gleichwertigkeit der schulischen Ausbildung, die Vergleichbarkeit der Bildungsabschlüsse, die Durchlässigkeit des Bildungswesens sowie die Qualitätssicherung in der Schule genannt.

Die intensive Mitwirkung der Bundesländer an der PISA-Studie 2000 (Programme for international Student Assessment) der OECD ist Ausdruck dieser Bemühungen. Sie werden bestätigt durch die in der Kultusministerkonferenz vereinbarte Beteiligung an der internationalen Grundschulstudie PIRLS (Progress in International Reading Literacy Study) mit der „Internationalen Grundschul-Lese-Untersuchung" (IGLU). Es ist zu erwarten, dass das Konzept und die Ergebnisse von PISA bildungspolitisch die Diskussion über Qualität nachhaltig beeinflussen werden.

Für das Fach Deutsch sind besonders zwei Bereiche der Studie relevant:

1. **Selbstreguliertes Lernen** wird bei PISA als eigenständige Größe (fächerübergreifende Kompetenz) erfasst. Bei den 15-jährigen Schülern sollen Dispositionen und vor allem Prädispositionen untersucht werden: zu Lernstrategien, motivationalen Präferenzen (bezogen auf berufliche Zusammenhänge bzw. gegenstandsspezifisches Interesse), Selbstwirksamkeits-Überzeugungen und -Erwartungen, zur Präferenz für kooperative oder wettbewerbsorientierte Lernsituationen sowie zum Metagedächtnis und zur Metakognition. Die Autoren der Studie geben an, dass diese (Prä-)Dispositionen einen Einfluss auf das Lernen und die Leistungen im Fach Deutsch haben. Wenn dem so wäre – die Ergebnisse stehen ja noch aus – müsste man schlussfolgern, dass die **Vermittlung, Förderung und Beachtung selbstregulierten Lernens ein wichtiges Element für die Qualität von Deutschunterricht** ist.

2. **Lesekompetenz/Leseverständnis:** Die Untersuchung der Lesekompetenz durch die PISA-Studie ist der Teil, der originär mit dem Fach Deutschunterricht verknüpft wird. Hier liegt der Schwerpunkt auf der Frage, in welchem Umfang Jugendliche in der Lage sind, unterschiedlich geartete Texte angemessen zu lesen und zu verstehen und die sich daraus ergebenden Informationen und Schlüsse praktisch zu nutzen. Es geht also um **Verstehen und Nutzen schriftlicher Informationen und um die Reflexion des Verstehensprozesses und der Nutzung** (PISA 1999a, S. 2).

Fünf Aspekte des Leseverständnisses werden unterschieden:

- allgemeines Verständnis,
- Ermittlung von Informationen aus dem Text,
- Entwicklung einer Interpretation durch Verständnis der textinternen Beziehungen,
- Reflexion über den Inhalt des Textes,
- Reflexion über die Form des Textes.

Diese Aspekte ermöglichen (zuerst) eine Nutzung primär textinterner Informationen (über den Text als Ganzes und Textteile) wie auch die Nutzung externen Wissens über Texte (z. B. über dessen Inhalt und Struktur). Mit diesem Konzept von ‚Leseverständnis' grenzt sich PISA von mechanistisch-instrumentalistischen Konzepten ab, die das Leseverständnis auf die Entdeckung, Kennzeichnung und Entnahme von Informationen aus Texten reduzieren oder die es – wie in einer Reihe von Projekten zu ‚Lernen lernen' – als pure Arbeitstechnik verstehen. Auf der anderen Seite erfasst PISA nicht (ausreichend), dass in unterschiedlichen Situationen bewusst verschiedene Stufen eines Leseverständnisses angestrebt werden

Texte, Situationen und Aufgabenformen
zur Untersuchung des Leseverständnisses

Texttypen		Situationen	Aufgabenarten
kontinuierlich	nicht-kontinuierlich	in denen der Text typischerweise gelesen wird	
Textarten: ■ Erzählung ■ Darlegung ■ Beschreibung ■ Argumentation ■ Anweisung	Textarten: ■ Listen ■ Grafiken ■ Karten ■ Formulare ■ Anzeigen	■ privat ■ bildungsbezogen ■ berufsbezogen ■ öffentlich	■ Informationen heraussuchen ■ allgemeines Textverständnis ■ Inhalt eines Textes reflektieren ■ Form eines Textes reflektieren

(nach: PISA 1999c, S. 3 f.)

(skimming – scanning – extensive reading – intensive reading, GRELLET 1981), die auch verschiedene Anforderungen an ein sachgerechtes Leseverständnis zur Folge haben können (Aufgaben hierzu bei SCHEERER-NEUMANN/HÜBNER 2000, S. 445).

PISA will die Aspekte des Leseverständnisses von 15-jährigen Schülern möglichst umfassend untersuchen. Deshalb werden unterschiedliche Texttypen, Lesesituationen und Aufgabenarten verwendet (s. S. 72).

Die grundlegenden Annahmen zum Konzept der Lesekompetenz sowie die Matrix der Gegenstandsbereiche und Aufgabenmerkmale der PISA-Studie (in Anlehnung an KIRSCH und MOSENTHAL 1989–91) ist für die Auseinandersetzung über Qualität von Deutschunterricht sehr nützlich. So werden durch die Differenzierung von ‚kontinuierlichen und nicht-kontinuierlichen Texten' auch Textarten ins Blickfeld des Deutschunterrichts gerückt, die bisher vorrangig in anderen Fächern behandelt wurden. Weiterhin hilft sie, die Auswahl von Texten und Aufgabenformen zu strukturieren und macht darauf aufmerksam, dass Texte aus unterschiedlichen ‚Lesesphären' zum Unterrichtsgegenstand gemacht werden müssen.

Mit diesem Konzept von Leseverständnis geht PISA über das hinaus, was (ausschließlich) im Deutschunterricht vermittelt wird: Wenn beispielsweise Grafiken oder Listen ausgewertet werden (z. B. eine Übersicht über die Öffnungszeiten einer Bibliothek), sind Inhalte angesprochen, die auch in allen anderen Unterrichtsfächern vermittelt werden (müssen). Das bedeutet – im Umkehrschluss – , dass die Ergebnisse von PISA zum Leseverständnis nicht bzw. nicht nur oder nicht ausschließlich auf den Deutschunterricht bezogen werden dürfen.

3. **Untersuchung von Erklärungsansätzen zur Entstehung von Leseverständnisleistungen**: In einem speziellen nationalen deutschen Testteil der PISA-Studie wird das Niveau des Textverständnisses und das Lernen von Texten über den zuvor geschilderten Ansatz hinaus untersucht. Schüler erhalten dazu während einer Testphase keinen Einblick in die Textvorlage, damit die Verständnisfragen ohne direkten Rückgriff auf den Text beantwortet werden. Dieser Teil der Untersuchung ermittelt noch weitere Besonderheiten zur Bedeutung des Vorwissens, der Lernstrategien und des Interesses für das Textverständnis sowie in der Durchführung eines Lesegeschwindigkeitstests (Dekodierungsfähigkeit). Durch die Untersuchungen wollen die Autoren den Leistungsstand beim Leseverständnis beschreiben und Erklärungsansätze finden, wie und unter welchen Bedingungen die Leistungen zu Stande kommen können.

Beispielaufgabe PISA-Leseverständnis 2000

Die folgenden Informationen stammen aus einer Broschüre über Bienen. Beziehe dich zur Beantwortung der anschließenden Fragen auf diese Informationen.

DAS SAMMELN VON NEKTAR

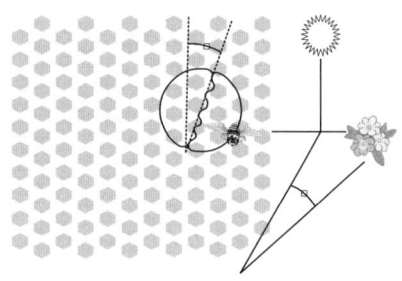

Bienen stellen Honig her, um zu überleben. Er ist ihr einziges Grundnahrungsmittel. Wenn in einem Bienenstock 60.000 Bienen leben, ist etwa ein Drittel davon mit dem Sammeln von Nektar beschäftigt, der dann von den Stockbienen zu Honig verarbeitet wird. Eine kleine Anzahl von Bienen arbeitet als Futtersucher. Sie suchen eine Nektarquelle und kehren dann zum Bienenstock zurück, um den anderen Bienen mitzuteilen, wo diese zu finden ist, indem sie einen Tanz aufführen, der Informationen darüber gibt, in welche Richtung und wie weit die Bienen fliegen müssen. Während dieses Tanzes läuft die Biene in Kreisen, die die Form einer Acht bilden, und schwänzelt dabei mit ihrem Hinterleib hin und her. Der Tanz entspricht dem Muster in der Abbildung. Sie zeigt eine Biene, die im Inneren des Bienenstocks auf der senkrechten Fläche einer Honigwabe tanzt. Wenn der Mittelteil der getanzten Acht direkt nach oben zeigt, bedeutet dies, dass die Bienen die Nahrung finden, wenn sie direkt in Richtung Sonne fliegen. Wenn der Mittelteil der Acht nach rechts zeigt, befindet sich die Nahrung rechts von der Sonne. Die Entfernung zwischen der Nahrung und dem Bienenstock wird dadurch angezeigt, wie lange die Biene mit ihrem Hinterleib schwänzelt. Wenn die Nahrung sich ganz in der Nähe befindet, schwänzelt die Biene nur kurz ihren Hinterleib. Ist die Nahrung weit weg, schwänzelt sie länger mit ihrem Hinterleib.

DAS HERSTELLEN VON HONIG

Wenn die Bienen mit Nektar beladen am Stock ankommen, geben sie diesen an die Stockbienen weiter. Die Stockbienen bewegen den Nektar mit ihren Mandibeln hin und her und setzen ihn so der warmen, trockenen Luft im Stock aus. Wenn der Nektar gerade frisch gesammelt wurde, enthält er Zucker und Mineralien vermischt mit etwa 80 % Wasser. Nach zehn bis zwanzig Minuten, wenn ein Großteil des überschüssigen Wassers verdunstet ist, legen die Stockbienen den Nektar in eine Zelle einer Wabe, wo sich die Verdunstung fortsetzt. Nach drei Tagen enthält der Honig in den Zellen etwa 20 % Wasser. In diesem Stadium verschließen die Bienen die Zellen mit Deckeln, die sie aus Bienenwachs herstellen. Zu einem gegebenen Zeitpunkt sammeln die Bienen eines Bienenstockes im Allgemeinen den Nektar aus derselben Blütenart und aus demselben Gebiet. Einige der wichtigsten Nektarquellen sind Obstbäume, Klee und blühende Bäume.

GLOSSAR: *Stockbiene = eine Arbeiterin, die im Inneren des Bienenstocks arbeitet; Mandibeln = Teil des Mundes*

Beispielaufgaben Leseverständnis

① **Welchem Zweck dient der Bienentanz?**

 A der Feier der erfolgreichen Honigproduktion

 B der Angabe der Pflanzenart, die die Futtersucher gefunden haben

 C der Feier der Geburt einer neuen Bienenkönigin

 D der Angabe des Ortes, an der die Futtersucher Nahrung gefunden haben

② **Was ist der Hauptunterschied zwischen Nektar und Honig?**

 A der Anteil von Wasser in der Substanz

 B das Verhältnis von Zucker zu Mineralien in der Substanz

 C die Pflanzenart, von der die Substanz gesammelt wird

 D die Bienenart, die die Substanz verarbeitet

③ **Was tut die Biene beim Bienentanz, um zu zeigen, wie weit die Nahrung vom Stock entfernt ist?** _____

④ **Nenne drei der wichtigsten Nektarquellen:** _____

PISA 2000

Die PISA-Studie ist – bildungspolitisch wie fachwissenschaftlich – nicht unumstritten. Kritisiert werden können u. a. die Größe und der Aufwand der Untersuchung (über 50.000 Schülerinnen und Schüler aus über 1.400 Schulen der Bundesrepublik – andere Stichprobenauswahl und Wahl anderer Designs könnten zur Verkleinerung der Stichprobe und zu Kostensenkung führen, vgl. auch FRANKE-WIKBERG 1989) sowie die Ausrichtung auf bestimmte Schülerteilleistungen und das damit verbundene Risiko der Verallgemeinerung auf Fachleistungen (vgl. BRÜGELMANN 2000, S. 24). Problematisch ist auch, dass länderübergreifende Untersuchungen auf Dauer transnationale Standardisierung fördern oder de facto durchführen können und so ein unkritisches Verständnis von Wettbewerb im Bildungsbereich unterstützen würden. (BSV 2000, S. 3) In Frage stellen kann man speziell auch die oben bereits angesprochene Ausrichtung auf eine allgemeine Kompetenz (Leseverständnis) als einer spezifischen Kompetenz für das Fach Deutsch, die durchweg konservative Aufgabenkonstruktion und die nicht schlüssige curriculare Validität, da getestete Arbeitsformen und -aufträge nicht immer lehrplanbezogen sind. Kritisiert wird insbesondere auch die methodische Anlage bei der Untersuchung zum Niveau des Textverständnisses (vgl. u. a. TILLMANN 1999, S. 81) und zu den Lernstrategien.

So wirft die Durchführung eines Hörverständnistests als Test zur Lernstrategie viele Fragen auf, vor allem wenn man um die Schwierigkeit weiß, die Objektivität der Durchführung solcher Tests zu gewährleisten. Probeaufgaben zum Leseverständnis sind zum Teil ohne Lektüre des dazugehörigen Textes zu bearbeiten und testen damit eher Allgemeinwissen als Leseverständnis (ein Grundproblem bei Sachtexten in Leseverständnis-Untersuchungen), Antwortalternativen enthalten keine bzw. mehrere richtige Lösungen. Erwartungen an die Aufgabenerfüllung bei offenen Fragen werden nicht formuliert, Motive und Hintergründe der Antworten unterliegen damit recht willkürlichen Interpretationen. Auch erste Berichte über die Durchführung der Untersuchung geben Anlass zu Skepsis (HEINEMANN 2000 a), wenn es in bestimmten Schulen nicht gelungen ist, Schüler für die Teilnahme zu motivieren oder Durchführungsbestimmungen einzuhalten: „Man muss die Fragebögen nicht gründlich auswerten, um zu erkennen, dass nur ein Bruchteil der Fragen verstanden, geschweige denn beantwortet wurde. Die Schülerinnen und Schüler nehmen ihr Unvermögen entweder kaum wahr oder nicht ernst, so scheint es. Die begleitende Lehrerin ist ziemlich verzweifelt. Ihre Schüler seien nun mal so schwach begabt, dass sie nicht erkennen, was sie können und was nicht, meint sie. Aber sie ist sich nicht sicher. Vielleicht haben sie doch gemerkt, dass es keinen Sinn hat, ob sie das lesen oder nicht. Dann kreuzen sie halt irgendwas an und sind froh, wenn sie fertig sind. Offenbar sind sie doch begabt genug, um die Schwierigkeit der Aufgabe zu erkennen." (HEINEMANN, ebd.)

Sicherlich haben viele Einwände ihre Berechtigung. Aber es wäre ebenso problematisch, die PISA-Studie deshalb kommentarlos zurückzuweisen. Denn die Kritik unterstellt indirekt die in der Realität gar nicht vorhandene Möglichkeit, eine umfassende, alle Aspekte und Kriterien berücksichtigende Studie durchzuführen. Es gibt in der Schule und in der Gesellschaft – wie bereits bei den Erhebungen zur Rechtschreibleistung festgestellt – noch keine Kultur im Umgang mit solchen Studien (wie z. B. in skandinavischen Ländern, in denen die Erhebungen ernster genommen werden und eine akzeptierte höhere Bedeutung haben). Es gibt darüber hinaus auch noch zu wenig (handwerkliche) Erfahrungen in der Durchführung und in der Handhabung solcher Studien. Nicht zuletzt haben die Vermittlung und die Rezeption der TIMS-Studie das – für die Wissenschaft, die Medien und die Bildungspolitik – belegt. Angesichts der langjährigen Zurückhaltung mit länderübergreifenden Vergleichsstudien in Deutschland und mit Studien zur Qualität von Deutschunterricht besteht ein Entwicklungsbedarf bei der Konstruktion,

Durchführung und vor allem beim Umgang mit solchen Studien. Die Ablehnung würde dazu führen, Entwicklungschancen zu verpassen.

Die Forderung, auf Studien wie PISA zu verzichten, ließe das Fach Deutsch auch in den Verdacht geraten, Leistungsuntersuchungen ausweichen zu wollen und sich auf diese Weise der Rechenschaftslegung zu entziehen. Damit würde die alte und schon oft widerlegte Gleichung: Deutschunterricht = Willkür nur bestätigt. Es ist wichtig, die PISA-Studie als Lernmöglichkeit für das Fach Deutsch anzusehen, und Modelle des produktiven Umgangs mit solchen Ergebnissen zum Deutschunterricht zu entwickeln.

Grammatik – etwas, woran man sich nicht halten kann

In kaum einem Bereich des Deutschunterrichts widersprechen sich Anspruch und Wirklichkeit von Qualität so sehr wie im Grammatikunterricht. Von Grammatikunterricht als ‚Reflexion über Sprache' zu sprechen, wie das die meisten Lehrpläne vorsehen, ist eine Fiktion: Ungeachtet aller neuen sprachdidaktischen Entwürfe ist die Grammatik-Praxis des Deutschunterrichts traditionell geblieben: Herkömmliche sprachdidaktische Paradigmen (Wortarten- und Satzgliedlehre) sind nach wie vor ‚Standard' (SCHÜBEL 2000, S. 450). Das bedeutet aber nun nicht, dass diese Praxis erfolgreich wäre. Für Lehrkräfte ist sie eine Sisyphus-Arbeit: „... haben wir eine Reihe von Indizien dafür, dass von einer Kumulativität des Lernprozesses wohl nicht die Rede sein kann ..." (BREMERICH-VOS 2000, S. 55). Setzt man Schülerinnen und Schüler der Jahrgangsstufe 12 in einer ‚Grammatikstunde' der Klasse 6 oder 7 als ‚Helfer' ein, wird man durchweg feststellen, dass das den älteren Schülern früher nachweislich vermittelte Wissen nunmehr nicht mehr präsent ist bzw. nicht mehr funktional eingesetzt werden

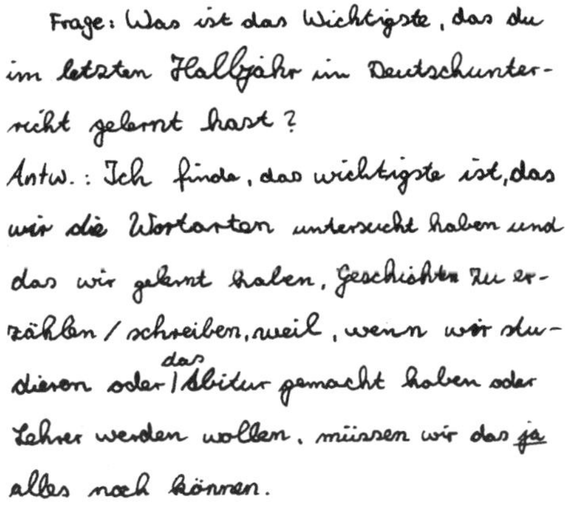

Frage: Was ist das Wichtigste, das du im letzten Halbjahr in Deutschunterricht gelernt hast?
Antw.: Ich finde, das wichtigste ist, das wir die Wortarten untersucht haben und das wir gelernt haben, Geschichten zu erzählen / schreiben, weil, wenn wir dudieren oder / das Abitur gemacht haben oder Lehrer werden wollen, müssen wir das ja alles noch können.

Abb. 3: Schülerin M. (Klasse 5)

kann. Diesem Unvermögen stehen die Lehrkräfte meist verständnislos gegenüber. Dass man Grammatik-Kenntnisse vergessen kann, können sie nur schwer nachvollziehen, da sie üblicherweise in mehreren Jahrgangsstufen gleichzeitig unterrichten und kontinuierlich wiederholen.

Die Bedeutung und der Nutzen grammatischen Wissens und Könnens sind in der Deutschdidaktik bzw. Sprachdidaktik nach wie vor heftig umstritten. Die Positionen reichen von der Ansicht, dass Grammatik ein unverzichtbares Kulturgut darstellt, bis hin zur Meinung, Grammatik sei ein völlig überflüssiger Unterrichtsinhalt. Es besteht unter Experten weder ein Konsens über die Art und den Anteil des zu vermittelnden grammatischen Wissens noch über die Methode seiner Vermittlung (systematisch, situativ, integrativ/SCHÜBEL 2000, S. 449). Diese Uneinigkeit unter den Didaktikern ist für die Praxis eher von geringem Belang, da bei Lehrkräften offensichtlich kein Bedarf an neuen Konzepten besteht und die Schüler sich anscheinend keinen anderen als den klassischen (formalen) Grammatikunterricht vorstellen können.

Ein Grund für die Fortführung des – zumindest in seiner langfristigen Wirkung und in den Inhalten – unsicheren Grammatikunterrichts ist, dass er bei Lehren wie Schülern als *der* Bereich des Deutschunterrichts gilt, der am ehesten mechanisch lehr- und lernbar ist und den man also am berechenbarsten erlernen bzw. bewerten kann. Das heißt aber nicht, dass das dort Gelernte von Schülern oder Lehrkräften auch in seiner Bedeutsamkeit erkannt wird, im Gegenteil: Bereits das richtige Reproduzieren und das passive Anwenden des Gelernten gilt als hinreichender Lernerfolg. Grammatikunterricht als aktive Aneignung und Umsetzung des Gelernten (z.B. bei der Reflexion über Sprache) würde die Beteiligten hingegen nur verunsichern, das gewohnte mechanische Lernen erschweren und die Angst vor unberechenbaren Aufgaben und Situationen erhöhen.

Voraussetzung für den traditionellen Grammatikunterricht ist eine ihm entsprechende Vorstellung von Grammatik als System: Grammatik als Schulgrammatik wird als widerspruchsfreies Regelsystem definiert. In dessen Zentrum steht beinahe absolutistisches Prinzip von Sprachrichtigkeit. Die Auswahl der im Unterricht behandelten sprachlichen Phänomene misst sich zumeist daran, ob an ihnen die Regeln oder die Sprachrichtigkeit eindeutig erklärt werden können. Dies führt zu einer sprachlichen Verarmung der im Grammatikunterricht verwendeten Texte einerseits und andererseits zu einer Vermeidung offener, kreativer Texte als Ausgangspunkt für die Grammatikübungen. Das Bedürfnis nach Widerspruchsfreiheit und Allgemeingültigkeit macht Grammatikunterricht zum Scheinriesen: Je genauer man an ein sprachliches Phänomen herantritt, umso kleiner und brüchiger wird das Regelsystem.

Über Qualität von Grammatikunterricht und über Schülerleistungen in Grammatik gibt es verhältnismäßig wenig gesichertes Wissen. „Studien, in denen systematisch verschiedene Modelle des Grammatikunterrichts auf ihre Effekte hin untersucht werden, gibt es m. W. nicht." (BREMERICH-VOS 2000, S. 55) Die Studien, die zum Bereich der Grammatik im Deutschunterricht durchgeführt werden, untersuchen das Schülerwissen über Grammatik und eventuell noch die Fähigkeit der Schüler, grammatische Kategorien und Regeln normgerecht anzuwenden. Im Vordergrund steht dabei nicht die Überprüfung didaktischer Konzepte von Grammatik- bzw. Deutschunterricht, sondern die Überprüfung und Bewertung von Schülerleistungen. Dies ist – in unterschiedlichen Ausprägungen – auch der Fall bei den Hamburger Studien zu Lernausgangslagen (LEHMANN 1997/1999), bei der brandenburgischen Lernstandserhebung im Fach Deutsch (SCHÜBEL 2000) sowie bei der Auswertung der Vergleichsarbeiten im Fach Deutsch des 8. Schuljahres der Realschule in Sachsen-Anhalt (RIMKUS 2000). Ohne auf einzelne zum Teil sehr spezifische Ergebnisse näher einzugehen, werden hier Elemente der verwendeten Erhebungsinstrumente und Testverfahren vorgestellt.

In der Hamburger Untersuchung der Aspekte zur Lernausgangslage und zur Lernentwicklung (LEHMANN 1999) wurde der Untertest Sprache eines standardisierten Schulleistungstests eingesetzt. Hier wird mit Mehrfachwahl-Aufgaben die Sicherheit erfasst, mit der geringe sprachliche Bedeutungsunterschiede erkannt werden, weiterhin die grundlegende Sprachbeherrschung unter grammatikalischen Gesichtspunkten (Verwendung von Artikeln, Pronomen, Nomen, Verben, Präpositionen und Konjunktionen) und die Satzkonstruktion. Insgesamt werden im Bereich Grammatik 34 Aufgaben zur Bestimmung von Wortarten, zwölf zur Bestimmung von Satzgliedern, neun zur Bestimmung von Zeitformen und sieben Aufgaben zur Bestimmung von Sätzen eingesetzt. Die Aufgaben stehen überwiegend in einem zusammenhängenden Kontext, richtige Lösungen sollen jeweils unterstrichen werden.

Bei den Testaufgaben auf S. 80 werden vier unterschiedliche Schwierigkeitsgrade der Aufgaben und deren Lösungshäufigkeit (nach Schulformen unterschieden in Prozent) für das Ende des sechsten Schuljahres deutlich:

Schwierigkeitsgrad I – unterstes Leistungsviertel

Aufgabe: *Markiere diejenigen unterstrichenen Haupt- und Nebensätze, die im Präsens stehen.*
[...] Sie geht in ein Weckerfachgeschäft, um sich dort einen speziellen Weckautomaten zu kaufen. [...]

Hauptschulen	62,4	Realschulen	66,7
Integrierte Haupt- und Realschulen	65,1	Gesamtschulen	66,2
Gymnasien	78,0	insgesamt	70,5

Schwierigkeitsgrad II – Leistungsviertel ‚untere Mitte'

Aufgabe: *Welche Wörter sind Verbformen? Markiere im folgenden Text die Felder unter diesen Wörtern.*
Plötzlich kam meine Mutter ins Zimmer und [...]

Hauptschulen	39,6	Realschulen	52,6
Integrierte Haupt- und Realschulen	45,3	Gesamtschulen	53,7
Gymnasien	83,5	insgesamt	63,3

Schwierigkeitsgrad III – Leistungsviertel ‚obere Mitte'

Aufgabe: *Im folgenden Bericht sollst du alle Nebensätze erkennen. Markiere die Felder unter den Nebensätzen.*
Für das Geld, das ich dort verdient hatte, habe ich mir dann an einem Stand mit Flohmarktartikeln einen Wasserball gekauft.

Hauptschulen	27,7	Realschulen	43,2
Integrierte Haupt- und Realschulen	32,7	Gesamtschulen	35,6
Gymnasien	69.1	insgesamt	49,1

Schwierigkeitsgrad IV – oberstes Leistungsviertel

Aufgabe: *Markiere in dem folgenden Text die Felder unter den Subjekten.*
Mit sieben Jahren verkaufte er seine ersten Zeichnungen an Nachbarn.

Hauptschulen	15,3	Realschulen	16,3
Integrierte Haupt- und Realschulen	15,3	Gesamtschulen	18,3
Gymnasien	40,1	insgesamt	26,1

Bei der Brandenburger Lernstandserhebung in den Klassen 5 und 6 (SCHÜBEL 2000) wird im Teilbereich Grammatik untersucht, über welche Kenntnisse die Schüler bezüglich der Wortarten verfügen (Ermittlung der Wortarten, die den Kindern bekannt sind, Kategorisierung von Wortarten, Pluralbildung, Erkennen und Gebrauch von Kasus, Bildung der Zeitformen von Verben, Steigerung von Adjektiven und Erkennen sprachlicher Probleme an einem experimentellen Text, in dem Wortarten fehlen). Zu den Aufgaben gehören u.a.:

> *Beispiele für Grammatikaufgaben*
>
> *2d) Ergänze die Sätze richtig:*
> Der fleißige Dirk hilft (der Vater).
> Die kleine Anna dankt (die Mutter).
>
> ---
>
> *3a) Vorsicht! Kuckuckseier!*
> In jeder Zeile hat der Kuckuck ein Wort versteckt, das nicht zu dieser Wortart gehört. Streiche dieses Wort durch!
> FERIEN ERHOLUNG FRÖHLICHKEIT MEER BOOTSFAHRT MEHR
> SCHNELL HOCH GUT VORSICHTIG MÜHSAM REISE KLEIN LEISE
> MEIN DEIN EUER ER IHR ES UNSER VON ICH SIE WIR MIR DIR
>
> ---
>
> *4. In dem folgenden Gedicht sind die Sätze unvollständig. Es fehlen Wörter:*
> Tür auf, einer raus, einer rein, Vierter sein
> Tür auf, einer raus, einer rein, Dritter sein
> Tür auf, einer raus, einer rein, Zweiter sein ...
> Tür auf, einer raus, selber rein: Tag, Herr Doktor. (nach E. Jandl)
> *4a) Vervollständige die Sätze: **Die Tür geht auf**, einer **kommt** raus, ...*
> *4b) Zu welchen Wortarten gehören die Wörter, die du ergänzt hast?*

SCHÜBEL (2000, S. 457) stellt bei dieser Untersuchung erstaunliches Wissen der 10- bis 12-jährigen Schüler fest, schränkt aber ein, dass das relativ umfangreiche formal-grammatische Faktenwissen häufig nur in Ansätzen auf übergeordnete Zusammenhänge bezogen werden kann. Dies führt er allerdings weniger auf die Vermittlung grammatikalischen Inselwissens zurück als auf das Fehlen kreativer und experimenteller Aufgabenstellungen im Grammatikunterricht. Der Grund für dieses Ergebnis kann auch darin zu suchen sein, dass offensichtlich das Wissen um Wortarten oder Satzglieder bei der (Re-)Konstruktion des Wesentlichen eines Textes nur eine marginale Rolle spielt.

Die Vergleichsarbeit für die 8. Klasse Deutsch der Realschule in Sachsen-Anhalt (RIMKUS 2000), entwickelt unter Mithilfe von Referendaren, enthält ein Kontrolldiktat, eine Grammatikarbeit und eine Aufgabe zum freien Schreiben/Textproduktion. Im Grammatikteil sind acht Aufgaben zu einem Text aus acht Sätzen zu bearbeiten (Bestimmung von Numerus und Kasus, der Wortarten und Satzglieder, Umformulierung Aktiv-Passiv, Umwandlung direkte Rede in indirekte Rede, Bestimmung von Subjekten und finiten Verbformen). Am höchsten war die erreichte Punktzahl bei den Aufgaben zur Zeichensetzung und zur Anwendung der Regeln bei direkter Rede, am niedrigsten war die erreichte Punktzahl bei der Umformung Aktiv-Passiv sowie bei der Umformung der direkten Rede in indirekte Rede.

Dass bei den genannten Studien vor allem Aufgabentypen und -inhalte verwendet wurden, die dem didaktischen Konzept eines systematischen Grammatikunterrichts am ehesten entsprechen, ist nicht (nur) Ausdruck eines bestimmten Verständnisses von Grammatikunterricht, sondern dies liegt auch daran, dass sich diese Aufgaben am einfachsten entwickeln und vor allem auch leicht auswerten lassen. Aufgabenstellungen, die sich eher an einem integrativen bzw. situativen Grammatikunterricht orientieren, erweisen sich bereits in der Konstruktion gegenüber den herkömmlichen Aufgabentypen als anspruchsvoller. Auch die Beantwortung solcher Aufgaben stellt höhere Ansprüche an die Schüler. Selbst bei massiver Hilfestellung für die Lösung (vgl. die Aufg. 4 der Brandenburger Lernstandserhebung) wurden Leistungen nicht in erwartbarem Maße erbracht (nur rund die Hälfte aller Schüler lösten die Aufg. 4).

Die Anlage und die Instrumente der Studien über Schülerleistungen im Bereich der Grammatik weisen auf ein Problem bei der Qualitätsentwicklung und -sicherung hin: Offensichtlich ist es (bisher) nicht genügend gelungen, Test- und Untersuchungsaufgaben einzusetzen, die über formal-grammatisches Faktenwissen hinausgehen und übergeordnete Zusammenhänge erfassen. Damit trägt die Qualitätssicherung selbst zu dem Übel bei, das sie dann kritisiert: Sie forciert einen formalen Grammatikunterricht, in dem es vorrangig um die Fähigkeit geht, grammatische Kategorien und Regeln an ausgesuchten Beispielen anzuwenden. Sie klammert die Frage nach den Wirkungen des Grammatikunterrichts auf die Entwicklung des Sprachgefühls und der sprachlichen Fähigkeiten der Schüler weitgehend aus und erfasst den Bereich ‚Reflexion über Sprache‘ nur marginal.

Würde man sich dieser Frage stellen, käme wahrscheinlich Beunruhigendes zu Tage: HILLOCKS (1984) kommt nach der Auswertung von 60 empirischen Untersuchungen zu dem Ergebnis, eine positive Wirkung des Grammatikunterrichts und von Grammatikübungen auf die Qualität von Schreibprodukten sei nicht nachweisbar.

> Offensichtlich trägt Grammatikunterricht nicht zur Schaffung eines bis dahin bei Schülern fehlenden Sprachgefühls bei, sondern – wenn überhaupt – zur Erweiterung des bereits vorhandenen Sprachgefühls. Zur Verbesserung der Schreibpraxis der Schüler führt grammatisches Wissen nur, wenn es sprachliche Intuition berücksichtigt und fördert und wenn mehr als rein metasprachliches Wissen erfahren und in Funktion angewendet werden kann. (Funke 2000, S. 63)

Hypothesen über Lernstrategien im Deutschunterricht

Anders als z. B. im Fach Mathematik gibt es für den Deutschunterricht nur wenig Wissen über spezifische Lehr- und Lernstrategien, ihr Zusammenwirken mit denen anderer Fächer, über die Möglichkeit sie zu vermitteln bzw. zu erwerben. Auf zentrale Fragen kann durchweg nur mit vorläufigen Ergebnissen, Hypothesen und Vermutungen geantwortet werden:

- **Wie kann man im Deutschunterricht dafür sorgen, dass man nicht immer wieder von vorn anfangen muss?** (Förderung kumulativen Lernens)
  Hypothese: Wichtig für kumulatives Lernen ist die Qualität des bereichsspezifischen Vorwissens der Schüler, und dabei insbesondere deren Fähigkeit, ihr Vorwissen zu überblicken, zu aktivieren und zielgerichtet einzusetzen. Kumulative Lernprozesse verlaufen nicht linearsequenziell (BREMERICH-VOS 2000, S. 187f.) im Sinne eines sachlogischen Aufbaus von Inhalten über längere Zeit oder im Sinne eines elaborierten Spiralcurriculums, sondern sie hängen besonders ab von Fähigkeiten und Kenntnissen der Schüler, Zusammenhänge zu diagnostizieren, zu verarbeiten oder herzustellen.

- **Wie kann man Lernstrategien/Methoden, die man erworben hat, sicher auf andere Gegenstände übertragen?** (Übertragung von Lernstrategien)
  Hypothese: Die isolierte Vermittlung von Lernstrategien im Sinne von Trockenübungen führt nur zu einer Übertragung auf neue Fälle, wenn die Strategien an ‚Sinn' und ‚Inhalt' gebunden sind, also mit inhaltsspezifischem Wissen vermittelt wurden (BREMERICH-VOS 2000, S. 189). Nur wenn der neue Fall aus der Perspektive des Lernenden dem Fall der Erwerbssituation sehr ähnelt, ist eine Übertragung von Lernstrategien erwartbar. In der unterrichtlichen Praxis wird dies deutlich, wenn ein gelerntes Analyseverfahren nur auf einen neuen Text angewendet wird und wenn der aus

Sicht des Schülers dem Lerntext ähnlich genug ist. So kann beispielsweise das an romantischen Gedichten geübte Analyseverfahren schon deshalb als ungeeignet für expressionistische Lyrik angesehen werden, weil die Texte ‚zu unterschiedlich‘ sind. – Bedenkt man die aus Sicht des Lernenden hohe Gebundenheit von Lernstrategien an Inhalte und Erwerbssituation, dann erscheint eine Zurückhaltung gegenüber isolierten Lehrgängen ‚Lernen lernen‘ oder Methodentrainings mehr als angebracht.

■ **Wie kann man gewährleisten, dass die Lernstrategien nicht an der Oberfläche von Fragen/Aufgaben bleiben, sondern dass sie in die Tiefe gehen?** (Bedeutung von Tiefenverarbeitungsstrategien)

Hypothese: Bei Leistungsüberprüfungen werden Tiefenverarbeitungsstrategien weniger angesprochen als Oberflächen- oder Wiederholungsstrategien. Dies trifft insbesondere für die Sekundarstufe I zu (DUMKE/ WOLFF-KOLLMAR 1997). Das hängt u. a. damit zusammen, dass solche Strategien verhältnismäßig aufwändig zu überprüfen sind und im alltäglichen Unterricht vom einzelnen Schüler nicht sehr häufig eingebracht werden können. Werden Tiefenverarbeitungsstrategien wie ‚Sich Fragen zum Text stellen, Bilder zum Text konstruieren, Anwendungsbeispiele suchen, Grammatik als Untersuchungsaufgabe anlegen, Diagramme anfertigen‘ praktiziert, zahlt sich das auf den dokumentierten Lernerfolg nicht aus (BREMERICH-VOS 2000, S. 190). – Offensichtlich sind Tiefenverarbeitungsstrategien vermittelbar, sie sind aber aus Sicht der Schüler und auch aus Sicht der Lehrkräfte nicht attraktiv genug. Man muss wohl Reize für den Einsatz höherwertiger Strategien schaffen, kooperative Lernsituationen fördern und bessere Lernstrategien belohnen (GOLD 1998, S. 15).

Konsequenz: Welche Qualität für wen?

Die vorherige Untersuchung der eigenen Sichtweisen, der unterschiedlichen Auffassungen und der verschiedenen Forschungsergebnisse ergibt keinen eindeutigen Befund zur Qualität von Deutschunterricht. Man kann jedoch wichtige Faktoren und Merkmale der Qualität des Deutschunterrichts bestimmen (siehe S. 85). Ob und wie diese miteinander zusammenhängen bzw. einander bedingen, lässt sich nur spezifisch für einzelne Faktoren erörten und hängt u. a. von ihrer Konfiguration (BREMERICH-VOS 2000, S. 51) ab, von der ihnen zugewiesenen Priorität sowie dem Kontext und den Adressaten. Manche Faktoren ergänzen sich, andere heben sich auf. So ist beispiels-

Vorgaben (Richtlinien, Lehrpläne …)

Glaubwürdigkeit; Akzeptanz und Implementation normativer Aussagen und Vorgaben …

Inhalte

relevante und bedeutsame Inhalte und Gegenstände; ästhetisch-expressive Grundbildung; Stiftung kultureller Kohärenz; Welt- und Wertorientierung; Stärkung des Schüler-Ichs/Wir; aktive Beherrschung der Muttersprache; kontrastierende Sichtweise; Spiel; Wissen als Grundlage für Handeln …

Klassenführung

intensive Zeitnutzung für Stoffbehandlung und aufgabenbezogene Aktivität; fachliche und persönliche Unterstützung der Schüler; Eingehen auf Belange der Schüler; Störungsprävention …

Ziele und Aufgaben

Klarheit u. Konkretheit der Ziele und Aufgaben; Material zur Erreichung der Ziele; Schaffbarkeit der Aufgaben; Evaluierbarkeit von Zielen; Revision von Aufgaben und Zielen …

Methoden

variable Unterrichtsformen; kumulative Relevanz; direkte Instruktion; Übungsintensität; Feintuning der Methoden auf Klasse hin; konstruktiv und systematisch; situationsbezogen; sinnstiftender Kontext; Prozess- und Produktorientierung; Trennung von Lern- und Leistungssituationen; Leistungsrückmeldungen; enge aber offene Fragestellungen …

Guter Deutschunterricht ?!

Schulentwicklung

Schule als funktionierende pädagogische Einheit; mittlerer Grad an Strukturierung und Variabilität der Organisation; Anerkennung von Arbeit und Leistung; Möglichkeit der Präsentation; Beachtung schwächerer Schüler; erkennbare Position und Handlung der Leitung; Konsens über didaktische und methodische Fragen …

Sicherung und Überprüfung

kreativ; genügend Zeit; Überarbeitung möglich; formativ; lehrplanbezogen …

Schülervoraussetzungen

nützliches Vorwissen; Umgang mit Erfolg und Misserfolg; Aufmerksamkeit; Anstrengungsbereitschaft; Selbstkonzept; Leseerziehung im Elternhaus; Kontakt Schule – Elternhaus; Bildungsnähe des Elternhauses; psychische Stabilität; Hausaufgabenstrategien; Selbstständigkeit; soziale Kompetenz in der Klasse; Metakognition …

Rahmenbedingungen

äußere Arbeitsbedingungen; Verfügbarkeit und Funktionalität der Medien; Möglichkeit der Dokumentation und Archivierung; leistbare Arbeitsbelastung; Stundenplangestaltung und Klassenbildung nach inhaltlichen und unterrichtspädagogischen Gesichtspunkten; Arbeitsbedingungen im Klassenraum; Schülerbibliothek …

Voraussetzungen / Qualifikation der Lehrkräfte

hohe Erwartungsstruktur an Schüler und an sich selbst; Stimulierung innerer Aktivität bei Schülern, Vereinbarung von Lehren – Erziehen – Beraten – Innovieren; Experten für Lernen und Lehren; Zufriedenheit; Strukturiertheit der Lehrperson (Ausdrucksweise; Hervorhebung von Zielen, Verknüpfung von Inhalten) …

Ergebnisse

Inhalte und Zugangsweisen wissen und verstehen können; Lese- und Schreibkompetenz; persönliche Entwicklung und Einstellung; Beherrschung der Muttersprache; Übernahme von Werten; Erwerb von Schlüsselkompetenzen; Freude am Fach …

Abb. 4: Qualifikationsmerkmale und -faktoren des Deutschunterrichts

weise der Befund, dass die Bildungsnähe des Elternhauses (Besitz und Lektüre belletristischer Bücher) hoch mit der Leseleistung und dem Leseverständnis von Schülern korreliert, für Qualität nur dann von Bedeutung, wenn man a) an diesen Teilleistungen interessiert ist und b) die häuslichen Bedingungen nutzen will bzw. ändern kann.

Welche Faktoren Priorität haben, welche Kontexte und Wirkungszusammenhänge besonders beachtet werden und welche Ziele in diesem Rahmen angestrebt werden sollen, hängt ab von didaktischen, pädagogischen bzw. bildungspolitischen Entscheidungen. Es handelt sich also nicht um allgemeingültige, objektive Aussagen, sondern um eine bestimmte – parteiliche – Position zur Schule, zu den Schülern, zum Fach und zu sich selbst.

> Schüler und Lehrkräfte (wie natürlich auch Bildungspolitiker oder Fachdidaktiker) ergreifen Partei, wenn sie sich zur Qualität von Deutschunterricht äußern. Sie definieren nicht objektiv, sondern entscheiden sich für oder gegen ein bestimmtes Verständnis von Qualität und für eine bestimmte Hypothese über die für die Qualität wichtigen Faktoren und ihr Zusammenwirken.

Häufig wird die eigene Position zur Qualität von Deutschunterricht im Schulalltag gar nicht bewusst und noch seltener explizit begründet. Spricht man Kollegen auf ihr jeweiliges Qualitätsverständnis an, geben sie es nur ungern preis („... meine eigenen Ansichten spielen hier keine Rolle ..."). Manchmal behaupten Beteiligte auch, sie hätten gar keine Entscheidung *für* ein bestimmtes Qualitätsverständnis getroffen, sondern sie würden Qualitätsvorgaben (z. B. aus Richtlinien und Lehrplänen oder von zentralen Prüfungen) *nur umsetzen*. Die Selbstverständlichkeit, mit der Qualität ausschließlich als Erfüllung normativer Vorgaben angesehen wird, ist ebenso unsinnig wie die gegenteilige Behauptung, man könne angesichts der Komplexität von ‚Qualität‘ bei der Entscheidung nur sich selbst gegenüber verantwortlich sein und brauche sich nicht nach Lehrplänen zu richten.

Vorgaben und Normen befreien aber nicht davon, sich für ein bestimmtes Verständnis von Qualität entscheiden zu müssen. Und andererseits entbindet die Möglichkeit der Entscheidung keineswegs von der Beachtung bestehender Vorgaben und Normen. Qualität bedeutet also nicht, einfach nur Vorgaben umzusetzen, sie kann aber auch nicht auf ausschließlich willkürlichen und bedingungslosen Entscheidungen beruhen.

Sich als Einzelner oder in einer Gruppe für ein Verständnis von Qualität zu *entscheiden* und eine *Position* zu *beziehen* heißt, nicht nur die Fragen zu beantworten: Was ist Qualität? oder: Was wird als Qualität verlangt?, sondern die Entscheidungsmöglichkeiten und -notwendigkeiten produktiv zu nutzen und weiter zu gehen: Welche Qualität ist die richtige – für wen? Wie kann sie erreicht werden?

Mit Hilfe der im zweiten Teil des Buches vorgestellten Instrumente, Methoden und Verfahren kann diesen Fragen – einzeln, in der Klasse und mit Kollegen – nachgegangen werden. Die Forschungsergebnisse über Qualität von Deutschunterricht und von Schule können dabei als Bezugs- und Orientierungsrahmen dienen. Die Hinweise zur Reflexion eigener Erfahrungen und Sichtweisen bieten einen Ausgangspunkt, den eigenen Entscheidungsprozess zu hinterfragen.

Wenn es nicht das *allgemein gültige* Verständnis über Qualität von Deutschunterricht gibt, ist es umso wichtiger, das eigene Verständnis darzulegen. Das ist erforderlich aus Gründen der Rechenschaft und der Transparenz, aber auch wegen der eben betonten Notwendigkeit, Position zu beziehen und Entscheidungen offen zu legen.

Basis für die hier vertretene Position ist die Betonung von Qualität als

- Erfüllung des Erziehungs- und Bildungsauftrags (Zweckmäßigkeit II, vgl. HARVEY/GREEN 2000, S. 31),
- Weiterentwicklung und Ermächtigung,
- gemeinsame Aufgabe von Lehrkräften und Schülern.

Von Qualität des Deutschunterrichts (bzw. deren Entwicklung und Steigerung) kann nur die Rede sein, wenn der Bildungs- *und* Erziehungsauftrag der Schule wahrgenommen wird und wenn Schule und Unterricht bei Schülern und Lehrkräften zu einem qualitativen Wandel führen, der ihnen hilft, ihre eigene Arbeit und Entwicklung zu beeinflussen und zu steuern. Qualität als ,Ermächtigung' wird erreicht, wenn Akzeptanz und Selbstwert gesteigert werden, die Neugier und die Lust zu lernen unterstützt werden, eigene Standpunkte herausgebildet und ein eigener Lernstil geprägt werden können. Wesentlich im Sinne dieses Qualitätsverständnisses ist, profundes Orientierungswissen und Handlungskompetenzen sprachlich ästhetisch-expressiver Art (vgl. BLK 1997, S. 12) zu vermitteln, eine reichhaltige und differenzierte Sprache zu fördern, die Grenzen überschreiten hilft und die Herausbildung eines produktiv realitätsverarbeitenden Subjekts (HURRELMANN

1995, S. 72 f.) unterstützt. Deutschunterricht mit einem solchen Qualitätsverständnis will erreichen, dass Schüler am Ende ihrer Schullauf-
bahn genaue, unabhängige und bewusste Leser sind, die Selbstver-
trauen gewonnen haben, um sich auch in schwierigen Situationen
schriftlich ausdrücken und wirkungsvoll sprechen und zuhören (!) zu
können.

Das Verständnis von Qualität umfasst das Wie und das Was des Deutschunterrichts bzw. der Schule. In ihm sind Inhalte und Form/Methoden des Unterrichts aufeinander verwiesen. Die Methoden und die Arbeitsformen des
Unterrichts haben nur Qualität, wenn auch die Inhalte und die Strukturen
des Unterrichts ‚stimmen‘. Dies entspricht zum einen den Erkenntnissen der
Lern- und Unterrichtsforschung (vgl. z. B. WEINERT 1997), zum anderen
spielt es auf den bedeutenden Ansatz BENJAMINS zum Zusammenhang von literarischer Tendenz, Technik und Qualität (BENJAMIN 1966, S. 97) und zur
Funktion von Literatur und der Literarisierung der Lebensverhältnisse an
(ebd., S. 101): Qualität von Deutschunterricht wird erreicht, wenn Schüler in
ihm auch angeleitet werden, ‚Lesende und Literaturproduzenten‘ zu werden
und Techniken erwerben (können) zu Wort zu kommen.

Wirksam werden kann ein solches Verständnis von Qualität nur, wenn alle Beteiligten darum wissen und es auch aktiv annehmen können. Schüler so
früh wie möglich in die Diskussion einzubeziehen, bedeutet sie zu Mitarbeitern zu machen. Dagegen verursacht nur behauptete Qualität Unmündigkeit
(„… später werdet ihr noch sehen, dass euch das nutzen wird …“).

Aber selbst wenn man sich ausführlich und gewissenhaft über Qualität
vergewissert und vereinbart hat, besteht kein Grund zur Selbstzufriedenheit: Immer noch wissen wir vergleichsweise wenig darüber, was Qualität
ausmacht, wie sie funktioniert und wie man sie erreichen kann.

Zweiter Teil

Qualitäts-Praxis

Selbst das beste Verständnis über Qualität von Deutschunterricht bleibt wirkungslos, wenn man nicht weiß, wie es in die Praxis umgesetzt werden kann. Und die besten Methoden versagen, wenn sie nicht auf einem angemessenen Verständnis von Qualität basieren und reflektiert eingesetzt werden. Wenn nun im zweiten Teil dieses Buches ausführlich Verfahren und Instrumente für die Qualitäts-Praxis von Deutschunterricht vorgestellt werden, dann handelt es sich dabei nicht um isoliert anwendbare Patentrezepte oder Wundermittel, sondern um Werkzeuge, die ihre Wirkung nur entfalten können, wenn sie verständnisvoll und kontextadäquat eingesetzt werden.

Im Vordergrund stehen Instrumente und Verfahren, die dazu beitragen

- die Arbeit und die Ergebnisse des (eigenen) Deutschunterrichts zu analysieren und Entwicklungsprozesse anzustoßen,
- den Deutschunterricht (besonders seine Inhalte und Methoden) unter Qualitätsgesichtspunkten zu konfigurieren,
- die fachliche und persönliche Weiterentwicklung sowie ‚Ermächtigung‘ im Unterricht zu fördern (z. B. durch Lernstrategien, Arbeitstechniken, Unterrichtsformen, inhaltliche Gestaltung).

Dies kann nur gelingen, wenn die Verfahren und Instrumente konstruktiv eingesetzt werden. Sie als Konfrontation einzusetzen, hieße sie zu missbrauchen. Qualitäts-Praxis ist Vertrauenssache: Nur wer gewiss sein kann, dass seine Beiträge und Leistungen adäquat gewürdigt werden, wird für Weiterentwicklung und Veränderung bereit sein.

3 Der Qualität auf die Spur kommen

Eigentlich geht es um ganz einfache Fragen: Was passiert eigentlich in meinem Unterricht? Wohin führt er? Welche Ergebnisse erreiche ich und welche die Schüler? Sich diese Fragen zu stellen und nach Antworten darauf zu suchen, das erscheint den anderen allerdings häufig verdächtig und gilt nicht selten immer noch als Ausdruck eines schlechten Gewissens – nach dem Motto: Wer sich Sorgen über Qualität macht, der muss wohl etwas falsch gemacht haben und sucht jetzt nach den Fehlern.

Zugegeben, es geht in solchen Fällen *auch* um Schwächen und Defizite. Im besonderen Maße geht es aber darum herauszufinden, was gelungen ist, wie und warum etwas gelungen ist und wie man mehr von dem machen kann, was gelingt. Den eigenen Unterricht zu untersuchen und zu werten – also zu evaluieren –, soll vorrangig entwicklungsorientiert und bestärkend sein. Es geht darum, den eigenen Unterricht besser zu verstehen, ihn zum Lernfall zu machen und für die eigene Weiterentwicklung systematisch zu nutzen. Evaluation schafft Selbstvergewisserung über die Qualität der eigenen Arbeit, sie stellt Informationen für gemeinsame Entwicklungs- und Arbeitsprozesse zur Verfügung. Dies kann, wie das folgende Beispiel zeigt, auf sehr unterschiedliche Weise und mit ganz verschiedenen Zielvorstellungen erfolgen.

Beispiel: Lehr-Lern-Stunde

1. Kündigen Sie einer Klasse an: „Morgen möchte ich in unserer Deutschstunde ein Tonband mitlaufen lassen. Die Aufnahme ist nur für mich persönlich, ich werde sie ohne eure Zustimmung niemand anderem vorspielen oder weitergeben. Die Aufnahme soll mir Anregungen geben, wie wir die Arbeit in der Klasse verbessern können.“
2. Führen Sie am folgenden Tag die Aufnahme durch: Stellen Sie das Diktier- bzw. Aufnahmegerät deutlich sichtbar in der Klasse auf und weisen Sie noch einmal auf die Aufnahme hin. Führen Sie dann die Aufnahme durch.

Wird die Aufnahme am Ende eines Schuljahres durchgeführt und in der Unterrichtsstunde über den vorherigen Unterrichtsabschnitt gesprochen oder erfolgt sie am Schluss eines Unterrichtsprojektes bei der Präsentation, dann handelt es sich um eine Form der **summativen Evaluation**: Hier geht es darum, abschließende Einschätzungen zu erfragen, den Grad der Zufriedenheit zu ermitteln oder Informationen für zukünftige ähnliche Aufgaben zu bekommen. Das Ziel ist, die ‚Summe' der Erfahrungen herauszufinden und festzuhalten, um davon ausgehend eine Bewertung auch im Blick auf die Zukunft hin durchzuführen.

Wenn solche Aufnahmen (bzw. Untersuchungen generell) in regelmäßigen Abständen im Unterricht durchgeführt werden und man deren Ergebnisse auch im Zusammenhang betrachtet, spricht man von einer **formativen Evaluation**, die *während* eines Arbeitsprozesses durchgeführt wird. Er soll durch die Evaluation überwacht, gesteuert und ausgewertet werden. Bei der **nutzenfokussierten Evaluation** (Utilization-Focused-Evaluation, PATTON 1997, S. 299) können summative und formative Evaluation so kombiniert werden, wie dies dem beabsichtigten Verwendungszweck förderlich ist.

Im vorliegenden Beispiel führt eine Lehrkraft in ihrem Unterricht die Evaluation **intern** durch, sie sammelt selbst Erkenntnisse über Lernen, Unterricht und Schule, um daraus eventuell mit anderen Personen ihrer Wahl Erkenntnisse für die weitere Arbeit zu gewinnen und begründet zu bewerten. Denkbar wäre aber auch (dies ist beispielsweise in therapeutischen Berufen der Fall), dass die Lehrkraft die Aufnahmen einem Dritten geben kann oder muss, der dann die Unterrichtsstunden **extern** evaluiert. Dies würde es ermöglichen, ihr eine Rückmeldung von außen über die Qualität ihrer Arbeit zu geben und zu prüfen, ob und in welchem Maße sie Standards erfüllt oder Vorgaben einhält. Würden Aufnahmen vieler Lehrkräfte analysiert und bewertet, könnte man auf dieser Grundlage eine verallgemeinernde Aussage über die Qualität in einem bestimmten Bereich machen (Bildungsberichterstattung). Externe Evaluation kann auf der Grundlage eines **Auftrags von außen** erfolgen (z. B. durch die Schulaufsicht) oder von innen (z. B. wenn ein Lehrer einen Kollegen einer anderen Schule bittet, in seinem Unterricht zu hospitieren). Externe Evaluationen erfolgen in der Regel auf der Grundlage einer **expliziten Vereinbarung** zur Planung, Durchführung und Auswertung, bei der dann auch Aufgaben und Kompetenzen festgelegt werden.

Unabhängig davon, wie und von wem die „Lehr-Lern-Stunde" durchgeführt wurde, kann sie ganz unterschiedliche Dinge leisten: Meistens wird sie als **Werkzeug der Planung und Steuerung** verwendet. Die Auswertung konzentriert sich dann auf Aspekte, die vorher festgelegt wurden oder die wichtig für weitere Entscheidungen sind. Das können Aspekte des Lehrer- oder des Schülerverhaltens sein, es können Leistungen in bestimmten Bereichen oder Reaktionen auf bestimmte Aufgabenstellungen sein. Manchmal werden solche Verfahren wie die Lehr-Lern-Stunde auch eingesetzt, ohne dass ein Planungs- oder Steuerungsschritt ansteht. Dann dient sie dazu, mehr Handlungssicherheit und Orientierung zu erhalten, Neugier zu befriedigen oder auch ein bestimmtes Problem zu erhellen. Sie ist also auf **Selbstvergewisserung, Forschung** oder **Erkenntnisgewinn** aus, macht Wirkungen erfahrbar und hilft Situationen und Probleme besser zu verstehen. Das bedeutet allerdings nicht immer, dass man das nun besser verstandene Problem somit auch besser lösen kann. Es gibt weiterhin Situationen, in denen Lehr-Lern-Stunden eingesetzt werden, um sich selbst und anderen über die eigenen Leistungen oder die Ergebnisse von Arbeitsprozessen **Rechenschaft** abzulegen. Rechenschaft abzulegen kann dann bedeuten, dass allein die Tatsache, dass eine solche Lehr-Lern-Stunden durchgeführt wurde, den Beteiligten ausreicht. Im anderen Fall wird erst die Vorlage und Bewertung der Ergebnisse an eigenen oder fremden Standards als Rechenschaft akzeptiert. Evaluation kann schließlich auch dazu eingesetzt werden (oder dazu führen), das **Engagement, das Interesse** und **die Identifikation** bei denen zu steigern, die evaluieren oder evaluiert werden: Sie lernen mehr über ihre Arbeit oder ihre Einrichtung kennen, schauen langsamer und genauer auf Arbeitsprozesse. (PATTON 1997, S. 111)

Für eine nützliche Evaluation ...

„Und am siebten Tag ruhte Gott aus von seinem ganzen Werke. Sein Erzengel kam zu ihm und fragte ihn: ‚Gott, woher weißt du, dass das, was du geschaffen hast, ‚wirklich gut‘ ist und Qualität hat? Welche Beurteilungskriterien hast du? Auf welche Datengrundlage gründet sich deine Bewertung? Welche Ziele verfolgst du genau genommen eigentlich mit welchen Ergebnissen? Und bist du nicht zu sehr mit der Sache verbunden, um unabhängig und gerecht zu evaluieren?‘

Gott dachte über diese Fragen den ganzen siebten Tag nach und seine Ruhe war gründlich gestört. Am achten Tag sagte er: ‚Luzifer, fahr zur Hölle!‘

Das war die Erschaffung der Evaluation – mit Glanz und Gloria.

(PATTON 1997, S. 1)

Verfahren wie die Lehr-Lern-Stunde werden zuweilen kritisiert, weil sie nicht die **Gütekriterien** sozialwissenschaftlicher empirischer Forschung erfüllen und nicht reliabel, valide und objektiv sind. Diese Kriterien sind in der Schule aber nur zu erfüllen, wenn **repräsentative Untersuchungen** durchgeführt werden (wie z. B. bei bundesweiten Leistungsuntersuchungen). Evaluationsverfahren in der Schule sind in der Regel nicht-repräsentativ. Das heißt jedoch nicht, dass für sie keine **Gelingens-und Erfolgsbedingungen** gelten würden:

Evaluation macht nur Sinn, wenn

- sie hinreichend komplex angelegt ist und nicht unzulässig vereinfacht – und wenn sie andererseits genügend einfach und konkret ist und Handlungsmöglichkeiten zulässt,
- man sie produktiv nutzen will (Evaluation ist kein Mittel der Konfrontation, Unterhaltung oder Beschäftigung),
- Ziele, Verfahren, Fragestellungen, Normen und Verantwortlichkeiten den Beteiligten klar sind und auch gewollt werden,
- ein eventuelles Scheitern verkraftet werden kann,
- die Daten/Informationen angemessen dokumentiert und aufbereitet werden und eine schnelle Auswertung und Rückmeldung (in der Regel innerhalb einer Woche) gewährleistet ist,
- die Sichtweisen unterschiedlicher Gruppen bzw. Positionen berücksichtigt werden,
- die Arbeit im Unterricht und in der Schule möglichst wenig unterbrochen wird,
- sie von den Beteiligten und in der Schule ernst genommen wird und sie daraus lernen *können* und *wollen*,
- sie Hilfe zur Selbsthilfe gibt und nicht von Externen abhängig macht,
- kollegialer Austausch und gemeinsames Lernen gefördert werden.

Beim Beispiel der Lehr-Lern-Stunde hat das zur Konsequenz, dass sie z. B. nur eingesetzt werden darf, wenn genügend Zeit für ihre Auswertung vorhanden ist, wenn für diese eine Art Frage- oder Strukturierungsraster erstellt wird, dem man einzelne Beiträge oder Aktionen zuordnen kann.

Welche **Bereiche, Faktoren** oder **Merkmale** in den Blick genommen werden sollen, hängt davon ab, in welchem Setting und mit welchen Zielen Evaluation durchgeführt worden soll.

Vorrangig sollten Bereiche für Evaluation in der Schule ausgewählt werden, bei denen

- wichtige oder nützliche Daten und Informationen (z. B. über Lernentwicklung, Lernergebnisse) fehlen,
- Informationsbedürfnis oder Unzufriedenheit in der Klasse, beim Lehrer oder bei Eltern besteht,
- sich in absehbarer Zeit Veränderungen erreichen lassen,

- eine besondere Notwendigkeit (z. B. Konferenzbeschlüsse, Veränderung von Lehrplänen) gegeben ist,
- unterschiedliche Sichtweisen und Bewertungen auftreten,
- positive Erfahrungen vorliegen (um auch Stärken herauszufinden),
- man über Indikatoren verfügt, mit denen man Merkmale, an denen man die Umsetzung von Zielen festmacht, messen kann. (Wenn man nicht klären kann, was Merkmale eines erfolgreichen Rechtschreibunterrichts sind und wie man sie messen kann, macht es keinen Sinn, unstrukturiert Informationen über diesen Unterricht zu erheben.)

Die **Komplexität** von Prozessen im Unterricht wird bei Evaluation meist erst dann transparent, wenn man mehrere Bereiche bzw. Merkmale in den Blick nimmt und prüft, ob sie miteinander in Beziehung stehen bzw. einander bedingen. Beispielsweise können beim Verfahren ‚Lehr-Lern-Stunde‘ folgende Bereiche und Merkmale im Hinblick auf Veränderungen untersucht werden:

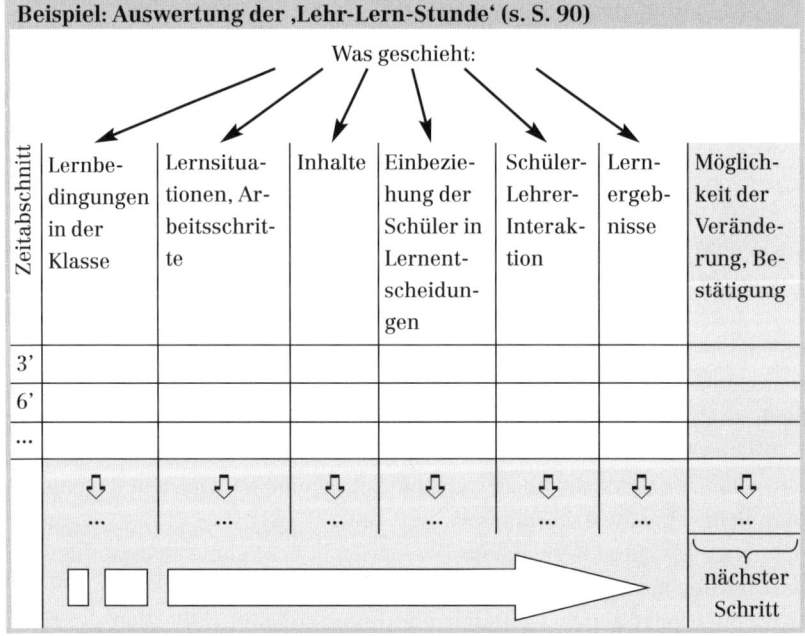

Die aufgenommene Deutschstunde wird in 3- oder 5-Minuten-Abschnitten ausgewertet. **Erster Schritt:** Äußerungen (wörtlich) und Hinweise zu den einzelnen Bereichen werden in der Tabelle notiert.

In die Auswertung können dabei Angaben ganz unterschiedlichen Charakters aufgenommen werden:

- Bezeichnungen inhaltlicher Arbeitsschritte („... jetzt das Unterstreichen")
- Darstellung von Wissen und Fähigkeiten
- Angaben über Lernprozesse und Lernergebnisse („ich kapier' nichts?")
- Hinweise auf Lernbedingungen und Lebensumstände („Zu Hause konnte mir niemand dabei helfen ... bei dieser Luft kann man nicht atmen ... gutes Material")
- Anhaltspunkte für Verhalten(-änderungen) („Lass mich das jetzt mal allein machen!")
- Indizien für Arbeitsweisen und -techniken (Stille, leises Lesen ...)
- Aussagen über Beziehungen („... pass doch jetzt endlich auf ... Immer du, Werner!")
- Verweise auf Wirkungen früheren Unterrichts („Haben wir dich schon mal gemacht ... prima ...!").

Zweiter Schritt: Für jeden Zeitabschnitt sollen rechts Möglichkeiten der Veränderung oder Bestätigung angegeben werden. Dabei ist noch nicht von Belang, ob sie umgesetzt werden können oder nicht.

Dritter Schritt: Zunächst wird jeder Bereich für sich ausgewertet (z. B.: Was erfahre ich über die Lernbedingungen in der Klasse? Welche Information ist in diesem Bereich überraschend? Welche gibt besondere Aufschlüsse für die weitere Arbeit?). Danach werden die einzelnen Bereiche zueinander in Beziehung gesetzt (z. B.: Wie korrespondieren Unterrichtsschritte und -inhalte mit der Lehrer-Schüler-Interaktion?). Im Vordergrund steht dabei nicht die Frage: Welche Wirkungen haben welche Ursachen? Diese Frage lässt sich in der Regel nur äußerst schwer und dann immer nur für den jeweiligen Kontext beantworten. Selbst scheinbar offensichtliche Zusammenhänge (z. B. zwischen Klassengröße und Schülerleistung) sind empirisch nicht eindeutig aufzuklären. Das muss nicht bedeuten, dass der Zusammenhang nicht besteht, es ist einfach nur noch nicht gelungen, ihn nachzuweisen. Es geht bei diesem Schritt um die folgenden Fragen: Zwischen welchen Bereichen/Ergebnissen besteht möglicherweise ein Zusammenhang bzw. ein Zusammenwirken? und: Was ist der für die Qualität des Deutschunterrichts wichtigste Bereich? **Vierter Schritt:** Die Ergebnisse der Analyse werden den möglichen Veränderungen und Bestätigungen gegenübergestellt: Welche Veränderungen bzw. Bestätigungen antworten am besten auf die wichtigsten Analyseergebnisse? Was ist der nächste Schritt, den man kurzfristig umsetzen kann?

An diesem Vorgehen bei der Lehr-Lern-Stunde werden weitere grundsätzliche Eigenschaften von Evaluation des Deutschunterrichts deutlich: Sie zielt sowohl auf **Veränderung** als auch auf **Bestätigung** und **Bekräftigung**. Dabei richtet sie sich auf einen konkreten systematischen nächsten Schritt. Der kann darin bestehen etwas zu verändern, er kann aber auch genauso gut etwas nicht verändern, weil es sich als bewährt und sinnvoll erwiesen hat. Evaluation ohne die Absicht einer verändernden oder bestätigenden **Konsequenz** ist ein Glasperlenspiel. Deshalb ist der einer Evaluation notwendigerweise folgende Schritt die Frage nach der Klärung und Vereinbarung von Zielen sowie eine Handlungsplanung. Noch einmal: Eine Handlungsplanung kann auch darin bestehen, dass man alles genau so weitermacht wie bisher, weil es sich herausgestellt hat, dass es so am besten ist.

Will man bei einer Evaluation andere Bereiche als die hier für die Lehr-Lern-Stunde genannten beachten, kann man auf die Forschungsergebnisse zur Unterrichtsqualität allgemein (vgl. S. 43 ff. besonders DITTON) zurückgreifen und auf Untersuchungen zur fachlichen Ebene des Deutschunterrichts (vgl. S. 51 ff., besonders zur Aufsatzerziehung S. 69, zum Grammatikunterricht S. 81 ff. und zum Lernen S. 83 ff.).

Die Analyse und die Auswertung von Evaluationsergebnissen einer Lehr-Lern-Stunde müssen nicht als statistische Daten und verallgemeinerbare Ergebnisse erfasst werden, da sie eher **qualitativ** als **quantitativ orientiert** sind. Evaluationsverfahren wie die Lehr-Lern-Stunde bringen sehr komplexe wahrnehmungsbezogene Informationen hervor, die zwar durch eine subjektive Perspektive und eine enge Nähe zum Gegenstand gekennzeichnet sind, die aber dennoch angemessen, glaubwürdig und nützlich sind im Hinblick auf die Fragestellung der Evaluation (**nutzenfokussierte** Evaluation). Qualitative und nutzenfokussierte Evaluationen konzentrieren sich mehr auf Zusammenhänge, auf Entwicklungen und Veränderungsprozesse, sie nehmen Einzigartigkeiten und Unterschiede in den Blick, sind inhalts- *und* prozessorientiert. Sie sind weniger an Verallgemeinerungen interessiert als daran, auf eine bestimmte Frage angemessene Antworten zu geben.

Die Analyse und Wertung von Evaluationsergebnissen kann mit Hilfe von strukturierten Untersuchungsrastern wie zur Lehr-Lern-Stunde erfolgen. Eine weitere Möglichkeit besteht darin, dabei ein Set von Forschungs- und Strukturierungsfragen zu verwenden (in Anlehnung an HOLTMANN 2001):

Forschungs- und Strukturierungsfragen

Mit diesen Fragen kann man sich einen Überblick über die Ergebnisse (z. B. der Beobachtung, des Gesprächs) schaffen:

- Wenn ein Film von der untersuchten Stunde gedreht worden wäre, welchen Titel würden Sie ihm gegeben?
- Was meint das Ergebnis XY genau?
- Wie oft passiert dies?, wo? und unter welchen Umständen?
- Wann trat diese Situation zum ersten Mal auf? Was genau geschah zu diesem Zeitpunkt im Unterricht? Was geschah zu diesem Zeitpunkt in der Schule? Gibt es bereits Tage, an denen dieser Sachverhalt nicht mehr eintritt oder weniger häufig vorkommt?
- Was halten Sie für das größte Problem, was für den größten Erfolg?
- Woran würden Sie merken, dass das Problem gelöst ist, dass die Sache sich verändert hat?
- Was müsste passieren, damit Sie eine Sorge/ein Problem mehr bzw. weniger haben?
- Wann tritt das Ergebnis nicht oder weniger auf?
- Was hat dazu geführt, dass es noch schlimmer (noch besser) wurde?
- Was wird geschehen, wenn man XY verändert oder nicht mehr tut?
- Was hindert Sie daran diese Situation zu verbessern?
- Woran würden Sie merken, dass das Problem gelöst ist?
- Was wird Ihr nächster Schritt sein, um das entscheidende Problem/Merkmal zu lösen oder zu verbessern?

Man kann Evaluation natürlich als Einzelperson ‚für sich' durchführen, dann beraubt man sich jedoch vieler Möglichkeiten, die sie bieten kann. Erst wenn man seine Eindrücke, Sichtweisen und Wertungen über Evaluationsergebnisse mit einem Dritten austauschen, also eine **kommunikative Validierung** leisten kann, werden Selbstvergewisserung verlässlich, Planungsansätze vermittelbar und Rechenschaft wirksam.

Es spricht vieles dafür, die Aufnahme der Lehr-Lern-Stunde (um bei diesem Beispiel zu bleiben) auch jemand anderem vorzustellen und die eigene Sichtweise zu erläutern. Ein solcher Austausch kann mit einer **Person des Vertrauens** erfolgen (im Sinne kollegialer Beratung), er kann aber auch direkt **mit den Betroffenen** durchgeführt werden: So ist es durchaus sinnvoll, zentrale Passagen der Aufnahme der Klasse vorzustellen und zuerst (!) die Klasse um Deutungen und Ideen zu bitten, um dann die eigene Position einzubringen. Ziel ist dabei nicht unbedingt das Erreichen einer gemeinsamen Sichtweise, sondern die Klärung der unterschiedlichen Positionen und die Verabredung weiterer Handlungsschritte.

Als **Instrument** ist die Lehr-Lern-Stunde eine Mischung mehrerer **Techniken** und **Verfahren**. Sie ist ursprünglich eine Form der Selbst-**Beobachtung**, wird aber zu einer **Dokumentenanalyse** erweitert (vor allem wenn man mehrere Aufzeichnungen miteinander vergleicht) und zu einem **strukturierten Gespräch** (wenn man sie anderen Personen vorstellt). Obwohl diese Techniken – einzeln oder in Kombination – sehr ertragreich sein können, werden sie im Deutschunterricht seltener eingesetzt als **schriftliche Befragungen**, die Auswertung vorhandener **Daten**, Verfahren der **Lernerfolgsüberprüfung** und **expressive und kreative Verfahren** wie szenische Darstellungen, Metapherndiskussionen, Collagen oder Schreibkonferenzen.

Besonders bei interessanten und bisher unbekannten Evaluationsverfahren ist die Neigung groß, direkt mit ihnen zu experimentieren. Dies kann Probleme bereiten, wenn man nicht über hinreichende Evaluationserfahrung verfügt bzw. wenn die Instrumente eine (unbeabsichtigte und unvorhersehbare) Außenwirkung auf das System Schule haben. Eine solche Wirkung kann z. B. eintreten, wenn Schüler einen Kollegen fragen: Können wir nicht auch so einen Fragebogen bekommen wie die 5 c?

Auf dem Weg zu nützlichen Ergebnissen: Evaluationsschritte

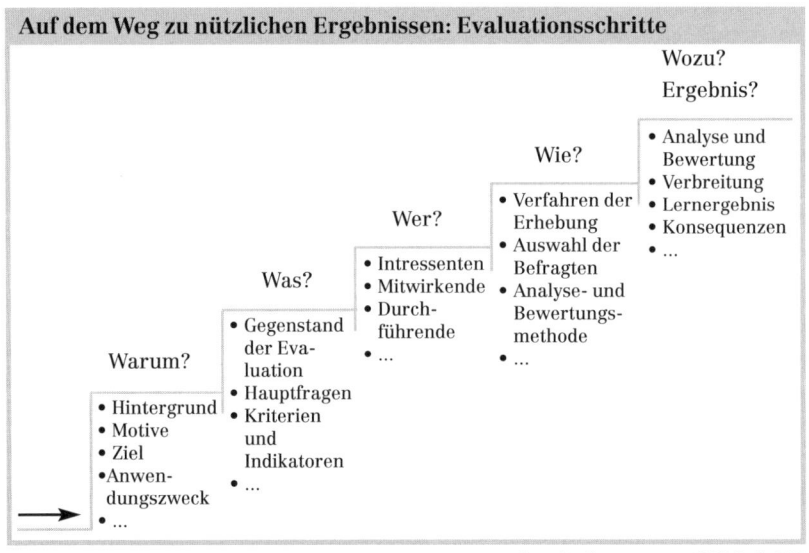

(nach: Skolverket 2000, S. 71)

Es ist also selbst bei begrenzten Evaluationen notwendig, sie sorgfältig anzulegen und überlegt einzusetzen. Bereits vor der Durchführung sollten die fünf zentralen Fragen: „Warum – Was – Wer – Wie – Wozu?" geklärt sein. Nur so sind auch die in der folgenden Auswahl vorgestellten Instrumente und Verfahren für die Evaluation des Deutschunterrichts anzuwenden.

Deutschunterricht erforschen I: schriftliche Befragungen

Schriftliche Befragungen gehören zu den am häufigsten eingesetzten Evaluationsverfahren im Deutschunterricht und in der Schulentwicklung überhaupt. Vorrangig werden Fragebögen mit vorgegebenen Antwortalternativen verwendet, seltener offene Fragen oder Kartenabfragen. Die Vorteile von schriftlichen Befragungen liegen darin, dass sie relativ gesteuert durchgeführt werden können, dass man eine große Personenzahl damit befragen kann und dass die Ergebnisse – besonders bei geschlossenen Fragen – relativ einfach auswertbar erscheinen. Auf die Frage, was die größten Probleme beim Einsatz von Fragebögen seien, hat ein Berater einmal fast verzweifelt geantwortet: „Eigentlich tauchen nur in zwei Fällen Probleme auf: (1) wenn Schulen oder Lehrer fertige Fragebögen (von Unternehmen, aus der Forschung, von anderen Schulen) einsetzen, (2) wenn sie Fragebögen selbst machen." Bedient man sich ‚fertiger‘ Fragebögen, darf man nur solche Fragen stellen, an deren Antwort man dringend interessiert ist und die Bereichen gelten, in denen man handeln kann. Kaum etwas ist enervierender als Evaluationsergebnisse zu etwas zu bekommen, worauf man nicht reagieren kann. Bei selbst konstruierten Fragebögen ist es wichtig, die Zahl der Fragen auf ein überschaubares Maß zu begrenzen, eindeutige sowie unterschiedliche Fragen zu stellen. Dies ist eine durchaus anspruchsvolle Konstruktionsaufgabe, die sich für den Deutschunterricht hervorragend eignet.

Lernaufgabe: einen Fragebogen selbst erarbeiten

Zweck dieses Verfahrens ist es, in der Klasse oder in einer Fachkonferenz einen eigenen Fragebogen zu entwickeln und dabei u. a. zu lernen
- zu einem festgelegten Untersuchungsbereich Indikatoren zu finden, an denen man messen kann, ob bestimmte Kriterien erfüllt wurden,
- klare, zielangemessene und eindeutige Fragen zu entwickeln,
- Antwortkategorisierungen vorzunehmen,
- Antworten auszuwerten,
- Wertungen analytisch und sprachlich angemessen zu präsentieren.

Grundsätzlich sind hier zwei Herangehensweisen denkbar: Entweder konstruiert man einen neuen Fragebogen zu einem bestimmten Thema oder man überarbeitet einen bereits vorhandenen Fragebogen. Im Deutschunterricht kann man bereits in der 5. und 6. Klasse damit beginnen Fragebögen zu redigieren. Hier eignen sich besonders Fragebögen zu den Themen ‚Umgang mit Büchern' (Klasse 5) oder ‚Mediennutzung' (Klasse 6). In der 9. und 10. Klasse kann man im Rahmen von Unterrichtsreihen zur Argumentation selbst Fragebögen erarbeiten lassen, mit denen Schüler versuchen können, ihre Argumente zu stützen oder die anderer zu widerlegen. Es ist auch möglich, eine Präsentation von Ergebnissen zu üben. Die Erstellung von Fragebögen zur Qualität von Deutschunterricht kann also erst an anderen Themen geübt werden, bevor man sich an diesen Themenbereich begibt.

Möglichkeit I: einen Schüler-Fragebogen überarbeiten

Grundlage der Lernaufgabe ist der folgende Entwurf eines Fragebogens von Schülern einer 6. Klasse:

Entwurf eines Fragebogens von Schülern der 6. Klasse

Fernsehen – ein Freizeitkiller?

1. Wie viele neue Medien hast du zu Hause?   ____
2. Guckst du oft Fernsehen?   *sehr oft – oft – geht so – nie*
3. Findest du neue Medien ...   *gut oder schlecht?*
4. Findest du Videospiele gefährlich und langweilig?   *ja – nein – weiß nicht*
5. Sollte man Gewaltvideos nicht endlich verbieten?   *ja – nein – weiß nicht*
6. Manchmal meinen Erwachsene, dass sie Verbote oder Ratschläge erteilen können, ob und wie du Medien benutzen sollst. Sollen sie das dürfen?   *ja – nein – weiß nicht*
7. Wie oft gehst du ins Kino?   *sehr oft – oft – geht so – nie*
8. Kannst du nach Videos oder harten Fernsehsendungen manchmal nicht schlafen?   *sehr oft – oft – geht so – nie*
9. Erlauben dir deine Eltern alles, was du willst?   *sehr oft – oft – geht so – nie*
10. Wie viele Stunden würdest du jeden Tag fernsehen, wenn du es selbst bestimmen dürftest?   ____
11. Sehen deine Eltern viel fern?   *ja – nein – weiß nicht*
12. Glaubst du, dass Fernsehen dich davon abhält, andere Freizeitangebote zu nutzen?   *ja – nein – weiß nicht*

Diese Fragen sind das Ergebnis einer Gruppenarbeit einer Klasse 6 eines Gymnasiums: Zuerst hat jeder der 30 Schüler in einer 5er Gruppe insgesamt drei Fragen (eine auf eine Karte) aufgeschrieben, dann hat sich die Gruppe für die zehn wichtigsten Fragen entschieden. Anschließend haben sich je zwei Gruppen wieder auf je zehn Fragen geeinigt. Die verbliebenen 30 Fragen wurden auf Überschneidungen/Doppelungen hin untersucht und auf die insgesamt zwölf präsentierten Fragen reduziert. Insgesamt handelt es sich bei diesem Fragebogen schon um ein sehr ansprechendes Arbeitsergebnis, das jetzt nur noch ‚fragebogentechnisch‘ verbessert werden soll.

Erster Schritt: Die Überarbeitung des Fragebogens erfolgt zunächst in Gruppenarbeit. Die Schüler beantworten zur Probe den Fragebogen und notieren: Welche Frage konnte ich gut beantworten? Bei welcher Frage bestanden Unklarheiten? Welche Fragen haben mich (nicht) interessiert?

Zweiter Schritt: Die Schüler erhalten das folgende Arbeitsblatt und sollen jeweils kennzeichnen, wenn gegen einen der Punkte verstoßen wird.

Arbeitsblatt: Wie man Fragen für einen Fragebogen konstruiert:

a) Deine Fragen sollten kurz sein.

b) Der Fragebogen sollte so aufgebaut sein, dass er mit einfachen, leicht verständlichen Fragen beginnt. Spezielle Fragen gehören an den Schluss.

c) Jede Frage sollte auf einen bestimmten Bereich gerichtet sein und nicht zu allgemein fragen (also nicht: Wie findest du Sport? sondern: Wie findest du Bundesliga-Fußball ...?).

d) In jeder Frage darfst du nur nach *einer* Sache fragen (also nicht: Findest du XY nett und gerecht?).

e) Gib an, auf welchen Zeitraum sich deine Frage bezieht (z. B.: Hast du *in den letzten drei Wochen* oft Fußball gespielt?).

f) Du sollst bei deiner Frage anderen die Antwort nicht schon in den Mund legen (z. B.: Hältst du *etwa* Bayern München für eine gute Mannschaft?).

g) Es muss klar sein, was die Antwortalternativen bedeuten: Was heißt z. B.: oft ins Fußballstadion gehen?, Jede Woche ...?, Jeden Monat ...?

h) Deine Antwortalternativen müssen alle denkbaren Antworten erfassen (also auch: ‚Ich weiß nicht ...‘).

Dritter Schritt: Die Schüler können in Partner- oder Gruppenarbeit zuerst einzelne Fragen überarbeiten (neu formulieren, eventuell auch streichen) und dann die neue Formulierung auf ein DIN-A-3 Blatt schreiben. Die Blätter werden an der Tafel angeheftet, von der gesamten Klasse an Hand der Punkte überprüft und geordnet.

Vierter Schritt: Die Schüler erhalten Gelegenheit, den überarbeiteten Fragebogen zu erproben. Dies kann entweder in der Klasse selbst oder bei Außenstehenden geschehen. Die Auswertung in der Klasse kann mit Hilfe einer Wandzeitung erfolgen, auf die der Fragebogen groß aufgezeichnet ist. Jeder Schüler kann hier seine Antworten/Angaben in die entsprechenden Felder eintragen, das Gesamtergebnis wird so schnell sicht- und auswertbar.

Möglichkeit II:
einen Fragebogen zum Deutschunterricht erstellen

Ziel ist es, mit Hilfe des zu konstruierenden Fragebogens am Ende eines Schul(halb-)jahres in der 9. oder 10. Klasse eine zusammenfassende Analyse und Bewertung des vergangenen Unterrichtsabschnittes zu leisten. Ebenso wichtig wie die spätere Durchführung der Befragung ist die Erarbeitung des Instrumentes durch die Schüler.

Erster Schritt: Die Schüler sollen zuerst Merkmale bestimmen:

- Was ist (für uns) guter Deutschunterricht?
- Woran kann man erkennen, ob das (bei uns) erreicht wird/wurde?

  Dabei sollte sorgfältig unterschieden werden, mit welcher Art von Indikatoren man das Erreichen von Kriterien messen will.
- **Gefühle:** z. B.: sich im Unterricht wohl fühlen; Spaß haben; etwas wagen; offen sein für Arbeitsformen; berührt sein von Inhalten; das Gefühl haben, etwas gelernt zu haben ...
- **Wahrnehmungen, Einstellungen:** z. B. Inhalte oder Methoden als wichtig oder bedeutend ansehen; andere Einstellung zu einer Frage bekommen; Abneigung gegen ein Thema abbauen ...
- **Fakten:** z. B. in der Lage sein, Anforderungen zu erfüllen; nachweisen, etwas zu beherrschen oder erledigt zu haben; Fertigstellung von eigenen Produkten ...

Zweiter Schritt: Fragen und Antwortkategorien sollen konstruiert werden, mit denen man feststellen kann, ob und in welchem Umfang das erreicht wurde, was guten Deutschunterricht ausmacht. Eine Erleichterung kann sein, wenn man möglichst einfache Antwortkategorien vorgibt und die Schüler nur die Fragen/Aussagen entsprechend dazu entwickeln müssen:

Kreuze bitte an: Wie ist es in unserem Deutschunterricht?	immer ++	+	+/−	−	nie −−
1. ...	☐	☐	☐	☐	☐

Dritter Schritt: Die einzelnen Items (vgl. auch Arbeitsblatt ,Konstruktion von Fragen') werden nun kontrolliert und überarbeitet. Es wird also eine erste Erprobung des Fragebogens bei einigen Schülern durchgeführt, um herauszufinden, ob die Fragen funktionieren und ob die Antworten von Interesse sind und zur gewünschten Auskunft führen.

Vierter Schritt: Nach einer Justierung des Fragebogens kann nun die Befragung durchgeführt werden – natürlich nur, wenn Schüler und Lehrer mit dem Fragebogen einverstanden und an den Antworten interessiert sind.

Die Erfahrung zeigt, dass Schüler sich selbst in der 9. und 10. Klasse meistens äußerst schwer damit tun zu beschreiben, was sie unter gutem Deutschunterricht verstehen. Selbst bei Klassen, in denen schon häufiger evaluiert wurde, stößt die Aufgabe zuerst auf Befremden: Es besteht bei den Schülern Unsicherheit darüber, welche Fragen dem Lehrer zugemutet werden können, wie konstruktiv der Fragebogen für die weitere Arbeit sein wird und ob die Anonymität bei der Beantwortung gewährleistet ist. Eine Rolle spielt unter Umständen auch, ob die Arbeit am Fragebogen beurteilt wird. Eine weitere Beobachtung beim Einsatz dieses Konstruktionsverfahrens ist, dass Schüler sich oft ausgesprochen schwer tun, Indikatoren zu finden („Woran kann man denn überhaupt feststellen, ob einer viel gelernt hat?") und dass sie die Frage nach Fakten vermeiden wollen. Manchmal kann es hilfreich sein, wenn die Schüler in einem Pilotprojekt erst einen Mini-Fragebogen (z. B. zum Thema: ,Ist der Rechtschreibunterricht in Ordnung?') von höchstens vier Fragen für Schüler der 5. Klasse entwickeln.

Gerade wenn die Schüler sich über mehrere Schulstunden hinweg mit der Konstruktion eines Fragebogens beschäftigt haben, sind sie an dessen Einsatz und Auswertung interessiert. Dort kann man dann auch den für das Fach Deutsch besonders relevanten Zusammenhang von Textproduktion und Textrezeption in der Praxis bearbeiten: Wie sind die Antworten durch die Fragestellung produziert worden? Wie verändert sich die Fragestellungen durch die Antworten?

Fünfter Schritt: Der letzte Schritt bei diesem Verfahren ist, mindestens eine Konsequenz für die weitere (gemeinsame) Arbeit im Unterricht zu ziehen und damit die Befragung für die weitere Praxis wirksam zu machen.

Beispiele für Fragebögen zum Deutschunterricht in der Sekundarstufe I

Die folgenden Beispiele sollen eine Orientierung über unterschiedliche Formen und Verfahren des Einsatzes von Fragebögen im Deutschunterricht vermitteln. Je nach Kontext, Ziel, Adressaten und Thema müssen sie vor einer Anwendung in der eigenen Klasse unter Umständen inhaltlich und methodisch verändert bzw. anders gefasst werden.

Die von der Konstruktion her einfachste Form des Fragebogens arbeitet mit nur wenigen **offenen Fragen** und kurzen **Begründungsangaben**. Offene Fragen sind angebracht, wenn man bei den Antworten mit einer großen Variation rechnen kann oder wenn man sich nicht sicher ist, welche Antwortalternativen überhaupt in Frage kommen. Sie sind auch dann sinnvoll, wenn man Schüler z. B. nach Unterrichtsreihen über ‚Sich Verständigen‘ oder ‚Argumentieren‘ dazu bringen will, die eigene Position angemessen und begründet darzulegen. Weniger geeignet sind offene Fragen, wenn die Anzahl der Befragten sehr groß ist oder wenn nur nach Wahrnehmungen und Gefühlen gefragt wird.

Fragebögen zum Deutschunterricht generell – solche mit offenen Fragen aber besonders – sollten immer mehrperspektivisch sein und **Vergangenes, Gegenwärtiges und Zukünftiges** ansprechen. Wer nur fragt: „Wie hat es dir im letzten Jahr gefallen?" wird daraus oft nur schwer Schlussfolgerungen für die weitere Arbeit ziehen können.

Zwischenauswertung im Deutschunterricht I

1. Was ist das Wichtigste, das du im letzten Halbjahr [im letzten Abschnitt] im Deutschunterricht gelernt hast?
   Warum ist das so (kurze Begründung deiner Angabe)?

   _____

2. Wo liegen deine besonderen Stärken in Deutsch?
   Warum ist das so (kurze Begründung deiner Angabe)?

   _____

3. Was ist das Wichtigste, das du im nächsten Jahr [im nächsten Abschnitt] im Deutschunterricht tun musst?
   Warum ist das so (kurze Begründung deiner Angabe)?

   _____

Dieser Fragebogen spricht die vergangene Arbeit an, reflektiert die aktuelle Situation und eröffnet zukünftige Perspektiven. Dabei laden Schüler hier nicht nur ihre Meinung über den Deutschunterricht ab und lassen den Lehrer mit den Konsequenzen allein, sondern sie werden selbst schon im Fragebogen darauf hingewiesen, dass auch sie Konsequenzen zu tragen haben werden.

Eine technische Vereinfachung der relativ aufwändigen Auswertung ist möglich, wenn man die Schüler die Angaben zu den einzelnen Fragen jeweils auf eine Karte schreiben lässt und die Karten zu jeder Frage dann auf einer Wandzeitung zusammenfasst. Hier kann man dann auch gleich die Klasse in die Auswertung der Befragung mit einbeziehen.

Während die genannte Zwischenauswertung den individuellen Lernprozess im Fach Deutsch in den Blick nimmt, fokussiert die folgende Variante auf Unterrichtsinhalte und -methoden sowie auf die Erfahrungen der Schüler bei der Anwendung des Gelernten:

Zwischenauswertung im Deutschunterricht II

1. Nenne drei Dinge, die du gern im Deutschunterricht machst:

2. Nenne drei Dinge, die du im Deutschunterricht gern häufiger machen würdest:

3. Nenne drei Dinge, die du am liebsten nicht so oft im Deutschunterricht machen würdest:

4. Wie hast du die Ideen, Gedanken und Kenntnisse aus dem Deutschunterricht im Alltag anwenden können (z. B. beim Briefeschreiben, in anderen Fächern, etc. ...)?

5. Hast du Vorschläge zum Deutschunterricht im nächsten Vierteljahr (Inhalte, Methoden, Unterrichtsgestaltung)?

Bei der Konstruktion von Fragebögen mit **geschlossenen Fragen** kommt es auf klare und zielorientierte Fragen *und* treffende Antwortalternativen an. Die Entwicklung solcher Antwortalternativen setzt voraus, sich in den Adressaten hineinzuversetzen und gleichzeitig zu beachten, welche Informationen man braucht, um eine bestimmte Fragestellung zu bearbeiten. Die Konstruktion von Antwortalternativen kann Teil des Unterrichts sein:

Arbeitsblatt: Aufgabenalternativen (6. – 10. Klasse)

Entwickle einen Fragebogen: ‚Diskutieren in der Klasse'. Beachte folgende Angaben:

Warum? Im Rahmen unserer Unterrichtsreihe sollt ihr herausfinden, wie die Klasse über das ‚Diskutieren in der Klasse' denkt und was kritische Punkte sind.

Was? Wie sehen Einzelne und die Gruppe die Diskussionsgewohnheiten der Klasse? Wo sehen die Schüler ihre Stärken und Schwächen bei Diskussionen?

Wer? Die Untersuchung soll von den Schülern durchgeführt und ausgewertet werden.

Wie? Ein gemeinsam entwickelter Fragebogen mit höchstens zehn Fragen

Wozu? Die Meinung zum Thema einmal austauschen und herausfinden, wo man Klassendiskussionen verbessern kann und muss

Du kannst folgende Frage-Antwort-Formen verwenden:
a) Grundfrage mit mehreren Bereichen und einer Antwortalternative

Wie sehr kannst du in der Klasse bei folgenden Themen mitreden?	gar nicht	ziemlich wenig	ziemlich viel	sehr viel	weiß nicht
1. Gestaltung des Klassenausfluges	☐	☐	☐	☐	☐
2. Wahl der Lektüre	☐	☐	☐	☐	☐
3. Sitzordnung	☐	☐	☐	☐	☐

b) Zustimmung oder Ablehnung einer
    bestimmten Aussage/Meinung

Stimmen die folgenden Behauptungen?	stimmt voll	stimmt teilweise	stimmt etwas	stimmt gar nicht	weiß nicht
1. Auf Diskussionen im Deutschunterricht bereite ich mich vor.	☐	☐	☐	☐	☐
2. Es reden immer nur dieselben.	☐	☐	☐	☐	☐
3. Es ist wichtig zu lernen, wie man diskutiert.	☐	☐	☐	☐	☐

c) Vergleiche mit einer anderen Sache/Thema

Verglichen mit dem Jugendbuch-Projekt war bei den Diskussionen im Deutschunterricht ...	viel größer	etwas größer	gleich groß	etwas kleiner	viel kleiner
1. mein Interesse	☐	☐	☐	☐	☐
2. meine Möglichkeiten, mich zu beteiligen	☐	☐	☐	☐	☐
3. meine Zufriedenheit	☐	☐	☐	☐	☐

d) Vorgegebene Antwortalternativen
   mit Begründungen

	ja, sehr gut	ziemlich gut	nicht besonders gut	nein, gar nicht	weiß nicht
1. Wusstest du, was in der Klassenarbeit zum Thema ‚Diskussion' drankommen würde? Warum war das so? _____	☐	☐	☐	☐	☐

e) Vergleich vor und nach der Unterrichtsreihe

Wie waren deine Kenntnisse vor und nach der Unterrichtsreihe über ...

	vorher 👍 ☞ 👎			nachher 👍 ☞ 👎		
1. die richtige Diskussionsleitung?	☐	☐	☐	☐	☐	☐
2. den Umgang mit unsachlichen Beiträgen?	☐	☐	☐	☐	☐	☐

Der folgende Fragebogen (S. 108) für eine Halbjahresauswertung des Deutschunterrichts verwendet offene und geschlossene Fragen. Die Fragen 1a.–c. beziehen sich aufeinander und versuchen zu erhellen, inwieweit die Schülererwartungen erfüllt werden. Mindestens bei diesen Fragen und bei Frage 2 ist es notwendig, in der Klasse oder unter Kollegen vorab festzulegen Was kann als gutes Ergebnis angesehen werden, was signalisiert Zufriedenheit? Welches arithmetische Mittel wird noch als ‚gut' akzeptiert (selten liegen die Werte hier im Durchschnitt über 2,0 und unter 3,3)? Wie kann man eine bestimmte Verteilung der Noten bewerten? (wenn z. B. viele Schüler eine 2 oder eine 5 gegeben haben und die Zwischennoten fast nicht besetzt sind).

Erster Schritt: Die Schülerinnen und Schüler erhalten den Fragebogen schriftlich und beantworten ihn einzeln (Dauer: 10 bis 20 Minuten).

Zweiter Schritt: Die Lehrkraft wertet die Fragen bis zur nächsten Unterrichtsstunde (spätestens innerhalb einer Woche) aus. Jeder Schüler erhält eine Kopie der Datenauswertung. Personenbezogene Aussagen über andere – Mitschüler oder Kollegen – sind nicht darin enthalten.

Dritter Schritt: Leitfragen zur Analyse aller:

- Was müsste man auswählen, wenn die Ergebnisse für einen Außenstehenden zusammengefasst werden sollten?
- Welches Ergebnis überrascht am meisten?
- Welches Ergebnis ist für die weitere Arbeit besonders hilfreich?
- Welches Ergebnis ist (besonders) kritisch?

Fragebogen: Halbjahresauswertung

1. a) Wie waren deine Erwartungen an den Deutschunterricht zu Halbjahresbeginn?

☐	☐	☐	☐	☐
sehr positiv	*ziemlich positiv*	*teils/teils*	*ziemlich negativ*	*sehr negativ*

1. b) Wie schätzt du den Deutschunterricht jetzt am Ende des Halbjahres ein?

☐	☐	☐	☐	☐
sehr positiv	*ziemlich positiv*	*teils/teils*	*ziemlich negativ*	*sehr negativ*

1. c) Welche Gründe siehst du dafür, dass deine Erwartungen erfüllt/bzw. nicht erfüllt wurden? _____

2. Wenn du den Deutschunterricht mit einer Schulnote benoten solltest: Welche Note würdest du ihm geben? _____

3. Kreuze an: Ich habe im Deutschunterricht gezeigt, was ich kann

☐	☐	☐	☐	☐
immer	*meistens*	*ab und zu*	*selten*	*nie*

Die Gründe dafür: _____

4. Ich fand am/im Deutschunterricht gut: _____

5. Ich möchte folgende Anregungen für die weitere Unterrichtsarbeit geben: _____

6. Wäre über den Deutschunterricht ein Film gedreht worden, welchen Titel hättest du ihm gegeben? _____

Vierter Schritt: Die Konsequenzen werden gemeinsam herausgearbeitet: Wo wird unsere Arbeit in der Klasse bestätigt? Wo sind Veränderungen erforderlich? Was wäre die wichtigste nächste Veränderung?

Der folgende Fragebogen (S. 109) richtet sich gezielt auf die Untersuchung von Unterrichtsergebnissen. Anders aber als Klassenarbeiten oder Tests, bei denen die Lehrkraft entscheidet, ob etwas gekonnt wird oder Qualität hat, will dieser Fragebogen herausfinden, wie die Schüler ihre eigenen Leistungen wahrnehmen und welche Lernbedürfnisse sie für die kommende Zeit haben. Es geht hier also um Selbstwahrnehmung, Selbstzutrauen und die Fähigkeit, Lernbedürfnisse reflektiert zu äußern – das sind wichtige Indikatoren für die Qualität der Arbeits- und Lernprozesse im Unterricht.

Unterrichtsreihe „Zeitung", Klasse 7: **Was kannst du bereits? Was brauchst du noch?**	ja, glaube schon	weiß nicht	nein, glaube nicht
1. Würdest du dir zutrauen ...			
1.1 deinen Eltern zu erklären, wie eine Zeitung aufgebaut ist?	☐	☐	☐
1.2 eine Zeitungsmeldung über einen Unfall zu schreiben, der vor eurem Haus passiert ist?	☐	☐	☐
1.3 mit dem Computer ein Layout für einen Artikel (2-spaltig) zu erstellen?	☐	☐	☐
1.4 ein Interview mit dem Bürgermeister über die Gestaltung der Fußgängerzone zu führen?	☐	☐	☐
1.5 ...	☐	☐	☐

	ganz oft	manchmal	nicht oft
2. Wie oft sollte man deiner Meinung nach im Deutschunterricht in den nächsten 4 Wochen ...:			
2.1 eine eigene Klassenzeitung herstellen?	☐	☐	☐
2.2 Artikel schreiben	☐	☐	☐
2.3 alleine Aufgaben machen?	☐	☐	☐
2.4 Arbeitsblätter bearbeiten?	☐	☐	☐
2.5 Rollenspiele durchführen (z.B. Redaktionskonferenz?)	☐	☐	☐
2.6 in Gruppen arbeiten?	☐	☐	☐
2.7 Diktate üben?	☐	☐	☐
...	☐	☐	☐

Die Ergebnisse solcher Befragungen sind für die Lehrkraft häufig zuerst verwirrend und verunsichernd. Obwohl die Schüler den Inhalt über längere Zeit geübt haben und auch in der Klassenarbeit gezeigt haben, dass sie ihn gut beherrschen, trauen sie sich dennoch nicht zu, die Kenntnisse anzuwenden. Langfristige Wirkungen können offensichtlich nur erzielt werden, wenn man ‚das Wirken' bereits im Unterricht übt, also Anwendungssituationen anbietet, in denen Schüler auch unter veränderten Bedingungen erfahren können, dass sie das Gelernte beherrschen.

Ein interessanter Sonderfall ist der Einsatz von Fragebögen nach Klassenarbeiten. Nach Lehrer- oder Schulformwechsel sind sich Schülerinnen und Schüler oft unsicher, was sie in der Klassenarbeit geleistet haben und wie schwer die Aufgaben waren. In der Regel machen sie ihre Meinung dazu stark vom Urteil der Lehrkraft abhängig. Um die Wahrnehmung und Einschätzung von Aufgaben und der eigenen Leistung zu schärfen, kann man direkt nach der Klassenarbeit einen Fragebogen einsetzen und mit den Schülern den Schwierigkeitsgrad der Aufgaben einschätzen.

Fragebogen nach Klassenarbeit

a) Klassenarbeit/Aufgabenstellung (5. Klasse, 45 Minuten)

Alles in Ordnung
Kaum hält der Wagen vor der Schule an, springt Alina heraus und schlägt die Tür hinter sich zu. Endlich beginnt der erste richtige Schultag ohne Eltern. Sie rennt los, hört nicht mehr, wie ihr der Vater noch viel Glück wünscht. Schon biegt sie um die Ecke, nimmt mit einem Sprung die Treppenstufen. Sie stoppt, weiß nicht mehr, wohin sie gehen muss. Die Schule sieht ganz anders aus als gestern. Wahrscheinlich muss sie den linken Eingang nehmen. Langsam geht sie darauf zu. Immer stärker wird der Lärm der Schüler, die sich vor dem Eingang drängeln. Alina sieht, wie sie schubsen und kämpfen. Sie geht langsamer. Jungen neben ihr rufen ihr etwas zu. Wie angewurzelt bleibt Alina stehen, hält sich die Ohren zu und schließt die Augen.
Gleich werden die Jungen Witze über mich machen und ‚Dorfblag' rufen, denkt Alina. Dorfblag. Ihr Dorf besteht aus drei Häusern. Zweimal am Tag hält dort ein Bus. Sonst passiert dort nichts. Sie ist die Einzige aus dem Dorf, die das Gymnasium besucht. Der Schulgong schreckt Alina auf. Sie öffnet die Augen. Jetzt, wo keine Kinder mehr da sind, sieht sie den Schuleingang. Sie zuckt zusammen. Die erste Stunde hat schon begonnen. Am ersten Tag kommt sie zu spät!
Sie rennt, so schnell sie kann. Raum C 413. Der C-Flügel muss gleich links sein. Aber da ist doch der B-Flügel. Die Schule ist schlimmer als ein Labyrinth. Sie läuft zurück, rennt dabei fast einen Lehrer um, fragt ihn. Der lächelt und zeigt ihr den Weg. Alina kriegt einen roten Kopf.
Sie klopft an die Tür von C 413 und wartet. So musste man das in der Grundschule machen. Niemand öffnet. Sie klopft noch einmal, ihre Hand zittert. Endlich öffnet die Lehrerin.
„Was ist los?", fragt sie.

„Ich hab' mich nicht reingetraut." Alina heult. Alle starren sie jetzt an.
„Hattest du Angst?", fragt die Lehrerin.
Alina antwortet ihr nicht. Sie setzt sich auf ihren Platz. Die ganze Stunde sitzt sie
da und schaut nach vorn, wischt sich immer wieder die Tränen aus den Augen.
Alle sehen, wie sie heult, auch das noch. Dorfblag und Heulsuse. Alina wagt kaum
noch zu atmen. Gleich ist Pause. Dann werden die anderen sie auslachen.
Es schellt. Alina rührt sich nicht. Jemand tippt ihr von hinten auf die Schulter.
Jetzt kommt das Lachen, denkt Alina. Noch einmal das Tippen auf der Schulter.
Jemand stellt sich neben sie. Alina schaut zur Seite. Paul steht neben ihr, der
größte Junge aus der Klasse. Der, dem der Füller schon viermal hingefallen ist.
„Ich werde auf dich aufpassen", sagt Paul, „ich bin dein Beschützer." Er hält ihr
einen Schokoriegel hin. Alina verschränkt die Arme. „Friss schon", sagt Paul,
„Nervennahrung." Er wartet, bis sie die Schokolade nimmt. Dann lacht er.
Mittags bringt er sie bis zum Parkplatz. Er verspricht ihr, dass er morgen früh an
der Schulhoftreppe auf sie warten wird. Alina steigt zu ihrem Vater ins Auto. Sie
winkt Paul zu, als sie losfahren.
„Wie war's?", fragt der Vater.
„Alles in Ordnung", sagt Alina und lehnt sich zurück. „Ich hab einen Beschützer."

Aufgabe 1: *Fülle bitte die rechte Spalte der Tabelle aus (kurze Angaben reichen)*

Das geschieht:	Wie fühlt sich Alina? – Was denkt sie?
Alina springt aus dem Wagen, und rennt zur Schule.	→ _____
Sie erkennt nicht, welchen Eingang sie benutzen soll.	→ _____
Sie hört die Schüler schreien, sieht, wie sie schubsen und drängeln. …	→ _____

Aufgabe 2: Am Nachmittag berichtet Alina in einem Brief an ihre frühere Lehrerin aus der Grundschule, was sie am Morgen in der neuen Schule erlebt hat und wie sie sich dabei gefühlt hat. **Versetze dich in die Situation von Alina! Schreibe an ihrer Stelle den Brief an ihre frühere Lehrerin.** Schreibe den Brief in dein Heft. Achte auch auf die richtige Briefform!

Günstig ist, wenn die Klassenarbeit in einer Doppelstunde geschrieben
wird. Dann kann man den folgenden Fragebogen direkt in der zweiten Stunden einsetzen, die Erinnerung an die Aufgabenstellung ist noch frisch. Jeder
Schüler füllt ihn zuerst für sich aus, dann übertragen die Schüler ihre Wertungen auf einen großen Fragebogen (Wandzeitung). So können die Schüler
ihre eigene Wertung in Beziehung zu der anderer setzen und gegebenenfalls
relativieren. Die Schüler behalten ihren Fragebogen bis zur Rückgabe der
Klassenarbeit für sich. Die Korrektur der Klassenarbeit bezieht sich direkt

auf den folgenden Fragebogen: Sie gibt für jede Teilleistung an (3er oder 5er Skala), wie gut sie erfüllt wurde.

Fragebogen nach Klassenarbeiten

Sag deine Meinung zur Klassenarbeit!

Wie schwer fandest du es ...   ☺   ☺   ☹

	☺	☺	☹
die Briefadresse richtig zu schreiben?	☐	☐	☐
die Anrede/Grußformel am Schluss zu schreiben?	☐	☐	☐
im Brief die richtige Zeichensetzung zu verwenden?	☐	☐	☐
das Anredepronomen richtig zu benützen?	☐	☐	☐
den Brief übersichtlich zu gestalten?	☐	☐	☐

...

Der Vergleich von eigener Einschätzung des Schwierigkeitsgrades und der Bewertung durch den Lehrer kann dann bei der Rückgabe der Klassenarbeit auf inhaltliche Aspekte verweisen, er kann aber auch auf Fragen der Leistungsbewertung und der Selbstbewertung hinführen. Gerade bei Lehrer- bzw. Schulformwechsel, wie hier in der 5. Klasse, kann dadurch Sicherheit vermittelt werden.

Deutschunterricht erforschen II: strukturierte Gespräche und Interviews

Als Gesprächsthema in Klassen, bei Elternabenden und -sprechtagen und in Fachkonferenzen ist ‚Qualität von Deutschunterricht' gleichermaßen beliebt wie gefürchtet. Dies hängt vor allem damit zusammen, dass jeder Gesprächspartner glaubt mitreden zu können *und zu müssen*, weil jeder eigene Erfahrungen mit Deutschunterricht hat. Außerdem scheint es vergleichsweise leicht sich über ihn zu äußern, da man dort, anders als z. B. in Naturwissenschaften, ohne komplexe Systematik, elaborierte Fachsprache und kohärentes Regelsystem auszukommen glaubt und Nichtwissen ohne Aufwand verbrämt oder als lobenswerte Haltung deklariert werden kann. Dass Gespräche über Qualität von Deutschunterricht oft so unangemessen emotional, so ineffektiv unstrukturiert, begründungs-, ziel- und kriterienlos verlaufen, steht im krassen Widerspruch zum Anspruch des Faches, Kenntnisse und Fähigkeiten für angemessene Kommunikation zu vermitteln und fundiertes Argumentieren beizubringen. Es macht deshalb Sinn, hier exemplarisch Formen strukturierter Gespräche und Interviews vorzustellen, mit denen das Fach Deutsch gerade auch zum Thema ‚Qualität‘ die eigenen Ansprüche an sach- und adressatengerechte Kommunikation einlösen kann.

Systematische und strukturierte Gespräche und Interviews sind bisher bei der Selbstevaluation und bei Untersuchungen von Deutschunterricht eher selten eingesetzt worden. Sie gelten mehr als Instrument der Sozial- und Schulforschung, das hohen Aufwand bei der Durchführung und Auswertung erfordert und bei dem es schwierig ist, zu klaren Schlussfolgerungen zu kommen – die auch an Außenstehende zu richten sind. Diese Einschätzung trifft aber überwiegend nicht zu. Systematische und strukturierte Gespräche und Interviews sind ein für Lehrkräfte und Klassen ausgezeichnet geeignetes Verfahren der Erforschung von Deutschunterricht, wenn man

- umfassende und nuancierte Beschreibungen von etwas haben will (z. B. wie Schüler etwas auffassen, wie ein Prozess abgelaufen ist und zu welcher Veränderung dieser geführt hat),
- eher etwas verstehen als messen will,
- Ideen, Erfahrungen, Lehren, Kritik oder Beurteilung sammeln will,
- jemanden seine Ansichten mit eigenen Worten ausdrücken lassen will,
- nachfragen bzw. um Verdeutlichung bitten will,
- einen direkten Kontakt zum Befragten haben will, um ihm z. B. Wertschätzung zu zeigen oder ihn näher kennen zu lernen.

Besonders geeignet sind Interviews oder strukturierte Gespräche, wenn man den Kern einer Sache herausfinden will („Worin sehen die Schüler das Hauptproblem?"), wenn man nach Unterschieden und Variationen sucht (z. B. Auffassungen über Grammatikunterricht oder eine Lektüre), Beziehungen aufdecken möchte („Was hängt mit wem zusammen?"), oder ein Portrait schaffen will („Wie sieht die Klasse sich selbst, das Fach?").
Voraussetzung für einen erfolgreichen Einsatz von Interviews ist, dass

- sie systematisch geplant werden (Leitfaden),
- sie strukturiert *und* offen durchgeführt werden,
- bereits während der Durchführung auf Auswertung hin dokumentiert werden,
- man die zusammengefassten Antworten bei den Befragten vor der Auswertung absichert,

- die Auswertung und Rückmeldung sehr rasch erfolgen (nur wenige Tage nach der Durchführung, da sonst die Identifikation der Befragten mit ihren Antworten nachlässt).

Wenn Schüler als Interviewer oder als Befragte so konzipierte Gespräche und Interviews führen, können sie sehr viel über Kommunikation, zielorientiertes Sprechen und gekonntes Zuhören lernen und wichtige Informationen herausbekommen. Bei Interviews mit jüngeren Schülern gelten jedoch Einschränkungen (vgl. SKOLVERKET 2000, S. 23): Die gerade von jüngeren Schülern häufig als intensiv empfundene Abhängigkeit oder Bindung an eine Lehrkraft kann sie hindern, offen ihre Meinung zu äußern, oder nur eine erwünschte Antwort zu geben, die der eigenen Meinung nicht entspricht. Da jüngere Schüler in der Schule Fragen meistens als Kontrollinstrumente erfahren, können sie Interviewfragen schnell als Kontrolle oder Abhören wahrnehmen und nicht mehr frei antworten. Außerdem antworten jüngere Schüler mehr auf aktuelle Situationen bezogen und langfristige Abwägungen sind eher die Ausnahme. Aus diesen Gründen sollte man Interviews oder strukturierte Gespräche mit jüngeren Schülern nur zu konkreten Anlässen (z. B. eigenen Bildern) und Inhalten führen, bei denen sie sich direkt und ohne Angst vor Sanktionen einbringen können.

Interviews und strukturierte Gespräche in der Klasse über Qualität von Deutschunterricht sind etwas völlig anderes als sozialwissenschaftliche Interviews. Dies macht bereits die Grundkonstruktion deutlich:

Der **erste Schritt** besteht immer darin, die Grundfragen der Evaluation: ‚Warum – Was – Wer – Wie – Wozu?' zu beantworten. Erst dann kann in einem **zweiten Schritt** ein Leitfaden für das Interview erstellt werden. Dieser sollte so gestaltet sein, dass er bereits die zeitsparende Dokumentation des Interviews ermöglicht. Das folgende Beispiel entstand am Ende einer Unterrichtsreihe einer Klasse 8 zum Theaterstück ‚Das Herz eines Boxers' (HÜBNER 1996):

Leitfaden Schülerinterview I: Unterrichtsreihe „Jugendtheater"

1. Was hast du gedacht, als du zum ersten Mal gehört hast, dass wir ein Theaterstück im Unterricht behandeln werden?

unsicher/unklar	positiv	negativ
...	...	...

2. Was war für dich die wichtigste Szene des Stückes? Und warum?

Szene Nr.: ...	Spannung	Entwicklung der Personen	Überraschung/ Humor

3. Gib auf der Skala an: Wie fandest du die Aufführung?

sehr gut ☐	gut ☐	geht so ☐	eher schlecht ☐	ganz schlecht ☐

Begründung:

4. Kreuze an: Wie viel hast du gelernt über

innere – äußere Handlung	viel ☐	geht so ☐	wenig ☐	weiß nicht ☐
Aufbau eines Theaterstückes	viel ☐	geht so ☐	wenig ☐	weiß nicht ☐
Aufführung eines Stückes	viel ☐	geht so ☐	wenig ☐	weiß nicht ☐
Problem: Alt-Werden	viel ☐	geht so ☐	wenig ☐	weiß nicht ☐

5. Wenn du Regisseur wärest: Wie würdest du Leos Rolle anlegen?

Bewegung	Gefühle	Sprache	Verhältnis zu Jojo	...

6. Was ist das Wichtigste, das du in der Unterrichtsreihe gelernt hast?

Inhalt/Problem	Theater	Stückanalyse	...

Normalerweise werden in Interviews nur offene Fragen verwendet. Es hat sich besonders bei Schülern bewährt, in ihnen zusätzlich einige geschlossene Fragen zu stellen. Sie werden ihnen während des Interviews auf Karten vorgelegt und direkt beantwortet. Kommentare dazu können dokumentiert werden (vgl. Frage 3). Dieses Vorgehen ist Zeit sparend, entlastend und bringt die Befragten in eine Entscheidungssituation, vor der sie bei offenen Fragen noch ausweichen können.

Der **dritte Schritt** ist die Durchführung. Sie orientiert sich zuerst sehr eng am Leitfaden. Die Dauer eines Schülerinterviews zu einem Unterrichtsthema wird in der Regel 5-10 Minuten betragen. Interviews können, wenn sie keine persönlichen Fragen enthalten – während des Unterrichts in der Klasse durchgeführt werden. Bereits während des Interviews werden die Antworten in Stichworten notiert. Dazu sind im Interview-Leitfaden unter den Fragen jeweils Kategorien vorgesehen, zu denen die Aussagen der Befragten bereits während des Interviews zugeordnet werden können. Die strukturierte Dokumentation der Antworten erfordert vom Interviewer etwas Übung, lohnt sich aber aus zwei Gründen: a) Zeitersparnis, b) – und das wäre der **vierte Schritt** – bereits direkt nach dem Interview kann der ausgefüllte Leitfaden dem Interviewten vorgelegt werden. Dieser kann dann überprüfen, ob seine Aussagen richtig verstanden und aufgenommen wurden. Im **fünften Schritt** können die Interviews zusammengetragen und ausgewertet werden, auch hier kann man sich am Leitfaden orientieren.

Ein Interview dieser Art kann verschiedenen Zielen dienen. Es kann der Sicherung des Gelernten bzw. der Untersuchung von Schwächen dienen, es kann eine Form der Anerkennung, des Austausches über den Inhalt oder hilfreich für die Planung der weiteren Arbeit sein. Man kann Schülerinterviews auch – wie im folgenden Beispiel – einsetzen, um den **Arbeits- und Lernprozess** zu restrukturieren und den Schülern Vorgehensweisen bewusst zu machen.

Die Fragen könnten folgendermaßen lauten:

- Beschreibe ein oder zwei Situationen, von denen du sagen kannst: Da habe ich wirklich etwas gelernt!
- Welche Methoden und Verfahren haben dazu geführt, dass du dort etwas gelernt hast?
- Kannst du eine Aufgabenstellung nennen, die für dich besonders gelungen war?
- Was hast du selbst getan, damit dir das Lernen gelungen ist?
- Könntest du diese Dinge auch in anderen Fächern oder bei anderen Themen verwenden?
- Wer könnte dir am besten helfen, dein Lernen zu verbessern? Womit kann das geschehen?
- Was würde passieren, wenn du stärker mitbestimmen könntest, wie und was gelernt wird? Was würdest du dann tun?

Um das Meinungsspektrum einer Klasse zu erfassen, genügen meist drei bis fünf Interviews (eine Schulstunde), wenn die Schüler entsprechend ausgewählt werden (Kriterien z. B.: unterschiedliche Leistungsniveaus, Interessenschwerpunkte).

Man kann den Leitfaden auch als Grundlage für ein **Gruppeninterview** benutzen. Hier gibt es zwei Möglichkeiten:

- Bis zu fünf Schüler nehmen am Gruppeninterview teil. Das Interview findet außerhalb des Klassenraums statt. Die offenen Fragen werden auf Karten geschrieben und der Gruppe jeweils von der Lehrkraft vorgelegt. Die Gruppe diskutiert über diese Frage, die Lehrkraft dokumentiert einzelne Aussagen. Die geschlossenen Fragen werden jedem Mitglied für sich vorgelegt und in der Gruppe gemeinsam ausgewertet.
- Fünf Schüler sitzen im Innenkreis, der Rest der Klasse im Außenkreis. Im Innenkreis befindet sich zusätzlich ein leerer Stuhl. Die Interviewgruppe erhält die offenen Fragen und diskutiert vor den Schülern des Außenkreises, die die Dokumentation des Interviews übernehmen und später ihre Aufzeichnungen in Gruppen austauschen und überarbeiten. Falls gewünscht, kann für jeweils einen Beitrag ein Mitglied des Außenkreises in den Innenkreis gehen (freier Stuhl) und sich an der Diskussion beteiligen. Die geschlossenen Fragen werden von jedem Gruppenmitglied einzeln beantwortet. Hier ist es auch möglich, die Schüler des Außenkreises zu beteiligen.

Der Vorzug beider Verfahren ist, möglichst schnell zu verschiedenen Meinungsäußerungen zu kommen und sich als Interviewer möglichst zurückhalten zu können. Der Nachteil besteht darin, dass die Dokumentation besonders bei heftigen Diskussionen schwierig sein kann und dass nicht alle Gruppenteilnehmer sich im gewünschten Maße an der Diskussion beteiligen. Hier können vorab entweder Gesprächsregeln vereinbart werden, oder während der Diskussion Impulse über die Lehrkraft erfolgen.

Eine Variante, die bisher im deutschen Sprachraum nur sehr selten eingesetzt worden ist, bietet der Peer-review durch Schüler (EKHOLM 1998) oder unter Beteiligung von Schülern. Hier formuliert eine Schule, eine Gruppe oder eine Klasse einen Untersuchungsauftrag an Kameraden bzw. Kollegen einer anderen Schule. Normalerweise werden nur solche Aufträge angenommen, die sich durch Interviews, Gespräche und Beobachtungen erfüllen lassen. Nach einer Klärung, was der Untersuchungsauftrag für beide Seiten genau meint, wird er durchgeführt. Manchmal ist es hier erforderlich, während der Untersuchung Anpassungen und Veränderungen vorzunehmen, weil die Kameraden bzw. Kollegen der anderen Schule auf unvorhersehbare oder besonders wichtige Aspekte stoßen, die bisher noch nicht bedacht wurden. Entscheidend ist, dass nach der drei- bis fünftägigen Untersuchungsphase beide Seiten (also Evaluatoren und Evaluierte) für sich zusammenfassen, was sie gesehen, gehört und gelernt haben. Die Evaluierten müssen die Chance haben, selbst Schlussfolgerungen aus dem zu ziehen, was sie gesagt haben! Erst dann treffen sich die Beteiligten beider Schulen wieder, tauschen ihre Sichtweisen, Bewertungen und Problematisierungen aus und versuchen Ideen für die weitere Arbeit zu entwickeln.

Die Wirkung eines Peer-reviews auf Schüler und Lehrkräfte beider Schulen ist, so die Erfahrungen in Skandinavien und England, außerordentlich positiv. Die Beteiligten lernen, ihre eigene Arbeit aus einer anderen Perspektive zu sehen und begründet in Relation zu der anderer zu setzen. Günstig ist, wenn bei ersten Experimenten mit diesem Verfahren die beiden Schulen nicht regional zu nahe beieinander liegen (keine direkten Konkurrenten) und wenn der Untersuchungsauftrag sehr einfach und als Frage formuliert wird, z. B.:

- Welches Interesse haben unsere Schülerinnen und Schüler der 7. und 8. Klasse an Lektüren/Ganzschriften?
- Welche Stärken und Schwächen hat unser Deutschunterricht zum Thema ‚Neue Medien‘?
- Welche Methoden sind bei uns im Deutschunterricht der Klassen 9 und 10 besonders geeignet/erfolgreich?

Deutschunterricht erforschen III: Dokumentenanalyse

Der größte Vorteil von Dokumentenanalysen als Evaluationsinstrument für den Deutschunterricht ist gleichzeitig auch ihr größter Nachteil: Man nutzt vorhandene Daten und braucht sie nicht erst zu sammeln – das ist sehr arbeitssparend, effektiv und sinnvoll, gleichzeitig aber auch recht unangenehm. Denn bei vielen Daten, die in der Schule ‚hergestellt‘ oder gesammelt werden, gehen die Beteiligten ausdrücklich davon aus, dass sie keine Konsequenzen haben oder auf keinen Fall später erneut hervorgeholt werden.

Erfahrungsbericht: Fachkonferenzvorsitzender Deutsch

Ich war neu an die Schule gekommen und wurde gleich zum Fachkonferenzvorsitzenden gewählt. Erst später ist mir aufgegangen, dass das kein Ehrenposten ist. Die Arbeit ließ sich zuerst ganz gut an, wir hatten intensive, zum Teil leidenschaftliche Diskussionen und kamen meistens zu irgendwelchen Vereinbarungen oder Absprachen. Nach zwei Jahren merkte ich, dass wir uns wiederholten.

Es tauchten die gleichen Punkte auf der Tagesordnung auf wie damals, es kamen die gleichen Beiträge, wir hatten die gleichen Absprachen. Ich habe dann, da ich sowieso das Protokoll schreiben musste, auf einer Liste übersichtlich zusammengestellt, was wir in den vergangenen Jahren vereinbart haben, wer was tun wollte oder sollte und was der jetzige Stand ist. An den Rand habe ich Symbole gesetzt: (? = noch zu bearbeiten, ☑ = erledigt, ∕ = Beschluss nicht eingehalten/ Frist verstrichen …) Diese Liste habe ich dann den Kollegen ins Fach gelegt, verbunden mit einer freundlichen Erinnerung an vereinbarte Handlungsschritte. Ich hätte mir nie träumen lassen, welchen Krach, wie viel Verletzungen ich mit dieser Liste und den drei Symbölchen angerichtet habe. Die Kollegen fühlten sich überwacht, einige sprachen von Nachtreten, manche sagten offen: „Aber du weißt doch, was das bedeutet, wenn wir in der Fachkonferenz Beschlüsse fassen! Du kannst doch nicht von uns verlangen, dass wir das alles umsetzen. Hoffentlich haben die Eltern das Protokoll und die Liste noch nicht bekommen!"

Dokumentenanalysen können sehr konfrontativ wirken. Dies muss man bei ihrem Einsatz bedenken. Sie können als Vorführen oder als Beckmesserei empfunden werden, wenn man Vergangenes rechthaberisch vorhält oder nur auf die Defizite verweist. Eine positive Wirkung (vor allem bei der Untersuchung längerfristiger Prozesse und Wirkungen) können Dokumentenanalysen nur entfalten, wenn sie darauf angelegt sind, Fragen zu klären, an denen die Beteiligten interessiert sind, und Stärken zu erkennen.

Es gibt dabei zwei unterschiedliche Verfahrensweisen:

- **Orientierungs- bzw. Sondierungsanalyse** – Bereits vorliegende Daten werden ‚neugierig' ausgewertet, um bisher unbekannte Fragestellungen und Zusammenhänge zu entdecken. Diese Analyse dient der Entwicklung weiterer Untersuchungsvorhaben.

- **Gegenstandsbezogene Recherche/fokussierte Analyse** – Es besteht vorab eine klar definierte Frage, auf die mit Hilfe ausgewählter und geeigneter (entweder vorhandener oder eigens erstellter) Dokumente eine Antwort gesucht werden soll.

Die Orientierungsanalyse eignet sich eher für informelle und punktuelle Zwecke, beispielsweise die Auswertung von Jahresberichten für ein Schuljubiläum. Die Recherche ist immer dann angebracht, wenn die Beteiligten in der Lage sind, eine Frage klar zu formulieren und zu vereinbaren, welche Dokumente zur Beantwortung hilfreich sein könnten.

Beispiele: Recherche-Fragen für Dokumentenanalysen:

- Warum sinken im 8. und 9. Schuljahr immer die Deutschleistungen der Schülerinnen und Schüler?
- Verbessert Rechtschreibunterricht die Rechtschreibung?
- Wie gut funktioniert unsere gemeinsame Planung? Welche Absprachen haben sich bewährt?
- Welche Karrieren machen ‚Sitzenbleiber' (Ursache: Deutsch-Defizit) im weiteren Bildungsgangverlauf?
- Wie haben sich die Klassen-Lektüren in den letzten 25 Jahren verändert?
- Können die Schüler beim Übergang in die Sekundarstufe I heute weniger als früher?
- Wie hat sich die Fachkonferenz in den letzten Jahren entwickelt?
- Welche Konsequenzen hat die Fortbildung/haben die neuen Lehrpläne auf die Praxis des Deutschunterrichts gehabt?
- Woran scheitern Schüler im Fach Deutsch?
- Wie entwickeln sich in den letzten Jahren die Deutschnoten in der Sekundarstufe I?

Untersuchungsfragen sollten auf Antworten zielen, die nicht nur Neugier befriedigen oder sich auf abgeschlossene Projekte beziehen, sondern die auch Veränderungs- und Handlungsimpulse geben können. Genau so wichtig wie die Formulierung der Fragen ist die Festlegung, welche Dokumente zu ihrer Beantwortung herangezogen werden sollen. Denkbar sind hier u. a. (mit teilweise datenschutzrechtlichen Einschränkungen):

Fundorte für Dokumentenanalysen über Deutschunterricht

Klassenbücher, Klassenbucheintragungen – Unterrichtsübersichten, Unterrichtsverteilung, Stundenpläne – Konferenzprotokolle (Fachkonferenz, Erprobungs- bzw. Jahrgangsstufenkonferenzen) – Angaben über aufgenommene Schüler (Zeugnisse, Berichte) – Lernberichte – Angaben über Schulabgänger und -wechsler, Kurswahlverhalten von Schülern – Übersichten über Unterrichtsinhalte – Lektüre-Listen – Arbeitsprodukte von Schülern (Hausaufgaben, Klassenarbeiten, Schülerzeitungen, Projektarbeiten, Theateraufführungen, Graffiti, Kommentare in Schulbüchern) – Aufgabenstellungen von Klassenarbeiten, Prüfungsprotokolle – Tafelbilder – Gesprächsnotizen von Elternsprechtagen (welche Themen, Kritik?) – Notenübersichten – Schulprogramme, Arbeitspläne, Erziehungskonzepte und -vereinbarungen – Rückmeldungen über Berufswünsche und Berufserfolg der Schüler, über Leistungen von Schülern bei Praktika ...

Die (Handwerks-)Kunst der **fokussierten Dokumentenanalyse** besteht darin, sich auf ergiebige Dokumente zu beschränken, diese sehr zielgerichtet auszuwählen und auszuwerten und sich nicht durch interessante Angaben oder Informationen ablenken zu lassen, für die man keinen Auswertungsauftrag hat. Günstig ist, *vor* der Analyse einen Auswertungsbogen zur entwickeln wird, in den die Ergebnisse nur noch einzutragen sind.

Dokumentenanalyse:	Auswertung der Aufgabenstellungen und des Ausfalls von Klassenarbeiten in der Jgst. 6											
	Lernbereich/ Lehrplan	Zahl der (Teil-) Aufgaben	Aufgaben- stellung	Zeit	Zensurenspiegel							
					1	2	3	4	5	6	Ø	
1	…	…	…	…	…	…	…	…	…	…	…	

Die Strukturierung der Auswertung ist eine entscheidende Weichenstellung bei der Dokumentenanalyse. Sie prägt wesentlich, ob die Analyseergebnisse auch produktiv angenommen werden können. So wäre die oben vorgestellte umfassende Auswertung der Aufgabenstellungen und des Ausfalls von Klassenarbeiten nur sinnvoll, wenn Absprachen in der Fachkonferenz oder Jahrgangsstufenkonferenz getroffen und auch in der Praxis umgesetzt werden können. Würde man mit einer Dokumentenanalyse nur *aufdecken* wollen, was Kollegen alles falsch machen, um sie dann zur Einhaltung von Absprachen oder Vorschriften zu zwingen, kämen als Ergebnis nur Ausreden, Verwirrspiele und Stammtischreden heraus („… ich hab's ja ganz anders angelegt … bei den Lehrplänen ist das gar nicht möglich … die Klasse war in einer besonderen Situation … das neue Lehrbuch …“).

Angesichts der möglichen unliebsamen Nebenwirkungen auf Dokumentenanalysen zu verzichten, würde bedeuten, ein einfaches und sehr wirksames Instrument zur Analyse der Qualität von Deutschunterricht aufzugeben. Auf jeden Fall kann man Dokumentenanalysen immer über den eigenen Unterricht durchführen (solange nicht Informationen über andere Kollegen untersucht werden) und herausfinden, wie er sich über längere Zeiträume entwickelt hat. Die dabei gewonnenen Erfahrungen können helfen, Vorbehalte bei Kollegen abzubauen und Interesse für das Verfahren zu wecken.

Systematisch Daten und Informationen über die eigene Arbeit auszuwerten, ist keine Form gut getarnter narzisstischer Selbstbespiegelung sondern ein in vielen (z. B. ärztlichen oder therapeutischen) Berufen und insbeson-

– Lerninventur ‚Deutsch' Klasse 5 und 6

Stelle mit Hilfe deiner Hefte, Materialien, Klassenarbeiten usw. zusammen, was (Themen, Methoden, Texte …) du in den vergangenen beiden Jahren im Deutschunterricht gelernt hast!

Monat	WAS	Anmerkungen
September		
Oktober		
November		
Dezember		
– Januar		
Februar		
März		
April		
Mai		
Juni		
Juli		
August		
September		
Oktober		
November		
Dezember		
Januar		
Februar		
März		
April		
Mai		
Juni		

Abb. 5: Lerninventur über zwei Jahre (Ende Klasse 6)

dere in Leitungsfunktionen ein zum Standard gehörendes Verfahren, die Arbeit zu bilanzieren und die eigene Professionalität zu entwickeln und zu sichern. Unzufriedenheit über die Qualität der eigenen Arbeit wird häufig dadurch verursacht, dass über die eigene Entwicklung, über Arbeitsergebnisse und Erfolge kein hinreichend genauer Überblick besteht, sondern dass die Bilanzierung der Arbeit nur aus Stimmungen oder momentanen Belastungssituationen heraus erfolgt, in denen bestimmte Aspekte überbetont werden oder in denen man besonders geneigt ist, Urteile von anderen zu übernehmen. Gerade in solchen Situationen wäre es wichtig, auf Dokumente und Informationen zurückgreifen zu können, an denen man die eigene Einschätzung prüfen und die Stimmung relativieren kann.

Erster Schritt einer individuellen Dokumentenanalyse wäre, bereits vorliegende Quellen regelmäßig und systematisch zu sammeln (Minimum: von jeder Klasse jährlich drei Klassenarbeitshefte, eine Übersicht über Inhalte sowie Protokolle der Fachkonferenzen). Die punktuelle Auswertung der Quellen ist für Lehrkräfte meist nicht sehr attraktiv, erst wenn die Entwicklung über Jahre hinweg verfolgt wird, werden nützliche Ergebnisse sichtbar.

Im **zweiten Schritt** sollte die Sammlung der Daten und Dokumente durch mindestens eine Tonbandaufnahme einer Unterrichtsstunde pro Jahr (siehe Lehr-Lern-Stunde S. 90) und durch ein besonderes Schülerprodukt (Band mit eigenen Geschichten oder Gedichten, Wandzeitung, Bild) ergänzt werden. Beim Vergleich von Aufnahmen und Produkten aus mehreren Jahren ist es unerlässlich, sich nach einem ersten subjektiven Eindruck auf eine Fragestellung zu konzentrieren und analytisch an das Material heranzugehen (siehe Auswertung Lehr-Lern-Stunde, S. 94).

Im **dritten Schritt** sollten von Schülern Zusammenfassungen und Bewertungen der Halbjahre erstellt werden, mit denen dann ein Rückblick leichter möglich ist. Die einfachste Form ist eine Lerninventur. Auf der Grundlage ihrer Aufzeichnungen, Haushefte und Klassenarbeiten rekonstruieren Schüler die Arbeit eines bestimmten Zeitabschnittes und bewerten sie rück-

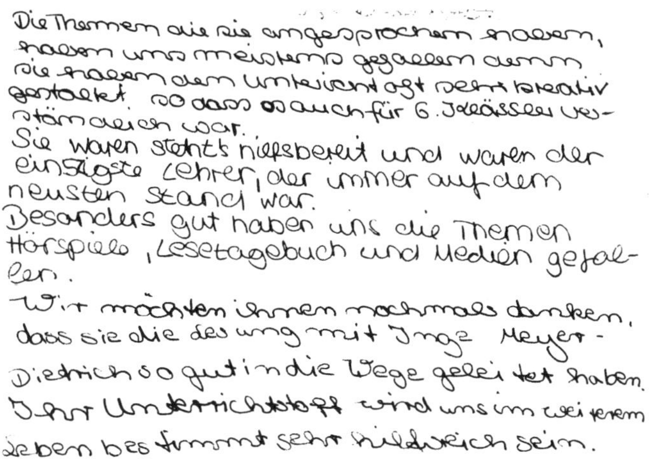
Die Themen die sie angesprochen haben,
haben uns meistens gefallen denn
sie haben den Unterricht oft sehr kreativ
gestaltet. so dass es auch für 6. Klässler verständlich war.
Sie waren stehts hilfsbereit und waren der
einzigste Lehrer, der immer auf dem
neusten Stand war.
Besonders gut haben uns die Themen
Hörspiele, Lesetagebuch und Medien gefallen.
Wir möchten ihnen nochmals danken,
dass sie die Lesung mit Inge Meyer-
Dietrich so gut in die Wege geleitet haben.
Ihr Unterrichtsstoff wird uns im weiterem
Leben bestimmt sehr hilfreich sein.

Abb. 6: Schülerzeugnis Klasse 6 (Ergebnis einer Gruppenarbeit/ vier Schüler/Auszug) blickend. Der Bewertungsaspekt wird noch ausgeprägter in so genannten ‚Schülerzeugnissen':

Wie schon beim Instrument ‚Interview' ist auch hier zu berücksichtigen, dass gerade bei jüngeren Schülern eine Tendenz besteht, in Richtung der erwünschten Antwort zu reagieren und die Lehrkraft nicht (insbesondere nicht am Schluss eines Schuljahres) zu enttäuschen. Insofern sind solche Schülerzeugnisse nicht nur eine Aussage über das, was im Unterricht abgelaufen ist, sondern insbesondere auch über den Entwicklungsstand der Schüler. Dies ist auch der Fall, wenn man die Zeugnisse in Gruppenarbeit erarbeiten lässt. Das macht es so notwendig und interessant, sich nicht auf die Analyse von Dokumenten eines Jahres zu beschränken, sondern Rückmeldungen über mehrere Jahre hinweg in den Blick zu nehmen und zu prüfen, wie sich Einschätzungen entwickeln.

Der **vierte Schritt** der individuellen Dokumentenanalyse ist letztlich wieder die Herstellung eines neuen Dokumentes: Hier werden die eigenen Analysen und Schlussfolgerungen zu einem Bericht zusammengefasst. Als praktikabel hat sich die Form des Jahresberichts erwiesen, in dem auf zwei bis drei Seiten schwerpunktmäßig zusammengefasst wird: Was waren meine Arbeitsschwerpunkte? Was ist mir gelungen/misslungen? Welche Ergebnisse haben die Schüler erzielt? Wie schätze ich meine persönliche/berufliche Entwicklung ein? Was sind meine Perspektiven fürs nächste Jahr? Was will ich unbedingt tun/erreichen?

Die Beschäftigung mit diesen Fragen ist weder ungewöhnlich noch selten. In zahllosen Tagebüchern und Briefen wird ihnen nachgegangen, nur eben unsystematisch und unregelmäßig – und vor allem nicht unter dem Gesichtspunkt der Weiterentwicklung der eigenen Arbeit.

Ob man den **fünften Schritt** durchführt, hängt von der Vertraulichkeit der Dokumente und von den individuellen Möglichkeiten ab: Sinnvoll wäre es, die Auswertung der Dokumente und die eigene Analyse einer anderen Person vorzustellen. Ziel ist es, zu prüfen, ob die eigenen Deutungen nachvollziehbar und konsequent sind. Nicht immer muss die Person, der man die eigene Dokumentenanalyse vorstellt, ein Fachkollege sein, erst recht nicht jemand aus der eigenen Schule. Neue Sichtweisen und Anregungen sind oft leichter von Personen anderer Berufsfelder oder Kulturkreise zu bekommen. Bei ihnen ist es auch möglich, sich gegenseitig Aufzeichnungen über die eigene Arbeit vorzustellen.

Deutschunterricht erforschen IV: expressive und kreative Verfahren

Mit den Etiketten ‚expressiv' und ‚kreativ' wurden ursprünglich Verfahren versehen, die nicht zu den klassischen Evaluationsmethoden passten. Diese Etikettierung ist doppelt falsch. So können klassische Evaluationsverfahren wie Interviews oder Beobachtungen außerordentlich kreativ konstruiert sein und eingesetzt werden und den Wahrnehmungen und Einschätzungen der Teilnehmer zum Ausdruck verhelfen. Mit Nachdruck als expressiv und kreativ bezeichnete Verfahren sind dagegen manchmal nur modisch aufgepeppte konventionelle und problematische Verfahren.

Vier-Ecken: Kein gutes Beispiel

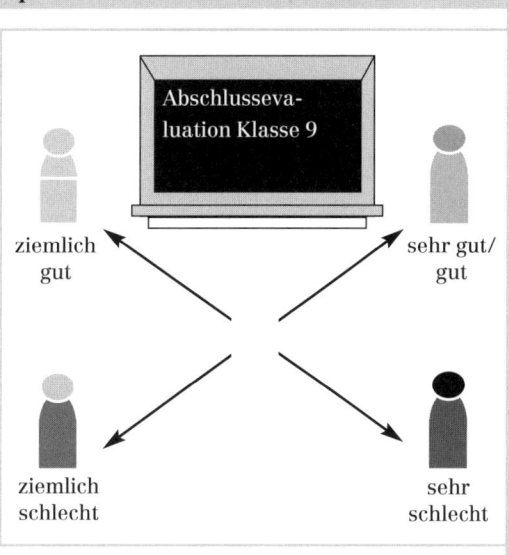

Zum Abschluss der Unterrichtsreihe bittet die Lehrkraft die Schüler aufzustehen und sich an einer ‚kreativen Umfrage' zu beteiligen. Sie zeichnet eine Skizze an die Tafel „Das sind die vier Meinungsecken. Überlegt, wie der Unterricht für euch gewesen ist. Geht dann in die Ecke, die eurer Meinung am meisten entspricht." Die Schüler leisten der Aufforderung ohne Widerspruch Folge. Die Lehrkraft zählt, wie viele Schüler in jeder Ecke stehen, schreibt das Ergebnis an die Tafel, fragt, ob jemand seinen Standpunkt wechseln möchte. Alle bleiben stehen. Die meisten befinden sich vorn neben der Tafel, vier Jungen stehen in der ‚Sehr-schlecht-Ecke'. Für die Lehrkraft ist das keine Überraschung.

Es scheint, als hätte die Lehrkraft versucht, Pippi Langstrumpfs Motto „Nun wollen wir doch mal sehen, wie wir es am besten falsch machen können!" optimal umzusetzen. So informiert sie die Klasse nicht über Sinn des Verfahrens, ihre Fragestellung bleibt völlig unklar (Was genau ist gemeint, auf welchen Zeitraum bezieht sich die Frage?), das Arrangement ist ebenso verworren wie überflüssig (Warum werden die beiden guten Noten zusammengezogen, warum reicht es nicht, dass die Schüler aufzeigen?), die soziale Wirkung und die gruppendynamischen Konsequenzen werden augenscheinlich nicht gesehen. Welche Konsequenzen dieses Verfahren für die Lehrkraft und für die Schüler hat, bleibt im Dunkeln. Sicher ist nur eins: Es polarisiert, fördert Unehrlichkeit und verstärkt Spannungen.

Weder ist das Verfahren kreativ – denn den Schülern bleibt nichts anderes übrig als zu tun, was man ihnen sagt, und für die Lehrkraft wird keine neue Information oder Einsicht erzeugt – noch ist es expressiv, denn es darf nichts anderes ausgedrückt werden als eine grobe in Abhängigkeit von anderen Beteiligten vorgenommene Bewertung.

Sieben Grundschritte expressiver und kreativer Verfahren:
Beispiel Strukturierte Metaphern-Evaluation, Klasse 5

Für dieses Verfahren sind 90 Minuten erforderlich.
Erster Schritt: Nach der Aufteilung der Klasse in Gruppen von maximal fünf Schülern im Plenum erfolgt die *Präsentation des Verfahrens.* „Stellt euch vor, ein Reporter fragt euch, ob das Vanille-Eis bei Venezia wirklich so toll schmeckt. Jemand antwortet ihm: ‚Es ist zartcremig, leicht süßlich mit einer betont milden Note von Vanille. Nur wenn man das Eis sehr langsam auf der Zunge zergehen lässt, spürt man den Eigeschmack und ein wenig Zimt. Manchmal fühlt man auch kleine Krümel von …' Das ist eine sehr lange Antwort, sie ist auch ziemlich genau, aber so richtig weiß der Reporter immer noch nicht, wie das Eis schmeckt und ob es denn so toll ist. Da fragt der Reporter noch ein paar andere Schüler aus der Klasse, wie das Eis schmeckt. Sie antworten: ‚Hölle! – Essschter Bomber! – Sommersonne! – Ferien …' Jetzt kann sich der Reporter viel besser vorstellen, wie das Eis bei Venezia schmeckt. Ich möchte gleich in unserer Klasse ein Reporter sein: Wir haben uns … Tage/Wochen mit Thema … beschäftigt. Jeder von euch hat bestimmt seine eigene Meinung dazu. Bevor wir weiterarbeiten, möchte ich, dass wir unsere Meinungen über unsere bisherige Arbeit austauschen und ein MEINUNGSBILD erstellen. Ich werde gleich jede(n) von euch bitten, nur ein Nomen groß auf einen Zettel zu schreiben, was euch direkt zum Deutschunterricht einfällt. Euer Name soll nicht auf dem Zettel stehen. Wir werden die Zettel dann einsammeln und gemeinsam herauszufinden, was die Nomen alles über den Deutschunterricht sagen." [Die Beschränkung auf Nomen verhindert einfache bewertende Adjektive. Nach der Präsentation sollen nur Verständnisfragen zugelassen werden, keine Äußerungen zum Thema!]
Zweiter Schritt: *Durchführung* der Metaphern-Evaluation – hierzu hat jeder Schüler ein großes Blatt Papier und einen Filzstift vor sich auf dem Tisch. „Schließt jetzt bitte für einen Moment eure Augen – ich werde euch sagen, wann

ihr sie wieder öffnen sollt." Die Lehrkraft schreibt an die Tafel: ‚Ergänze folgenden Satz mit dem Nomen, das deiner Meinung nach am besten dorthin passt: ‚Der Deutschunterricht (das Projekt X) (in den letzten Wochen) war für mich: ...' „Seid ganz still. Nun sollt ihr genau tun, was an der Tafel steht. Öffnet die Augen jetzt!" Die Schüler haben eine Minute Zeit, eine Metapher aufzuschreiben.

Dritter Schritt: *Individuelle Rückspiegelung* – Die Blätter werden gruppenweise eingesammelt und zwischen den Gruppen ausgetauscht. Jede Gruppe erhält den Auftrag: „Überlegt gemeinsam, was die Angaben auf den einzelnen Blättern bedeuten können. Schreibt dann auf die Rückseite jedes Blattes nur: Du meinst mit ... bestimmt ..." Nach ca. 15 Minuten werden die Blätter zurückgegeben.

Vierter Schritt: *Verbalisierung/Erklärung* – jeder Schüler soll nun auf seinem Blatt, das vor ihm liegt, kommentieren, ob er sich richtig verstanden fühlt und wo er gegebenenfalls eine andere Meinung hat.

Fünfter Schritt: *Individuelle Rückmeldung* – die Blätter werden zwischen den Gruppen ausgetauscht, jede schreibt (unter die Erklärung) eine Einschätzung der Metapher: „Wir finden deine Meinung ... – Unsere Meinung dazu ist ..."

Sechster Schritt: *Auswertung /Meinungsbild in der Klasse* – alle Blätter werden an die Tafel geheftet (nur Metaphern sichtbar). Die Metaphern werden vorgelesen. „Wenn man alle Angaben sieht, welches Bild hat jetzt die Klasse vom Deutschunterricht in den letzten Wochen (zum Projekt X)?" – Die Gruppen können sich zuerst untereinander auf eine Einschätzung verständigen oder Unterschiede herausarbeiten. Dann kann aus jeder Gruppe ein Mitglied das Ergebnis vortragen. Abschließend können alle Ergebnisse in der Klasse diskutiert werden.

Siebter Schritt: *Dokumentation* – jeder Schüler erhält seine Karte zurück. Hausaufgabe: „Schreibe auf ein Blatt für ein Tagebuch: ‚Meine Meinung zum Deutschunterricht und was die Klasse dazu sagte.' Das Metaphernblatt und der (fiktive) Tagebucheintrag werden in einem verschlossenen Briefumschlag ins Heft geklebt, um später (z. B. am Ende des nächsten Arbeitsabschnittes) für einen Vergleich wieder hervorgeholt zu werden. (Der verschlossene Umschlag macht deutlich: Das Ergebnis bleibt beim Schüler, er gibt seine Sichtweise nicht ab.)

Kennzeichen kreativer Verfahren sollte demnach sein, dass sie für die Beteiligten offen sind und Suchbewegungen sowie ein allmähliches Vortasten zulassen. Als expressiv können solche Verfahren nur dann gelten, wenn sie zumindest den Teilnehmern dazu verhelfen, etwas zu erkennen und zu formulieren, was ihnen bisher mit den vertrauten Methoden nicht möglich war. In diesem Sinne sind expressive und kreative Verfahren bei der Analyse der Qualität von Deutschunterricht ein hervorragendes Mittel Schüler zu befähigen und zu unterstützen, eigene Entwicklungen und Sichtweisen erkennen und sprachlich angemessen vermitteln zu können (Empowerment, vgl. S. 34 f.). Von expressiven und kreativen Verfahren kann man nur sprechen, wenn Schüler dort ihre Ausdrucksmöglichkeiten erweitern und für sich auch Erkenntnisse neu gewinnen bzw. besser strukturieren können. So verstanden führen diese Verfahren nicht nur zu aufschlussreichen Untersuchungsergebnissen über die Qualität von Deutschunterricht, sondern sie sind bereits eines ihrer wesentlichen Elemente.

Ob Evaluationsverfahren als expressiv und kreativ gelten können, entscheidet sich also weniger bei deren Konstruktion als bei deren Anwendung. Teilnehmer müssen ausführlich Gelegenheit erhalten, ihre zum Teil indirekten, bildlichen oder verdeckten Äußerungen für sich (und ggf. für andere Beteiligte) zu verbalisieren. Die Grundschritte expressiver und kreativer Verfahren lassen sich am Beispiel der Metaphern-Evaluation (s.S. 126) verdeutlichen.

Expressive und kreative Verfahren bedürfen sorgfältiger Strukturierung und gemeinsamer Auswertung, wenn sie *allen* Beteiligten etwas bringen sollen. Eine bloße Abfrage von Metaphern wäre nur methodisches Aperçu oder verantwortungslose Gruppendynamik. Außer dass sich die Lehrkraft auf diese Weise Material verschafft, auf das sie ihre eigenen Vorurteile projizieren kann, bringt dieses Verfahren keinen Gewinn. Im Gegenteil, sie nimmt den Schülern sogar die Möglichkeit, eigene Wahrnehmungen zu differenzieren und zu gehaltvolleren Metaphern zu kommen als nur ‚Berg‘, ‚Reise‘, ‚Wüste‘, ‚Himmel‘ oder ‚Hölle‘. Expressive und kreative Verfahren zu verwenden, bedeutet gerade im Deutschunterricht an der Differenzierung und Weiterentwicklung der Wahrnehmung und des sprachlichen Ausdrucks zu arbeiten.

Beachtet man die genannten Teilschritte und passt sie auf die konkrete Situation an, sind eine Vielzahl expressiver und kreativer Verfahren denkbar. Für den Deutschunterricht eignen sich besonders:

a. Schreibkonferenz Klasse 9 und 10

Die ‚Schreibkonferenz‘ dient dem Rückblick auf die bisherige Arbeit in der Klasse und gleichzeitig auch dem Ausblick auf die weitere Arbeit. Du bekommst einige Fragen und Aufgaben, zu denen du dich äußern sollst. Gefragt sind auch deine Erwartungen für den Unterricht im nächsten Halbjahr. Die Angaben bleiben anonym, du kannst also in Druckschrift schreiben. Die Schreibkonferenz läuft in folgenden Stationen ab:

a) Trage oben auf diesem Bogen eine Kennziffer oder ein Symbol ein, damit du später aus den Fragebögen der Klasse deinen wieder herausfinden kannst.

b) Beantworte die Fragen/Aufgaben auf dem folgenden Arbeitsblatt (S. 129)

c) Es werden die Arbeitsblätter aller Schüler eingesammelt und sofort wieder ‚anonym' verteilt. Dann gibt jeder seine Meinung und Kommentare zu dem Arbeitsblatt ab, das er erhalten hat.

d) Das kommentierte Arbeitsblatt wird in einer dritten Runde an ein weiteres Klassenmitglied weitergegeben. Dieses kommentiert die Originalantworten und den ersten Kommentar.

e) Jeweils in 5er-Gruppen werden die Arbeitsblätter mit den Kommentaren vorgestellt und ausgewertet: Wo gibt es Gemeinsamkeiten, Unterschiede? Welche Meinungen und Kommentare sollten in der Klasse vorgestellt werden?

f) Jeweils ein Gruppensprecher stellt die Ergebnisse des vorherigen Schrittes in der Klasse vor. In der Klasse werden die Ergebnisse zuerst nur zusammengefasst, dann kommentiert und gewertet.

g) Der Lehrer nimmt die Arbeitsblätter mit nach Hause und wertet sie bis zur nächsten Stunde aus. Er schreibt kurze Antworten/Bemerkungen zu jedem Bogen und teilt seine Gesamteinschätzung der Klasse mit.

h) Zum Schluss erhält jedes Klassenmitglied sein Arbeitsblatt zurück.

Nun das Arbeitsblatt:

1. Schätze zuerst auf der folgenden Zielscheibe das letzte Halbjahr im Deutschunterricht allgemein ein: Markiere in den einzelnen Feldern, wie du den jeweiligen Bereich allgemein bewertest. Eine Markierung in der Mitte (5) bedeutet hohe Zustimmung/Zufriedenheit, eine Markierung außen (1) oder außerhalb der Zielscheibe bedeutet sehr geringe Zustimmung/bzw. hohe Unzufriedenheit.

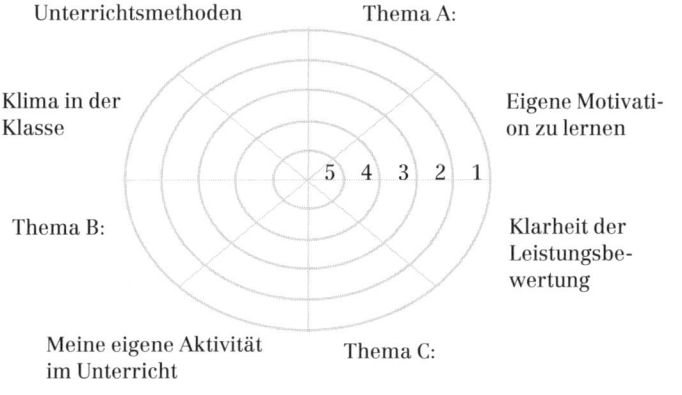

2. Schreibe nun einen Kommentar oder einen Brief über das letzte Halbjahr im Deutschunterricht. (Füge eventuell weitere Blätter an.) Du kannst dich u. a. an folgenden Punkten orientieren:
- Ich selbst im Deutschunterricht (mein Interesse, Arbeitsverhalten, Arbeitsmöglichkeiten …)
- die Klasse (Zusammenarbeit, Klima, Arbeitsverhalten, Kooperation)
- die Inhalte und Methoden (Inhaltsauswahl, Unterrichtsgestaltung, Schwerpunkte, Arbeitsweisen, Lerngeschwindigkeit, Schwierigkeitsgrad)
- Lehrer (Vermittlung, Schüler-Lehrer-Verhältnis)
- Materialien/Lernmittel
- Benotung/Leistungen; Leistungsfähigkeit und -ergebnisse der Klasse
- wichtigste Lern- und Arbeitsergebnisse
- größte Stärken/Schwächen des Kurses
- Erwartungen an die Zukunft: Was will ich auf jeden Fall tun/erreichen? Was soll die Klasse oder der Lehrer auf jeden Fall tun/erreichen?

b. Pfusch- oder Bluffzettel

Erster Schritt: Jeder Schüler schreibt einen ‚Pfuschzettel' – Was muss man unbedingt wissen/tun, um im Deutschunterricht zu überleben, gute Noten zu bekommen, Spaß zu haben, etwas zu lernen? – oder einen ‚Bluffzettel' – Wie kann man im Deutschunterricht am besten bluffen? Was muss man unbedingt wissen, wie muss man sich verhalten, was darf man auf keinen Fall tun, was sind folgenschwere Fehler und was lässliche Sünden?

Zweiter Schritt: Weitergabe der Zettel an andere Schüler mit der Bitte um Ergänzung und Präzisierung (keine Stellungnahme oder Kritik).

Dritter Schritt: Aufteilung in zwei Gruppen: a) neue Schüler, b) Deutschlehrer – „Was würdet ihr in der Rolle als Schüler/Lehrer denken, wenn sie diese Pfuschzettel lesen würden. Schreibt aus der Rollenperspektive eurer Gruppe einen Brief an die Klasse!"

Vierter Schritt: Auswertung der Pfuschzettel und der Briefe in der Klasse evtl. zuerst in Teilgruppen aus a) und b): Welche Handlungskonsequenzen ergeben sich für Schüler und Lehrkräfte?

c. Fotoroman

Fotoromane aus Zeitschriften bilden die Grundlage dieses Verfahrens. Die Inhalte der Sprechblasen und Hinweise werden so weit wie möglich beseitigt. Die Schüler erhalten den Auftrag, (in 2er- bis 4er-Gruppen) auf dieser Folie einen Fotoroman zu schreiben zum Thema ‚Deutschunterricht in der … (Klasse)'. Die Verwendung herausfordernder Aufgabenstellungen (z. B.:

Skandal im Deutschunterricht – Unser Deutschlehrer, Doktor ... – Höhepunkte und Katastrophen) kann unter ungünstigen Umständen zu einer Doppelung führen, bei der die scheinrealistischen, quasi-dokumentarischen Mittel des Fotoromans und die provokative Übertreibung einander blockieren. Einfache, wenig vorgebende Themen sind deshalb in der Regel geeigneter. Statt eines Fotoromans sind andere Folien für diese Aufgabe denkbar, stellen aber höhere Anforderungen, z. B. Variationen auf bekannte Texte, Ergänzen von Lückentexten (nur Reimwörter bekannter Gedichte).

d. Erfindung einer Person

Dieses Verfahren eignet sich besonders für eine langfristig angelegte Erforschung des Deutschunterrichts. Ausgangspunkt ist die Erfindung einer Person. Die Klasse soll selbst (z. B. im Rahmen einer Unterrichtsreihe über Charakterisierung oder über Rollenverhalten) eine interessante, ungewöhnliche Person konstruieren. Dies kann eine Person aus einem anderen Zeitalter oder einer anderen Welt sein.

Diese Person beobachtet von einem bestimmten Platz in der Klasse aus in den nächsten Wochen den Deutschunterricht. In jeder Stunde setzt sich ein Schüler auf diesen Platz und ‚ist‘ die erfundene Person. Er beobachtet die Stunde ausschließlich aus dieser Perspektive und hat nur eine einzige Aufgabe, am Ende der Stunde einen Bericht (Protokoll, Stichpunkte) zu schreiben oder der Klasse mündlich darüber zu berichten, was er als fremde Person in der Klasse erlebt hat. Die Stundenberichte der erfundenen Person werden in einem Berichtsheft gesammelt und am Ende der Unterrichtsreihe ausgewertet.

Dieses Verfahren hat zwei große Vorteile: Es ist sehr spielerisch und motivierend, besonders wenn die Rollenübernahme mit einem Ritual verbunden ist (immer ein bestimmtes Kleidungsstück anziehen oder einen Gegenstand bekommen). Der zweite Vorteil ist der länger dauernde Perspektivenwechsel, den die Schüler aktiv vornehmen bzw. miterleben. Der Perspektivenwechsel wird unterstützt, wenn die Lehrkraft während der Stunde den Schüler mit dem Namen der erfunden Person anspricht und ihn auch auf besondere Weise behandelt. Schwierigkeiten können bei diesem Verfahren auftauchen, wenn die erfundene Person zu dominant wird und Schüler sich so auf sie fixieren, dass der Unterricht aus dem Blick gerät.

e. Eine Unterrichts-Gebrauchsanweisung schreiben

Dieses Verfahren eignet sich besonders zur **Untersuchung der Lehrer-Schüler-Kommunikation** im Deutschunterricht. In der 9. und 10. Klasse kann es inhaltlich an das Unterrichtsthema ‚Kommunikation und Kommunikationsmodelle' angebunden werden. In einem ersten Schritt werden typische Schüler- und Lehreräußerungen gesammelt (wichtig ist hier, auch positive Aussagen einzubeziehen), um sie im zweiten Schritt in der Klasse oder in Gruppen zu übersetzen und zu prüfen, welches Verständnis von Fähigkeiten, Leistungen und Qualität hier indirekt zum Ausdruck kommt.

Wenn dein Deutschlehrer sagt …	… meint er in Wirklichkeit:
Heute geht es um die indirekte Rede.	Okay, umschalten auf Routine-Programm!
Der Text ist für mich sehr wichtig.	…
…	

Wenn ein Mitschüler im Deutschunterricht sagt …	… meint er in Wirklichkeit:
Ich finde das Buch irgendwie, tja …	…
…	

f. Schüler entwickeln eine Klassenarbeit

Dieses Verfahren dauert mindestens 45 Minuten und sollte nicht in der letzten Stunde vor einer Klassenarbeit durchgeführt werden. Die Aufgabe für die Schüler besteht aus nichts anderem als in Kleingruppen einen Vorschlag für die nächste Klassenarbeit zu entwickeln. Zur Unterstützung kann man Schülern folgende Fragen an die Hand geben:

- Was war Unterrichtsthema, welche Inhalte waren besonders wichtig?
- Was müsste ein Schüler können, um ein ‚Ausreichend' zu bekommen?
- Welche Arten von Aufgaben kommen überhaupt in Frage? Wie lange dauert ihre Bearbeitung? Wie viel Zeit haben wir?

Jüngere Schüler reagieren auf den Auftrag, eine Aufgabenstellung zu entwickeln, angstbesetzt und abwehrend, wenn sie sich nicht von der Vorstellung befreien können, sie müssten genau diese Aufgaben später lösen. Eine Entlastung ist in diesem Falle durch eine Veränderung der Aufgabenstellung möglich: Was wäre die beste Aufgabe für die nächste Klassenarbeit? Oder: die Zusicherung, dass die entwickelten Aufgaben so nicht Gegenstand der nächsten Klassenarbeit werden.

Die Auswertung der Schülervorschläge kann bei den drei genannten Fragen beginnen und dann weiterführen zu den Fragen, wie man die einzelnen Aufgaben bearbeiten könnte und welche besonders wichtig sind.

g. Stellenausschreibung: guter Deutschschüler gesucht

Ausgangspunkt dieses Verfahrens ist die Vorstellung, Schulen könnten Schülerstellen ausschreiben, Schüler müssten sich um Plätze im Deutschunterricht bewerben. Wie würde eine Schule eine Stellenanzeige für gute Deutschschüler formulieren? Welches Vorwissen würde sie voraussetzen, welche Qualifikationen würde sie erwarten? Welche Aufgabengebiete würden den Deutschschüler erwarten? Wie hoch ist der Lohn? Wie ist das Umfeld?

Ein direkter inhaltlicher Anknüpfungspunkt im Deutschunterricht bietet sich bei diesem Verfahren beim Unterrichtsthema ‚Bewerbung‘, wenn Stellenanzeigen analysiert und beantwortet werden.

h. Zum Abschluss: Fallberatung

Eine gute Gelegenheit, die eigene Meinung zum Deutschunterricht herauszustellen und kreative Lösungen zu entwickeln ist die ‚Fallberatung‘. Hier werden Schülern Fragen, Situationen oder Probleme präsentiert, für die sie Lösungsideen entwickeln sollen. Die Analyse der Ideen wiederum legt ein Verständnis von Zielen und Qualität des Deutschunterrichts offen.

Kehren wir zum eingangs genannten schlechten Beispiel ‚Vier-Ecken‘ zurück und fragen: Hätte man es nicht auch sinnvoll einsetzen können? Gibt es keine Änderungsmöglichkeiten oder Alternativen?

Würde sich am Ergebnis und der Wirkung des Verfahrens etwas verändern, wenn die Schüler in Notenabständen nebeneinander stehen würden? Wäre es eine wesentliche Veränderung, wenn die Lehrerin die Schüler in der ‚Sehr-schlecht-Ecke‘ gefragt hätte, ob sie gern in eine andere Ecke wollen, was sie dazu tun müssten und ob die anderen Schüler oder die Lehrerin ihnen dabei helfen können? Wäre es vertretbar gewesen zu fragen: „Wenn sich jeder im nächsten Vierteljahr sehr anstrengt, wie wäre der Deutschunterricht dann?“

Es ist sehr wahrscheinlich, dass man auch trotz guter Ideen zur Weiterentwicklung des Verfahrens zu einer eher ablehnenden Haltung kommt: Wie immer man es auch anlegt, bringt es für die Schüler zu wenig zur Sprache.

4 Das Qualitäts-Puzzle zusammenfügen

Deutschunterricht funktioniert nicht wie eine Maschine: Was er braucht und produziert, wie und womit er gesteuert werden kann, wann seine Arbeit und sein Ergebnis als angemessen angesehen werden können, das alles läuft keineswegs im Sinne eines trivialen Maschinenmodells ab, bei dem Reaktionen und Verhalten vorhergesagt werden können und bei dem Handlungen und Bedingungen immer objektiv zu denselben Ergebnissen bzw. Wirkungen führen. Unternimmt man dennoch einen solchen Maschinen-Vergleich, dann handelt es sich beim Deutschunterricht eher um ein nicht-triviales Maschinemodell, bei dem sich die internen Zustände und Komponenten gegenseitig beeinflussen und auf sich selbst zurückwirken. Da Inputs und interne Zustände des Deutschunterrichts aufeinander einwirken, sind seine Entwicklung und seine Ergebnisse nicht deterministisch voraussagbar: Deutschunterricht bleibt damit in seiner Durchführung und seinen Ergebnissen *auch* offen und nicht exakt voraussag- und planbar.

Diese systemische Sichtweise (vgl. PROBST 1987, S. 77 ff.) auf Unterricht ist eine hilfreiche Ergänzung der bereits genannten Argumente der Unterrichtsforschung (s. o. S. 43) gegen verkürzende, monokausale Ursache-Wirkungs-Analysen und gegen simplifizierende Patentrezepte für Qualität von Deutschunterricht (… intensiv Rechtschreibung üben … mehr offener Unterricht …). Wenn man Funktionieren und Qualität des Deutschunterrichts nicht im Sinne von Input-Output-Beziehungen aufschlüsseln kann, muss man beobachten und experimentieren, wie einzelne Komponenten des Deutschunterrichts zusammenwirken und einander regulieren und wie sie beeinflusst und gestaltet werden können. Dieses Wissen kann dann genutzt werden, die Komponenten des eigenen Unterrichts nach Qualitätsgesichtspunkten zu gestalten und sie zielbewusst so zu konfigurieren, dass er ein bedeutsamer Faktor des Lernerfolgs der Schüler wird (s. o. S. 49).

Deutschunterricht konfigurieren I: Inhalte

Merkwürdigerweise spielen die Unterrichtsinhalte in der gegenwärtigen Diskussion über Qualität von Unterricht und über Schulreform eine eher nachrangige Rolle. Die Rede ist allgemein von Qualifikationen und Kompetenzen, von Lernstrategien und Selbstorganisation, aber nicht davon, mit welchen Inhalten dies erreicht werden soll. Dabei ist Unterrichten immer inhaltlich gebunden und strukturiert und nicht eben bloß das Exerzieren oder Vermitteln von Wissen und Methoden. Die Ursachen für die Nichtbeachtung bzw. die Ausblendung der Inhalte aus der Qualitätsdiskussion sind u. a.:

- Intransparenz, Unentschiedenheit und fehlende Nützlichkeit von Richtlinien und Lehrplänen,
- fehlende Einsicht in fachliche bzw. gesellschaftliche Veränderungsprozesse bzw. melancholisch-nostalgische Verklärung früheren Unterrichts,
- unreflektierte oder unhaltbare Kanonüberzeugungen.

Auch wenn man die Ursachen nicht ganz wird beseitigen können, so gibt es doch Möglichkeiten, ihnen zu begegnen und die Inhalte des Deutschunterrichts systematisch und unter Qualitätsgesichtspunkten zu konfigurieren.

Die Leere(n) der Lehrpläne –
Entscheidungen treffen und Transparenz herstellen

Es gibt nur eine Sache, die noch frustrierender ist als Lehrpläne zu entwickeln: sie lesen zu müssen. Dass Richtlinien und Lehrpläne für Lehrkräfte keine wirkliche Hilfe für die Unterrichtsarbeit sind, wissen alle Beteiligten und unterstellen einander Unfähigkeit oder bösen Willen. Lehrplanmacher fühlen sich als Curriculixe, die in ihrem kleinen didaktischen Dorf von der imperialistischen Zentralmacht umzingelt die wahren Werte verteidigen und mit großem Aufwand Zaubertränke mixen, die es ermöglichen schier

Wirkungen von Lehrplänen

Ein Mitglied einer Lehrplankommission Deutsch möchte testen, ob ein Textentwurf überhaupt gelesen wird. Er versteckt in einer Übersicht das Thema ‚Die Rezeption von ‚Die verlorene Ehre der Katharina Blüm (*sic*) durch (spätere) Bundespräsidenten‘. Der Entwurf wird in der Kommission geprüft, ohne dass auf die entsprechende Passage eingegangen wird. Unverändert wird er einigen Schulen zur Diskussion vorgelegt. Nach mehreren Monaten erfolgt die erste und einzige Reaktion auf den Test: Nach einer Intervention von ‚oben‘ auf dem kleinen Dienstweg entschuldigt sich das Schulministerium informell und entfernt das Thema umgehend aus dem Entwurf. (1983)

übermenschliche Belastungen auszuhalten und jeden Kampf zu bestehen. Lehrkräfte sehen sich als die schlecht ausgerüsteten Legionäre zwischen didaktischem Zaubertrank und der fordernden Macht und nehmen die Niederlage (gegen beide) stoisch hin. Schon nach kurzer Zeit aber wenden alle Beteiligten eine Kriegslist an: Sie spielen, als würden sie miteinander kämpfen, lassen sich in Wahrheit jedoch in Ruhe und machen, was sie wollen *und* können. Es sind weder böser Wille noch Unfähigkeit, dass Richtlinien und Lehrpläne nicht nützlich sind – es ist System.

Aus Sicht der Auftraggeber sollen Lehrpläne „Lernzeit in bestimmten Gewichtungen so strukturieren, dass bei allen Schülern die fachlichen Ziele erreicht werden. Anfang und Ende bilden eine Einheit, die sich in *summierter Zeit* darstellen lässt." (OELKERS 1999, S. 1) Lehrpläne drücken also erst einmal nur aus, was in einer bestimmten Zeit erreicht werden soll. Da die zur Verfügung stehende Zeit (und damit verbunden die Ressourcen) begrenzt ist, liegen den Lehrplänen Auswahlentscheidungen zu Grunde: Etwas soll gemacht werden, anderes nicht oder weniger. Dass Richtlinien und Lehrpläne so wenig nützlich für die Auseinandersetzung über Inhalte des Deutschunterrichts sind, hängt damit zusammen, dass die Auswahlentscheidungen in der Lehrplanarbeit nur selten transparent gemacht werden. Weder durch das Verfahren (möglich wären z. B. die stärkere Einbeziehung von Lehrkräften und eine Stufung des Prozesses der Lehrplanarbeit) noch durch die Produkte wird diese Transparenz geleistet. In vielen Fällen wird sogar versucht, die Entscheidungen bei der Lehrplanarbeit zu verschleiern oder sie durch Formelkompromisse zu entschärfen. Als Daumenregel kann man annehmen: Je detaillierter und umfangreicher Lehrpläne sind, desto weniger lassen sich normative Entscheidungen und Auswahlprozesse in ihnen nachvollziehen. Verschleierung, normative Intransparenz und Formelkompromisse treten immer dann häufig auf, wenn beim Auftraggeber (Ministerium) über unterschiedliche Positionen und Interessen nicht klar und offen entschieden wird, sondern wenn – um sich gegenseitiger Zustimmung zu versichern – unterschiedliche und zum Teil einander widersprechende Positionen und Interessen bloß additiv in Lehrpläne aufgenommen werden. Beispiel hierfür sind etwa die fremdkörperartigen Passagen über fachübergreifenden Unterricht oder neue Medien im Deutschunterricht. Viele Lehrpläne erhöhen so den ‚Zeitverbrauch' in der Schule, statt ihn zu strukturieren: Je mehr rein additive oder unklare und widersprüchliche Vorgaben gemacht werden, umso weniger realisierbar werden sie.

„Lehrpläne werden geschrieben, aber nicht genutzt" (OELKERS 1999, S. 10) – der Grund hierfür liegt nur zum Teil in den gerade beschriebenen Problemen. Dass Lehrpläne für Lehrkräfte nicht so wichtig sind (es sei denn als Legitimationsgrundlage bei rechtlichen Auseinandersetzungen) hängt eher damit zusammen, dass sie eigentlich etwas anderes benötigen: Besser als Lehrpläne sind flexible Anforderungen und erfolgreiche Routine (die durch neue Lehrpläne höchstens verunsichert würde) sowie praktikable, bestätigende Materialien und Hinweise, die sich direkt auf die eigene für eine bestimmte Gruppe beschränkte Arbeit beziehen lassen, die begründen können, was jetzt getan werden soll und warum das vernünftig (nicht: gut) ist. Solche Routine und Materialien schaffen Stabilität und Sicherheit im Unterricht und bei den Lehrkräften. Lehrpläne der beschriebenen Art hingegen können höchstens Stil und Profil der Lehrkraft verunsichern, verlangen einen sehr hohen Aufwand sowie das Aushalten von Unsicherheit und Scheitern. Auch die Schulaufsicht weiß, dass das für die Lehrkräfte nicht attraktiv ist. Deshalb verkündet sie bei Einführungen neuer Richtlinien und Lehrpläne oft doppelte Botschaften: ‚Alles ist neu – aber die Veränderungen halten sich doch sehr in Grenzen.' Diese doppelten Botschaften sind möglich, weil die Zielkataloge der Richtlinien und Lehrpläne als Wunschbilder formuliert sind (OELKERS ebd., S. 12) und so allgemein bleiben, dass bereits die bestehende Praxis als Wunscherfüllung umgedeutet werden kann.

Die gravierendste Ursache für die Wirkungslosigkeit von Richtlinien und Lehrplänen liegt aber darin, dass deren eigentliche Adressaten nicht erreicht werden: die Schüler und die Eltern. Richtlinien und Lehrpläne gelangen im Regelfall erst gar nicht zu ihnen, sondern werden in der Lehrerbibliothek oder bei der Schulleitung sicher verwahrt und hauptsächlich bei Konfliktfällen hervorgeholt. Aber selbst dann, wenn Schüler und Eltern Zugang zu ihnen bekommen (zum Teil kostenlos über das Internet oder bei Elternabenden), werden sie nicht wirklich erreicht. Struktur, Gliederung und Sprache von Lehrplänen verweisen darauf: Wer dies lesen will, muss Fachmensch sein, muss sich mühsam einlesen und Verwirrtheit ertragen können – oder er darf den Schreibenden nicht ernst nehmen.

Ein Lehrplantext *muss* (zumindest sprachlich) nicht so aussehen wie der auf der folgenden Seite präsentierte Auszug aus Bayern, erst recht kein Lehrplan für das Fach Deutsch. Er macht nämlich vor, wie man es nicht machen soll und wirft mehr Fragen als Antworten auf.

Zwei Dinge sind notwendig, damit Richtlinien und Lehrpläne hilfreich dafür sind, sich mit den Inhalten des Deutschunterrichts auseinander zu set-

**Lehrplan Klasse 10 Hauptschule – Bayern – Deutsch:
Mehr Fragen als Antworten**

Schülerinnen?

Ist das ein Ziel? Erwartung? Bedingung für Qualifikation?

Wann genau? Wo?

Geht es nur um Sprache?

Unterschied?

Was sonst noch?

Wer entscheidet das? Wie?

Selbstständig? Wie?

Wann ist eine Verbesserung erreicht?

Welche Sprachebenen gibt es überhaupt?

Müssen? Können?

Was wäre „einfach"?

Was ist der Unterschied?

Stellenwert der Klammer?

Den Stoff vorheriger Klassen?

Heißt das auch „Anwenden"?

Müssen sie das? Können sie das? Wollen sie das?

Wie? Wie viel? - Was ist, wenn bisher solche Mittel nicht genutzt wurden?

Was ist das (nicht)? Ist das besonders wichtig, weil es hier eigens genannt wird?

Anspruchsvoller im Vergleich zu was?

Für wen ungünstig? Verhalten = Strategie?

Durch sonst nichts?

Von allein? Wie?

Wie? Wann?

Heißt das, Referate werden nur mündlich erarbeitet/ vorgestellt?

Konkret?

Was wäre der Unterschied zu: Beachtung/ Gestaltung?

Was wird als kritisch akzeptiert? Wie lernt man das?

Bereiche? Mündlich, schriftlich (s.o.), jetzt informieren ...?

Warum nicht: Fähigkeiten und Fertigkeiten?

Die **Schüler** *bauen* ihre **bisher** erworbenen *sprachlichen* **Fähigkeiten und Fertigkeiten** aus und werden **auch anspruchsvolleren** Aufgaben *gerecht*. Sie **erkennen ungünstiges Gesprächs-verhalten** und tragen **durch Aussprache** zur **Verbesserung** bei. Jugendliche mit anderen Herkunftssprachen *entwickeln* **allmählich** eine stabilere Form der Mehrsprachigkeit auf **allen Sprachebenen.** Sowohl im mündlichen (z.B. **Referat**) als auch im schriftlichen Bereich (z.B. Textarbeit) **sollen** die Schüler **zunehmend umfassendere** und **komplexere sprachliche Darstellungen** bewältigen. Unter **Berücksichti-gung** *formaler Aspekte* und *sprachlicher Normen* äußern sie sich **kritisch** zu Texten und **(aktuellen)** Problemen. Sie wiederholen und vertiefen *ihre* **Kentnisse** in den **Bereichen** des Informierens, Appellierens und Argumentie-rens. Beim **kreativen Umgang mit Sprache** *nützen* sie **zunehmend medientechnische Gestaltungsmittel** (...)

(Lehrplan: BSMK 1997, S. 371)

zen und sie unter Qualitätsgesichtspunkten zu gestalten: Sie müssen anders konstruiert werden und man muss sie in der Schule erfolgreich(er) nutzen.

Eine Erfolg versprechendere Konstruktion müsste den Erstellungsprozess bereits als Teil des Implementationsprozesses anlegen, die Richtlinien und Lehrpläne müssten sich auf entscheidende staatliche Vorgaben beschränken und verbindliche Standards – auch als explizite Setzungen (OEL-KERS 1999, S. 14) – selbst für Eltern und Schüler verständlich formulieren. So könnten die erforderlichen Notwendigkeiten und Möglichkeiten für die schulinterne Lehrplangestaltung aber auch ein besserer Rahmen für die Sicherung ihrer Einhaltung gewährleistet werden. Die Formulierung solcher Standards ist eine Gratwanderung: Ist sie zu eng und kleinschrittig, werden Lehrpläne zu Pflichtenheften oder Rezeptbüchern, die selbst einzelne Unterrichtsschritte festlegen und damit entweder die Lehrkraft unmündig machen oder sie dazu auffordern, sich ihnen gegenüber illoyal zu verhalten. Beispiele für solche unangebrachten Standard-Vorgaben liefert das englische NATIONAL CURRICULUM (vgl. NLS 2001), das nach allgemeinen pathetisch formulierten Zielen (z. B.: Schüler sollen clevere und gewandte Leser, wirkungsvolle Redner und Zuhörer sowie selbstsichere Schreiber sein) dann im Detail – über Wortlisten oder Fachtermini – die Inhalte und auch Methoden festlegt. So wird beispielsweise als besonders geeignete Methode das Ritual empfohlen, die Stunden mit einer zehnminütigen Übung zur Wortbildung, Rechtschreibung oder Grammatik zu beginnen, in den folgenden 20 Minuten ins neue Thema einzuführen und wiederum 20 Minuten lang in Gruppen Ideen für die Bearbeitung der Themenfrage zu sammeln, die dann in einer zehnminütigen Plenumsphase ausgetauscht werden. Das NATIONAL CURRICULUM schafft weder die Möglichkeit noch die Notwendigkeit

**National Curriculum Standards:
Die Fesseln der Freiheit**

The National Curriculum for English prescribes the range of literature to be studied over two key stages:

- 2 Shakespeare plays
- Drama by major playwrights
- 2 pre-1914 fiction texts
- 2 post-1914 fiction texts
- 4 pre-1914 poets
- 4 post-1914 poets
- Recent & contemporary works
- Writers from different cultures and traditions
- Literary non-fiction
- Information and reference texts
- Media and moving image texts

Departments should map out when and where they will teach whole texts, and how they will provide tasters and occasional opportunities to revisit the key categories over the five years.

(NLS 2000, S. 6-7)

der Auseinandersetzung mit Inhalten, es geht nur um die Vorgabe von Standards, die leicht extern zu überprüfen sind (z. B. durch landesweite Tests). Angemessener erscheinen im Gegensatz dazu die Vorgaben des Lehrplans für die schwedische Gesamtschule, die ausdrücklich auch Schüler und Eltern als Leser ansprechen. Die Ziele des Lehrplans präzisieren grundlegende Standards und geben Zeiträume für deren Erreichen an. Es ist dann Aufgabe der Schule festzulegen, wie sie die Ziele umsetzen will und woran sie das Erreichen der Standards messen will.

Lehrplanziele – Standards

Ziele, die Schülerinnen und Schüler erreicht haben sollen

Am Ende des 5. Schuljahres:

1. Kinder- und Jugendbücher (und Sachbücher) leise und laut flüssig (vor)lesen können, deren Inhalt und Aussagen verstehen, über Leseerfahrungen sprechen und über den Text reflektieren können
2. für unterschiedliche Unterrichts- und Kommunikationszusammenhänge Texte verfassen können
3. jemandem mündlich etwas verständlich und lebendig erzählen und berichten können
4. die gebräuchlichsten Regeln der Schriftsprache und Rechtschreibung anwenden können
5. mit dem Wörterbuch umgehen können (...)

Am Ende des 9. Schuljahres:

1. aktiv an Gesprächen und Diskussionen teilnehmen, sich in die Gedanken anderer hineinversetzen und ein Arbeitsergebnis inhaltlich richtig und verständlich präsentieren können
2. belletristische (auch anderer Länder) und Fachliteratur sowie Zeitungstexte zu allgemeinen Themen lesen, zusammenhängend wiedergeben und darüber reflektieren können
3. bedeutende Werke/Autoren über grundlegende Aspekte menschlichen Lebens und Denkens lesen, darüber reflektieren und sie miteinander vergleichen können
4. Ausdrucksmittel von Bild, Film und Theater anwenden, darüber reflektieren und sie bewerten können
5. Texte unterschiedlicher Art und Form (mit der Hand und dem Computer) so schreiben können, dass ihr Inhalt deutlich nachzuvollziehen ist und den schrift-

> sprachlichen Normen gerecht wird
> 6. über Kenntnisse verfügen, die ihm ermöglichen, die eigene Sprache reflektiert anzuwenden und den Sprachgebrauch anderer sachgerecht zu analysieren (...)

(SKOLVERKET 1994)

Klare, transparente und entschiedene Richtlinien und Lehrpläne sind als normative Orientierung, als Referenz- und Bezugsrahmen eine notwendige, aber noch keine hinreichende Bedingung für eine effektive Auseinandersetzung über Inhalte des Deutschunterrichts. Wie gut Richtlinien und Lehrpläne sind, entscheidet sich auch wesentlich durch den Umgang mit ihnen.

Grundvoraussetzung für eine sinnvolle und erfolgreiche Nutzung von Richtlinien und Lehrplänen bei der Auseinandersetzung über Inhalte des Deutschunterrichts ist, sie – unabhängig von ihrer Qualität – nicht als bloßen, von oben erlassenen Text zu betrachten, sondern sie als Orientierungshilfe *und* als Werkzeug anzuwenden.

Normalerweise ist dazu zuerst eine Übersetzung erforderlich, bei der die Vorgaben und Standards – auf Schul- und Fachebene – in konkrete und zeitbezogene Ziele gefasst werden. Damit ist *nicht* gemeint, die Richtlinien und Lehrpläne insgesamt zu übersetzen – eine Aufgabe, die selbst Lehrplankommissionen nur in Ausnahmefällen bewältigen. Es wird auch *nicht* angestrebt, einen so genannten ‚anstaltseigenen Lehrplan' zu schreiben, der üblicherweise nur den Lehrplan in Katalogform fasst und Verbindlichkeit postuliert, ohne Formen der Überprüfung von Vereinbarungen festzulegen. Traditionelle anstaltseigene Lehrpläne sind in der Regel nicht nur nicht hilfreich, sie verdoppeln das Elend landesweiter Lehrpläne meist noch. Lehrpläne zu übersetzen heißt vielmehr, zuerst deren Vorgaben und Standards vom schmückenden und unverbindlichen Beiwerk zu isolieren um dann daraus – eventuell exemplarisch – Ziele für die Schule und den Unterricht adressatengerecht zu formulieren und festzulegen und anzugeben, wie und wann sie konkret erreicht werden sollen. Bezogen auf das Beispiel des bayerischen Lehrplans für die Klasse 10 der Hauptschule (S. 138) könnte das bedeuten:

Einen Lehrplan in ‚Inhalte' übersetzen

Lehrplan-Vorgabe/ Standards	Ziel des Deutschunterrichts (der Schule)	Inhalte	
		Umsetzung	Überprüfung der Zielerreichung
Schüler sollen durch Aussprache zum Abbau ungünstigen Gesprächsverhaltens beitragen …	Am Schuljahresende sollen die Schüler: 1. Grundtypen (un-) günstigen Gesprächsverhaltens kennen und identifizieren können 2. eigenes Gesprächsverhalten daraufhin analysieren können 3. in Kleingruppengesprächen systematisch günstiges Gesprächsverhalten anwenden können 4. ungünstiges Gesprächsverhalten in Gruppen sachlich ansprechen können …	ca. 15 Stunden 1. Durchführung und Analyse von Gesprächssituationen (Videoaufnahmen): Welchen Sinn macht ungünstiges Gesprächsverhalten? 2. Texte, Szenarios, Übungen: Vier Grundtypen des Gesprächsverhaltens erkennen und produzieren 3. Rollenspiel: Gesprächsstörungen in der Gruppe ansprechen …	1. Aufgaben während der Unterrichtsreihe: Identifikation von Gesprächstypen, Entwicklung von Alternativen 2. Klassenarbeit: Weiterführung eines Szenarios (Textproduktion) 3. Beobachtung von Diskussionssituationen im Fach X …

Diese Übersetzung muss nicht für jede Vorgabe eines Lehrplans erfolgen, sie muss auch nicht für jede (Parallel-)Klasse gleich sein und für unabsehbare Zeiten gelten (günstig ist eine befristete Gültigkeit). Sie eignet sich gerade dafür, unterschiedliche Voraussetzungen und Rahmenbedingungen zu erkennen und zu berücksichtigen, sie ermöglicht es Akzentuierungen zu verdeutlichen. So kann es sein, dass in einer Klasse, in der große Spannungen unter den Schülern bestehen, die Umsetzung der Lehrplanvorgabe auf besondere Weise erfolgen muss. Eine Veränderung des zeitlichen Rahmens wird beispielsweise dann notwendig, wenn in einer Klasse unterschiedliche Gesprächskulturen repräsentiert sind.

Die Bedeutung der zeitlichen Befristung für die Umsetzung von Vorgaben bzw. Zielen (vgl. OELKERS 1999, S. 13) stellt sich meist erst heraus, wenn man eine Jahresplanung betrachtet. Hier wird deutlich, welches Pensum in der Klasse angestrebt wird, wie viele der Vorgaben im zur Verfügung stehenden Zeitraum überhaupt zu erfüllen sind. Das zwingt zu inhaltlicher Schwerpunktsetzung und macht erfahrbar, dass und in welchem Ausmaß Unterrichtszeit ein begrenztes Gut ist und dass neue Aufgaben die Verdichtung alter Aufgaben bzw. den Verzicht auf sie erfordern. Der Versuch, realistische Zeitbudgets für einzelne Inhalte zu bestimmen, führt unmittelbar auch dazu, Inhalte zu gewichten und festzulegen, was für eine Klasse unter bestimmten Voraussetzungen und Rahmenbedingungen als ,effektiv' angesehen werden kann. Er führt auch dazu, dass der Lehrer als Person mit Vorlieben, Stil und Kompetenz in den Blick gerät („Das Passiv braucht sechs Wochen, sonst sitzt es nicht!" – „Ich kriege es in zwei Wochen durch, es gibt doch nichts Neues zu lernen, die Schüler können es doch schon alle!"). Diese persönliche Seite von Zeitplanungen lässt es geraten erscheinen, vor einer Beschäftigung auf der Ebene von Fach- oder Jahrgangsstufenkonferenzen erst eine Selbstevaluation der Lehrkräfte durchzuführen. Ein geeignetes Verfahren ist die Soll-Ist-Soll-Jahresplanung.

Soll–Ist–Soll–Jahresplanung
Auszug aus der Vierteljahresplanung für eine Klasse 8 (Gymnasium)

Unterrichtsreihe	Teilbereiche	Dauer der U-Std.			Erfolg der Unterrichtsreihe	
		Soll alt	*Ist*	*Soll neu*	*Schüler*	*Lehrkraft*
Kurzgeschichten (8 Ustd.)	Erzählperspektive		2	–	☞	☞
	Inhaltsangabe	8	4	*?*	?	☞
	Indirekte Rede		6	*3*	?	✎
	Rechtschreibung (Wh.)	1	2	*?*	✎	☞
Horvath: „Jugend ohne Gott" (20 Ustd.)	Jugend und Faschismus	10		*8*	☞	☞
	Charakterisierung, Konfiguration	5	8	*6*	☞	✎
	Aufbau, Konfliktstruktur	5	4	*4*	✎	☞
	(Recherche vor Ort)	–	4	*6*	✎	✎
Argumentation „Big brother" (max. 10 Ustd.)	Argumentation	5	4	*6*	☞	✎
	Medieninszenierungen und ihre Rezeption	5	11	*3*	✎	✎

Erster Schritt: Die Inhalte des abgelaufenen Schuljahres werden in einer Übersicht zusammengefasst und gegebenenfalls in Teilbereiche untergliedert (besonders bei integriertem Unterricht). **Zweiter Schritt**: Zu jedem Inhalt bzw. Teilbereich wird die geplante/vermutete und die tatsächlich genutzte Stundenzahl eingetragen. **Dritter Schritt**: In der nächsten Spalte wird vermerkt, welche Stundenzahl man auf Grund vorangegangener Erfahrung für eine *erneute Behandlung* dieses Themas ansetzen würde. **Vierter Schritt**: Der Erfolg der Unterrichtsreihe wird aus Schüler- und Lehrersicht eingeschätzt. Grundlage dafür können subjektive Kommentare und Eindrücke sowie Befragungs- und Unterrichtsergebnisse sein. **Fünfter Schritt** ist die *abschließende* Zusammenschau und Auswertung der verschiedenen Angaben. Allerdings sind diese nicht darauf aus, die eigene Planungssicherheit oder die Vorhersagbarkeit von Unterricht zu untersuchen. Wichtiger an dieser Stelle ist zu fragen:

- Was kann zu Übereinstimmungen oder Abweichungen von Soll (alt) zu Ist geführt haben (z. B. Rahmenbedingungen, Schwierigkeitsgrad, o. a.)?

- Welche Gewichtung hatten die Inhalte/Themen/Bereiche bei der Planung und nach der Durchführung? Wodurch sind Veränderungen der Gewichtung zu erklären?

- In welchem Verhältnis stehen Gewichtung, verwendete Zeit und Erfolg?

- Wenn die Zahl der zur Verfügung stehenden Stunden reduziert würde (z. B. durch Veränderung der Stundentafel), worauf sollte man am ehesten verzichten?

Eine Soll-Ist-Soll-Analyse hat (durchaus gewollt) etwas Buchhalterisches: Nur wenn dort gewissenhaft bilanziert wird, bietet sie eine verlässliche Grundlage für Rückblick und weitere Entscheidungen.

Dass in Konferenzen oder Gruppen in der beschriebenen Weise vorgegangen werden kann, wird eher die Ausnahme sein. Günstig ist, wenn schrittweise an die Soll-Ist-Soll-Analyse herangegangen wird und man sich beim ersten Mal darauf beschränkt, für ausgewählte Themen, die alle Beteiligten interessieren, nur die Soll- und Ist-Zeiten zu erheben.

Die Übersetzung und die Bilanzierung sind für Lehrkräfte und Schule ein wichtiger erster Schritt, die Lehrpläne für sich selbst und in der Diskussion mit Schülern und Eltern offen und sachlich zu nutzen. Auf dieser Grundlage sind weitere Schritte für einen erfolgreichen Umgang mit dem Lehrplan und für eine gelingende Auseinandersetzung über Unterrichtsinhalte möglich.

Entscheidungen verdeutlichen – Unterrichtsinhalte transparent machen

- der Erläuterung der Unterrichtsplanung des nächsten Unterrichtsabschnitts für die Schüler dadurch Bedeutung geben, dass man sie a) den Schülern schriftlich gibt, b) sie mit einer Abfrage darüber verbindet, was die Schüler bei den einzelnen Inhalten erwarten, wo sie sich wenig oder viel zutrauen, wo hoher/geringer Zeitbedarf bestehen wird, und sie c) mit einem Rückblick auf die vorherige Planung koppelt
- die Unterrichtsplanung für den nächsten Unterrichtsabschnitt in der Klasse aushängen und kontinuierlich festhalten, wenn Schritte abgeschlossen wurden
- zu Beginn jeder Stunde den Inhalt/das Thema als Überschrift an der Tafel notieren (gleichzeitig auch als Eintragung ins Klassenbuch verwendbar)
- in unteren Klassen mögliche Unterrichtsinhalte durch Schüler höherer Klassen vorstellen lassen (gleichzeitig Wiederholungseffekt und Klärung der Nützlichkeit der Inhalte aus früheren Klassen)
- schulinterne Öffentlichkeit über Arbeit und Ergebnisse des Deutschunterrichts herstellen (Wandzeitungen, Veröffentlichungen, Elterninformationen, Aufführungen)
- den Schülern Übersicht über Unterrichtsinhalte verschaffen (vgl. Lerninventur, S. 122)
- auch den Schülern die ‚Richtung‘ bestimmter Inhalte/Themen verdeutlichen (vgl. Lernlandkarte, S. 202)
- an die Eltern und die Schüler die ‚Übersetzung‘ der Lehrplanvorgaben mit einem erläuternden Anschreiben weitergeben
- auf Elternabenden konkrete Aufgabenstellungen und dazu gehörende gute Lösungen aus dem nächsten Unterrichtsabschnitt vorstellen, Produkte aus früheren Jahrgängen präsentieren
- bei Diskussionen über Inhalte darauf achten, konkrete Zielformulierungen zu produzieren (z. B. statt: ‚Was wäre für Sie guter Deutschunterricht?‘ zu fragen: ‚Was wäre für Ihr Kind im nächsten halben Jahr guter Deutschunterricht?‘)
- Möglichkeiten der Mitbestimmung inhaltlich vorbereiten (z. B. statt zu fragen: ‚Was sollen wir als nächstes Thema für die Argumentation nehmen?‘ besser : ‚Wer ist bereit, Themenvorschläge für Argumentationen zu sammeln …?‘)
- die Passung und Eignung von Inhalten explizit prüfen (z. B. an Hand von Ausschnitten aus Lektüren, Probeaufgaben, Selbsteinschätzungstests).

Funktions- und Bedeutungswandel des Deutschunterrichts anerkennen

Kaum einer Behauptung über Inhalte des Deutschunterrichts ist so schwer zu entgegnen wie der, Schüler hätten früher mehr, besser und Besseres gelernt. Eine Schwierigkeit, auf diese verallgemeinernde Behauptung zu reagieren besteht darin, dass als Beweis unwiderlegbare persönliche Einzelerfahrungen angeführt werden, deren Übertragungsfähigkeit auf andere Bereiche und Situationen nur schwer überprüft werden kann. Eine weitere Schwierigkeit auf die Behauptung zu reagieren wird dadurch verursacht, dass der Bezugspunkt der Aussagen ständig gewechselt wird: Mal beziehen sie sich auf Bereiche oder Felder des Deutschunterrichts (z. B. Rechtschreibung, Auswendiglernen von Gedichten), mal auf spezielle Inhalte oder Regeln. Entgegnet man, dass der angesprochene Bereich heutzutage eines viel umfangreicheren Unterrichts bedarf als früher, wird dem entgegengehalten, dass dort anscheinend nicht das Richtige gelernt werde. Wird etwas wiederum richtig gelernt, dann passt es nicht zu den allgemeinen Anforderungen, die an das Fach Deutsch gestellt werden. Fragt man in Diskussionen genauer nach, was denn genau früher besser gewesen sei und wann denn dieses ‚Früher' genau gewesen sei, stellen sich erhebliche Unschärfen in der Wahrnehmung heraus, vor allem dann, wenn man andere Beteiligte der gleichen Klasse oder Schule befragen kann. Ganz offensichtlich ist die Behauptung, früher sei im Fach Deutsch alles besser gewesen, nicht das Ergebnis einer Analyse oder reflektierter Erfahrung, sondern ein Grundzug eines nostalgisch-melancholischen Habitus, der eine inhaltliche Weiterentwicklung verhindert.

Es wäre pure Rechthaberei und mangelnde Sensibilität, würde man versuchen, die Behauptung über die früheren besseren Zeiten empirisch zu widerlegen. Möglichkeiten dazu gäbe es sicherlich: Man könnte Kenntnisse abfragen, Rechtschreibleistungen testen, Leistungen der Vergangenheit heranziehen. Das Ergebnis wäre wahrscheinlich, dass sich (vgl. S. 60 f.) heutige Leistungen gegenüber früher zumindest nicht verschlechtert haben oder dass heute andere Leistungen erreicht werden, die mit früheren nicht vergleichbar sind. Zu vermuten ist auch, dass die ‚Gesamtleistung' eines Schülerjahrgangs eher gestiegen ist.

All diese Gegenbeweise treffen aber nicht die Stimmung, die der Aussage über den früher besseren Deutschunterricht zu Grunde liegt. Dazu gehört besonders das Gefühl des Verlustes, dass das im Deutschunterricht Gelernte früher eine größere individuelle und gesellschaftliche Bedeutung hatte und dass man es *nur* in der Schule lernen konnte. Bestärkt wird dieses Gefühl durch die Wahrnehmung der (faktisch nicht zutreffenden) geringer werdenden Bedeutung der Fachinhalte gegenüber methodischen Zugängen und Schlüsselqualifikationen (vgl. OELKERS 1999, S. 8). So richten sich die Klagen und Kritik eigentlich nicht gegen das angeblich schlechte Niveau des heutigen Deutschunterrichts, sondern gegen dessen sinkende Bedeutung, seine schwächere Position und sein schwindendes Gewicht.

Ganz unabhängig davon, ob man die Kritik an der Veränderung der Funktion und der Bedeutung des Deutschunterrichts für berechtigt hält oder nicht, so ist doch eine Schlussfolgerung in jedem Falle irrig, dass nämlich der Deutschunterricht die alte Bedeutung und Position wiedergewänne, wenn er nur die alten Inhalte wieder bekäme. Gäbe man diesbezüglichen nostalgisch-melancholischen Wünschen nach, wäre zwangsläufig eine herbe Enttäuschung die Folge: Die alten Inhalte würden nicht mehr ihre alte Bedeutung und Funktion haben können.

Trügerische Sicherheit – die Arbeit am Kanon des Deutschunterrichts

Die Vorstellung, Deutschunterricht könne wie eine triviale Maschine funktionieren, bei der jeder Input zu jeweils einem definierten Output führt, hält sich am härtesten im Konzept des Kanons. Ganz gleich, ob Kanon nun definiert wird als Teil des nationalen kulturellen Kodes, als Gesamtbestand anerkannter, kulturell hochwertiger (ewiger) Literatur, als Vorgabe unumstößlicher obligatorischer Inhalte und Methoden oder als Grundregeln des Deutschunterrichts, geht es immer darum, durch Festschreibung oder Vorgabe ein definiertes, legitimiertes und anerkanntes Ergebnis zu garantieren. Eine besondere Faszination übt der Lektürekanon aus, mit dem nicht nur entschieden wird, welche literarischen Werke besondere Bedeutung oder Wert haben, sondern mit dem auch festgelegt wird, dass diese Werke (oder eine Auswahl daraus) im Unterricht gelesen werden müssen. Auf der Grundlage des Lektürekanons wird dann, so die Vorstellung, die Qualität des Deutschunterrichts bereits über seine Inhalte bestimmt.

Die auf den ersten Blick faszinierende Idee eines Kanons hat aber ein Janusgesicht für Schulverwaltung, Bildungspolitik und Fachdidaktik. Ihnen erscheint sie attraktiv, weil mit ihr Gestaltungs- und Definitionsmacht verbunden sind. Auf der anderen Seite erscheint sie ihnen abschreckend, weil sie klare Positionen und Entscheidungen fordert, beides Dinge, die bereits bei Richtlinien und Lehrplänen nur schwer zu erreichen waren. Seit langem enthalten bundesrepublikanische Lehrpläne für das Fach Deutsch keinen verbindlichen enumerativen Lektürekanon mehr, stattdessen werden (bis auf die Bundesländer Nordrhein-Westfalen und Thüringen) indirekt Lektürehinweise gegeben, z. B. durch Empfehlungen geeigneter Texte, mal in Form von Literaturlisten (wie beispielsweise in Baden-Württemberg), mal in Form von Unterstützungsangeboten (Klassensätze, didaktisches Material), mal als ausführliche Handreichungen. Lediglich das Saarland verwendet ‚Lektürepläne' als verbindliche Vorgabe über die Menge der Werke, die aus einer vorgegebenen Auswahl gelesen werden müssen.

Nicht einmal mit gütigem Wohlwollen ließe sich diese Auswahl (wie auch die in Empfehlungslisten, Materialien oder der Sternchenthemen) damit begründen, ihre Werke repräsentierten den Kern deutscher Literatur oder der Weltliteratur (oder auch nur einen wichtigen Bestandteil davon). Ebenso schwierig wäre es eine Begründung dafür zu nennen, dass die genannten Werke in herausgehobener Weise dem Entwicklungsstand und den Interessen der Schüler oder dem Bildungsauftrag der Schule entsprechen. Es handelt sich eher um eine Kanonisation bewährter und geschätzter Elemente bestehender Praxis. Was im Lektüreplan und in den Empfehlungen festgeschrieben wird, wurde nicht normativ entschieden, sondern hat sich als Kanon in der Schule *gebildet*: Über die Jahre hat es die Berufsbiografie der Lehrkräfte bestätigt, und/oder es gilt bei ihnen als wichtig, und/oder es lässt sich in die Struktur des Fachunterrichts einbauen und es existiert dazu ein Material- und Unterstützungsangebot. Insofern sind Vorschläge in Lehrplänen, Lektürepläne, Empfehlungslisten und Handreichungen keine willkürliche Festschreibung von Vorlieben oder unreflektierter Praxis, sondern eine Dokumentation dessen, was in der Praxis als viabel angesehen wird. Und wo solche Vorschläge nicht gemacht werden, kristallisiert sich auf breiter Ebene ein informeller Kanon heraus (vgl. KULTUSMINISTERIUM NRW 1994). So hat die Idee des Kanons auch für die Lehrkräfte ein Janusgesicht: Sie ist attraktiv, wenn sie den *Kanonüberzeugungen* (OELKERS 1999, S. 8) der Lehrkräfte entspricht und sie somit zu legitimieren scheint. Sie wird als nachteilig, kontraproduktiv und bedrängend empfunden, wenn sie nur Kontrolldruck ausübt oder fachlich unangemessen und überfordernd ist.

Dass es politisch weder gelingt noch gewollt wird, einen Kanon im Sinne eines festen Kerns deutscher bzw. westlicher Literatur *staatlich* zu verordnen und dass es selbst dann, wenn ein solcher Kanon bestünde, praktisch nicht möglich wäre, ihn in der Schule durchzusetzen, ruft Unmut, Besorgnis und Widerspruch hervor. Es evoziert Protest, pseudoenzyklopädische Kanonsurrogate (u. a. SCHWANITZ 1999) oder populistische Patentrezepte wie z. B. bei JOSEF KRAUS, dem Präsidenten des deutschen Lehrerverbandes. Besonders letztere stoßen immer dann auf öffentliche Beachtung, wenn sie mit Schreckensmeldungen über schlechte Leistungen deutscher Schüler bei internationalen Vergleichsstudien oder dem angeblich katastrophalen Ausfall von Tests zur Allgemeinbildung (u. a. METZNER/OLFEN 1999) illustriert werden. Das Fehlen eines Bildungs- und Lektürekanons, wird als eine der Wurzeln des Bösen ausgemacht, war doch früher alles besser, wo man noch „den grimmigen Erlkönig, den frechen Zauberlehrling, den unglücklichen Wert-

Lektüreplan Klassenstufe 9/10 (Gymnasium): erzählende Texte		
18./19. Jahrhundert	Droste-Hülshoff: Die Judenbuche — Eichendorff: Aus dem Leben eines Taugenichts — Fontane: Grete Minde*; Unterm Birnbaum* — Gotthelf: Die schwarze Spinne — Hauptmann: Bahnwärter Thiel* — Hoffmann: Das Fräulein von Scuderi* — Kleist: Das Erdbeben in Chili — Poe: Der Doppelmord in der Rue Morgue — Raabe: Die schwarze Galeere — Stifter: Abdias* — Storm: Der Schimmelreiter	
20.Jahrhundert	Andersch: Sansibar oder der letzte Grund* — Das Tagebuch von Anne Frank — Böll: Wo warst du, Adam?* ; Die verlorene Ehre der Katharina Blum — Brecht: Kalendergeschichten — Chr. Wolf: Der geteilte Himmel — Dürrenmatt: Der Richter und sein Henker*; Der Verdacht* — Hesse: Unterm Rad* — Huxley: Schöne neue Welt* — Orwell: 1984* — S. Lenz: Das Feuerschiff — Solschenyzin: Ein Tag im Leben des Iwan Denissowitsch — *Massenliteratur*: Simmel; Konsalik; Fischer u.a. *(* = Klasse 10)*	
Verbindlich	9. Klasse	zwei Texte, davon mindestens einer aus der Liste
	10. Klasse	zwei Texte, davon mindestens einer aus der Liste. Massenliteratur sollte nur zusätzlich behandelt werden.

(Ministerium für Bildung, Kultur und Wissenschaft, Saarland 1996)

her, den freiheitsliebenden Götz, die entsagende Iphigenie oder den rastlosen Faust" (KRAUS 2000) kannte – als hätten all diese Werke im Kanon für die Volksschule gestanden.

Verglichen mit solchen Positionen ist die Diskussion über Kanonfragen in der Fachdidaktik Deutsch (besonders in der Literaturdidaktik) und in der Germanistik erheblich differenzierter. Deutlich wird dies u. a. am Begriff „Arbeit am Kanon" (FINGERHUT 1994, S. 51), an den Bemühungen, die Prinzipien offen zur Diskussion zu bringen, die den Kanonüberzeugungen zu Grunde liegen (MÜLLER-MICHAELS 1994, S. 55 f.), sowie in der Zurückhaltung gegenüber der normativen ‚Definition eines Kanons'. Mit dem Ansatz der ‚Öffnung des Kanons' (vs. normative Festlegung) problematisiert die Fachdidaktik ihre eigene Rolle und stellt das Selbstverständnis des Deutschunterrichts als vorrangigem Ort (auch kanonisierter) literarischer Bildung in Frage. Das impliziert auch ein Nachdenken darüber, was denn aus dem bestehenden Kanon wegfallen müsste, wo Kanonüberzeugungen verändert werden können, welche Gestaltungsmöglichkeiten den Schülern und den Lehrkräften geboten und welche Anforderungen an sie gestellt werden können. Es geht also um Prinzipien, Parameter, Kriterien und Kontexte der Arbeit am Kanon. Die ist sehr ermüdend und unfruchtbar, wenn mit ihr die Hoffnung auf endgültige Entscheidungen und letztgültige Klärungen verbunden wird. Dann wächst sie bald aus in Glaubenskriege und in Verteidigung von Kanonüberzeugungen. Sinnvoll ist Arbeit am Kanon des Deutschunterrichts nur als Instrument der Planung und (Selbst-)Reflexion, der fachlichen Verständigung und der Rechenschaft sich selbst, der Klasse und den Eltern gegenüber. Damit ist nicht gesagt, dass Arbeit am Kanon beliebig und bedingungslos erfolgen könnte und nur im Benehmen des Einzelnen läge. Normen, Regelungen und Vorgaben bestimmen den Rahmen.

Bedingung für die Arbeit mit Kollegen am Kanon des Deutschunterrichts ist die vorausgegangene individuelle Beschäftigung mit den eigenen Kanonüberzeugungen und die Klärung, wo Bedarf an Bestätigung oder Veränderung besteht. Man kann dies zuerst auf einen begrenzten Zeitabschnitt von 2-4 Unterrichtswochen einer Klasse beschränken und dort exemplarisch untersuchen, welche Kanonüberzeugungen dem Unterrichtsabschnitt zu Grunde lagen. Die Analyse kann sich an den folgenden ‚Prüfsteinen' orientieren. Sie beziehen sich auf Kriterien aus Lehrplänen und der Fachdidaktik (vgl. MÜLLER-MICHAELS 1994; KLUG 2000; FINGERHUT 1994 u.

Josef Kraus: Kanon-Debatte

[…] Bei aller Anfechtbarkeit eines jeden, zumal kurzen, Inhaltskatalogs gehören in jedem Fall dazu:

- Tausende von Wörtern muttersprachlichen Wortschatzes,
- ein paar Tausend fremdsprachliche Vokabeln,
- das große und das kleine Einmaleins,
- die ersten zwanzig Quadratzahlen und Primzahlen,
- die wichtigsten algebraischen und geometrischen Formeln samt Prozentrechnen,
- die wichtigsten Gesetze der Physik,
- die wichtigsten Elemente,
- die häufigsten Gattungen in Botanik und Zoologie,
- die gefährlichsten Umweltgifte,
- die Kontinente und dreißig bis fünfzig Länder der Welt samt Hauptstädten,
- die großen Konstanten europäischer Kulturgeschichte,
- je zwanzig Werke deutscher Literatur, bildender Kunst und Musik aus wenigstens einem Vierteljahrtausend,
- die Grundsätze eines freien Rechtsstaates und einer Sozialen Marktwirtschaft. […]

(KRAUS 1999)

2000; GANSEL 2000; GENDOLLA/ZELLE 2000). Ausdrücklich sind sie nicht als Checkliste zu verstehen, deren Positionen abzuarbeiten sind. Je nach Inhalt, Situation und Rahmenbedingungen sind Akzentuierungen notwendig. Der Versuch, in jeder Deutschstunde jeweils alle Aspekte zu beachten, wäre zwar interessant – vor allem im Hinblick darauf, wann und wie er scheitert.

Bevor man Kanonüberzeugungen mit Fachkollegen, Eltern oder auch Schülern austauscht und diskutiert, ist es wichtig, das Ziel der gemeinsamen Diskussion vorab genau zu bestimmen, andernfalls sind Konflikte vorpro-

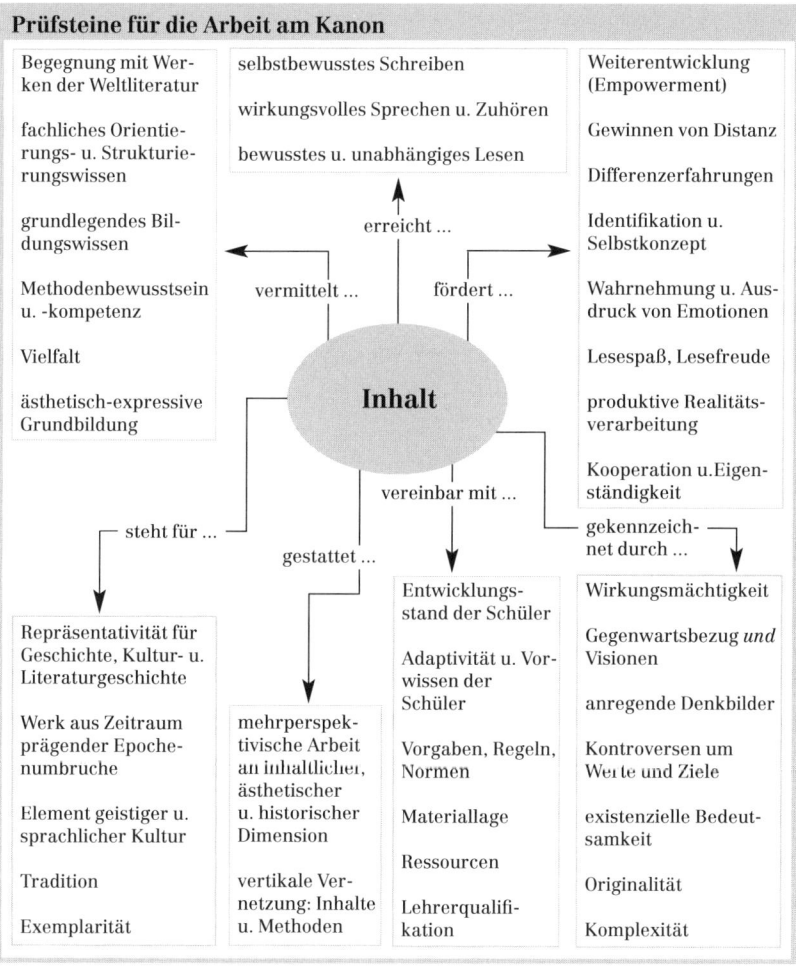

Prüfsteine für die Arbeit am Kanon

Begegnung mit Werken der Weltliteratur

fachliches Orientierungs- u. Strukturierungswissen

grundlegendes Bildungswissen

Methodenbewusstsein u. -kompetenz

Vielfalt

ästhetisch-expressive Grundbildung

selbstbewusstes Schreiben

wirkungsvolles Sprechen u. Zuhören

bewusstes u. unabhängiges Lesen

erreicht ...

vermittelt ...   fördert ...

Inhalt

vereinbar mit ...

Weiterentwicklung (Empowerment)

Gewinnen von Distanz

Differenzerfahrungen

Identifikation u. Selbstkonzept

Wahrnehmung u. Ausdruck von Emotionen

Lesespaß, Lesefreude

produktive Realitätsverarbeitung

Kooperation u. Eigenständigkeit

steht für ...

gestattet ...

gekennzeichnet durch ...

Repräsentativität für Geschichte, Kultur- u. Literaturgeschichte

Werk aus Zeitraum prägender Epochenumbruche

Element geistiger u. sprachlicher Kultur

Tradition

Exemplarität

mehrperspektivische Arbeit an inhaltlicher, ästhetischer u. historischer Dimension

vertikale Vernetzung: Inhalte u. Methoden

Entwicklungsstand der Schüler

Adaptivität u. Vorwissen der Schüler

Vorgaben, Regeln, Normen

Materiallage

Ressourcen

Lehrerqualifikation

Wirkungsmächtigkeit

Gegenwartsbezug *und* Visionen

anregende Denkbilder

Kontroversen um Werte und Ziele

existenzielle Bedeutsamkeit

Originalität

Komplexität

grammiert. Grundsätzlich kann die Beschäftigung mit Kanonüberzeugungen vier Ziele verfolgen:

Mögliche Ziele der Diskussionen über den Kanon

- **formal informieren** über Unterrichtsplanung: „Ich muss Sie unterrichten über die Vorgaben des Lehrplans und die Inhalte für das nächste Halbjahr. Bitte halten Sie im Protokoll fest, dass ich Sie informiert habe."
- **Toleranz erreichen**: „Mir ist bekannt, dass diese Inhalte teilweise kritisch gesehen werden. Ich bin mir jedoch sicher, dass sie für diese Klasse sinnvoll sind. Deshalb bitte ich Sie Ihre Bedenken zurückzustellen, bis wir einen vierwöchigen Probedurchlauf durchgeführt haben."
- **Akzeptanz schaffen**: „Mein Vorschlag ist … Bei diesem Thema ist mir besonders daran gelegen, dass Sie dazu stehen. Es wäre problematisch, wenn Sie sich zu Hause gegen dieses Thema äußern würden. … Ihre Zustimmung sollten wir im Protokoll dokumentieren."
- **Konsens erzielen** über den Kanon zur Bewertung der Ergebnisse, Planungen: „Wichtig ist, dass wir die Inhalte gemeinsam tragen und jeder sie als seine Sache ansieht. Wenn wir uns jetzt dafür entscheiden, sind wir auch daran gebunden."

Sobald das Ziel bei Kanon-Diskussionen unklar bleibt, Zielebenen miteinander vermischt oder gar bewusst verwischt werden, kommt Unsicherheit über möglichen Konsequenzen der Diskussion auf. Dies führt zu Misstrauen, Abwehr, Verweigerung und Rückzug.

Problematisch ist insbesondere, wenn formale Informationen als Ausdruck eines (verborgenen) Konsenses umgedeutet werden. Gleichermaßen prekär ist es, wenn Vorgaben und Informationen, über die es nichts zu diskutieren gibt, so präsentiert werden, als müsste darüber noch ein Konsens erzielt werden oder als sei die Befolgung der Vorgabe eine Frage der Akzeptanz. Während solche Probleme in Fachgruppen oft noch kollegial bearbeitet werden können, wachsen sie sich bei Diskussionen mit Schulleitung, Schulaufsicht und Eltern oft zu folgenschweren Konflikten aus.

Beispiele für Konflikte: Informationen als Unterstellung eines Konsenses

① Bei einer Fortbildungsveranstaltung für Fachkonferenzvorsitzende erläutert der Dezernent die nach dem neuen Lehrplan zugelassene ‚nicht materialgebundene untergliederte Aufgabenstellung des analytisch-explikativen und analytisch-konstruktiven Aufgabentyps‘. Im Anschluss daran informiert er über schlechte Erfahrungen mit diesem Aufgabentyp im Rahmen von Abitur- und Widerspruchsverfahren. Frage eines Teilnehmers: „Heißt das, diese Aufgabenstellung soll nicht verwendet werden?" – Antwort: „Nach dem Lehrplan ist sie zulässig." – Nachfrage des Teilnehmers: „Bedeutet das, die Aufgabenstellung ist zwar zulässig, aber Sie wollen sie nicht?" – Dezernent: „Ich will Sie nur informieren über die Erfahrungen, die wir in der Schulaufsicht mit diesem Aufgabentyp gemacht haben. Die Schlüsse müssen Sie selbst ziehen."

② Schulleiter während der Lehrerkonferenz: „Dass jetzt Parallelarbeiten geschrieben werden müssen, bedeutet klar eine zusätzliche Belastung für die Lehrer. Ich füge hinzu: nicht nur zusätzlich, sondern auch unnötig." Zwischenfrage eines Lehrers: „Werden Sie kontrollieren, ob Parallelarbeiten geschrieben werden?"

③ Während der Klassenpflegschaftsversammlung: „Nestroy ist Standard in der 10." Rückfrage: „Wo steht das?" „Das müssen Sie mir schon glauben."

④ Deutschstunde: „Also, jetzt kommt, Leute. Ich weiß selbst, dass die Novelle keinen Hering vom Teller ziehen kann. Da müsst ihr euch bei der Fachkonferenz Deutsch beschweren, bei Herrn X., der hat dafür gesorgt, dass das beschlossen wurde." – Schüler: „Gegen Ihren Willen?"

Bei Diskussionen über Unterrichtsinhalte und bei der Arbeit am Kanon ist es weiterhin von großer Bedeutung, sie regelmäßig durchzuführen und Teil des beruflichen Alltags werden zu lassen, sie in unterschiedlichen Gruppen zu führen und die Schüler einzubeziehen, (zu) frühe Wertungen zu vermeiden und erst für einen gemeinsamen konkreten Bezugspunkt zu sorgen, an dem Vorstellungen und Überzeugungen verdeutlicht werden können, ohne dass sie schon für Entscheidungen vereinnahmt werden. Dazu eignen sich die folgenden Verfahren:

a. Lesezirkel von Deutschkollegen

Dieser Vorschlag gehört zu den einfachsten und effektivsten Verfahren, über Inhalte des Deutschunterrichts ins Gespräch zu kommen. Folgende Strukturen haben sich bewährt: In regelmäßigen Abständen (günstig: einmal im Monat) trifft sich der Lesezirkel (üblicherweise nicht mehr als 7-8 Lehrkräfte) – meist bei einem Gruppenmitglied, das für den ‚äußeren Rahmen‘ sorgt. Für das Treffen ist (meistens halbjährlich im Voraus) vereinbart, welche

Bücher besprochen werden sollen und wer welches Buch vorstellt. Der Zeitrahmen für das Treffen ist vorher festgelegt (bis zu zwei Stunden). Es beginnt damit, dass ein Mitglied einen seiner Meinung nach besonders wichtigen Abschnitt des Buches vorliest und dann das Buch aus seiner persönlichen Sicht präsentiert. Eine Inhaltsangabe ist normalerweise nicht erforderlich, weil die Mitglieder das Buch bereits gelesen haben. An die Präsentation schließt sich das Zirkelgespräch an. Das Mitglied, das das Buch vorgestellt hat, schließt das Gespräch mit einer Zusammenfassung, Einschätzung oder gemeinsamen Aktivität ab.

b. Schüler – Lehrer – Eltern: „Wir haben gelesen!"

Grundidee ist, dass Mitglieder unterschiedlicher Gruppen jeweils eine Leseerfahrung und -empfehlung in der Schule veröffentlichen. Festgelegt werden muss vorab nur, wie umfangreich die Präsentation sein und welche verbindlichen Elemente sie enthalten soll. Bewährt hat sich die Beschränkung auf eine DIN-A-4-Seite und die Vereinbarung von: ‚Autor, Titel, interessante Textstelle, Bewertung', interessant können noch Angaben zur Lesedauer, Schwierigkeitsgrad und Anspruchsniveau sein. Den Abschluss der Präsentation kann in Form einer kreativen ‚Kurzaufgabe' erfolgen, wie z. B.: Wenn Sie dem Buch einen neuen Titel geben dürften, welcher wäre es? Sagen Sie Ihre Meinung zum Buch in einem Wort! Wem in der Schule würden Sie dieses Buch am liebsten (nicht) schenken?

c. Eine neue ‚Lehrerbücherei' einrichten

Für einen begrenzten Zeitraum (eine Woche) wird für die Lehrkräfte der Schule (leihweise) eine Bücherei eingerichtet. Dabei gibt es zwei Varianten:
a) Jede Lehrkraft (der Fachkonferenz) bringt ein Buch mit, das ihr besonders wichtig ist, und das sie für gut hält.
b) Schüler bringen Bücher für die Lehrkräfte mit – entweder Bücher, von denen sie glauben, dass die Lehrkräfte sie gut finden, und/oder Bücher, die die Schüler für gut/wichtig halten.
Allein schon die Zusammenstellung der neuen Lehrerbücherei kann intensive Diskussionen über Kanonüberzeugungen auslösen: In der Regel sind Literaturinteressen und Lesevorlieben innerhalb der eigenen Gruppe ebenso unbekannt wie gegenüber Außenstehenden. Will man die Diskussion noch intensivieren, kann man eine Zuordnungs-Übung durchführen, die Voraussetzung ist dann, dass Exlibris oder Namenangaben in den Büchern abgedeckt werden (Klebezettel). Nun können die Beteiligten versuchen zuzuord-

nen, von wem welches Buch stammt bzw. für wen es in die Bibliothek einge-
stellt wurde.

d. Forschungsauftrag: lebendiger klassischer Kanon?

Ausgangspunkt ist eine gewichtete Liste der Lektüreempfehlungen (u. a. aus
Lehrplänen, Studienordnungen und Handreichungen) für Schule und Universität.

In arbeitsteiliger Gruppenarbeit (Schüler und/oder Lehrkräfte) kann jeweils getrennt für die drei Bereiche erforscht werden, in welchem Umfang

Kanon deutschsprachiger Literatur von 1750-1865		
Dramen	**Gedichte/Balladen**	**Prosa**
1. Schiller: Kabale und Liebe	1. Heine	1. Storm: Schimmelreiter*
2. Lessing: Minna von Barnhelm	2. Goethe	2. Keller: Leute von Seldwyla*
3. Lessing: Nathan der Weise	3. Hölderlin	3. Droste-Hülshoff: Judenbuche
4. Goethe: Götz von Berlichingen	4. Novalis	4. Goethe: Leiden des jungen Werther
5. Lessing: Emilia Galotti	5. Eichendorff	5. Fontane: Effi Briest*
6. Goethe: Iphigenie auf Tauris	6. Mörike	6. Novalis: Heinrich von Ofterdingen
7. Goethe: Faust	7. Schiller	7. Tieck: Der blonde Eckbert
8. Büchner: Woyzeck	8. Droste-Hülshoff	8. Goethe: Wilhelm Meisters Lehrjahre
9. Lenz: Hofmeister	9. Meyer	9. Kleist: Marquise von O.
10. Schiller: Wilhelm Tell	10. Claudius	10. Kleist: Michael Kohlhaas
	11. Klopstock	
	12. Bürger	
	13. Brentano	
	Epen: 1. Heine: Deutschland	*(* nach 1850 erschienen)*

(Projekt Klassikerwortschatz 1998)

der Kanon überhaupt aktuell präsent ist und wie er eingeschätzt wird. Als
,Forschungsinstrumente' werden Kurzinterviews eingesetzt: Welche der
Werke sind der befragten Person überhaupt bekannt? Welches der bekann-
ten Werke wird für das bedeutendste gehalten? Was wird davon erinnert?
(Hauptpersonen, Handlung, einzelne Verse …) Welche Bedeutung hat das
Auswendiglernen für die Präsenz eines Werkes?
Jede Gruppe stellt ihre Ergebnisse zusammen und präsentiert die beiden
,bedeutendsten Werke' ihres Bereichs.

e. Leseabend: literarische Mitgift

Am besten eignet sich dieses Verfahren für Abschlussklassen. Für sie wird von Lehrkräften (evtl. auch von Mitschülern) ein Leseabend veranstaltet, bei dem jeder Schüler einen Text geschenkt bekommt, der für ihn und den Schenkenden besonders wichtig ist. Jeder Text wird vorgelesen und dann als Skript/Buch überreicht. – Der Leseabend gelingt nur, wenn er von allen Beteiligten gewollt und im vertrauten Umkreis gestaltet wird. Ihn mit mehreren Klassen gemeinsam in der Aula durchzuführen wäre eine Qual für Schüler, Lehrkräfte – und die Texte.

f. Listen – Listen – Listen

Klassenbezogene oder schulbezogene Listen können ein einfaches und wirkungsvolles Mittel sein, Diskussionen über Kanonüberzeugungen von Schülerinnen und Schülern auszulösen:

1. Die ... meistgelesenen Bücher unserer Schülerbücherei: ...
2. Die ... schwierigsten (einfachsten) Bereiche der deutschen Grammatik: ...
3. Die Wörter, die wir am häufigsten falsch schreiben: ...
4. ... Dinge aus dem Deutschunterricht, die für meine Zukunft am wichtigsten sein werden: ...
5. Die ... besten Tricks für gute Noten im Deutschunterricht: ...
6. Die ... Themen für Aufsätze im Deutschunterricht: ...
7. Die ... besten Unterrichtsmethoden (Arbeitstechniken): ...

g. Wunschzettel

Hier sollen (z. T. implizite) Kanonüberzeugungen von Lehrkräften und Schülern aufeinander treffen. Sowohl Lehrkräfte wie Schüler (einer Klasse) beantworten (evtl. in Gruppen) die gleichen Fragen: Wie muss ein Buch sein, das ihr absolut gut findet (Thema, Handlung, Stil, Umfang, Gestaltung)? Was wäre die beste Deutschstunde, die ihr euch vorstellen könnt? Möchtet ihr gern einen Schriftsteller in eure Klasse/Schule einladen? (Wenn ja: wen?)

h. Kanon-Geschichte

Den Abschluss der Verfahren für die Arbeit am Kanon bildet der Versuch, Kanonbildung und -überzeugungen in ihrem historischen Zusammenhang zu sehen und sich dadurch auch der eigenen Position bewusster zu werden, sie als wiederum ‚geschichtlich' zu begreifen. Material für Untersuchungen des Kanons im Deutschunterricht gibt es im Überfluss, sehr selten genutzt werden: alte Lehrpläne, Klassenarbeiten, Prüfungsaufgaben, Konferenzprotokolle, Schülerzeitungen ... Sie alle können daraufhin untersucht werden, was als wichtig und als Zeichen für Qualität des Deutschunterrichts angesehen wurde, welche Leistungen erbracht wurden. Auch alte Schul- und Haushefte, Deutschbücher und Unterrichtsentwürfe sind ein unerschöpflicher Fundus für solche Forschungen.

Deutschunterricht konfigurieren II: Lehr- und Lernprozesse

Angenommen, in hundert Jahren bekommt ein Forscher den Auftrag zu klären, wie die Lehr- und Lernprozesse im Deutschunterricht um das Jahr 2000 ausgesehen haben. Natürlich wird er wie seine Vorgänger in grauer Vorzeit mit einer Literaturrecherche beginnen und auf einen erstaunlichen Sachverhalt stoßen: Um die Jahrtausendwende gab es eine sehr umfangreiche Methoden-Literatur allgemeinpädagogischer Art und in der Deutschdidaktik. Selbst mit Hilfe seines neuen Rechners ist der Forscher nicht in der Lage, die Rechercheergebnisse zu strukturieren. Die Schwierigkeiten fangen bereits bei den Begrifflichkeiten an: Da ist die Rede von der Methode und den Methoden, von Lehrmethoden, Handlungsmustern, Unterrichtsschritten, Sozialformen, Verlaufsformen, methodischen Großformen, Lehrverfahren, methodisch-didaktischen Entscheidungen, methodischem Handeln, Lernstrategien, Arbeitstechniken, Lehrstil, Unterrichtsformen, Artikulationsschemata usw. Nun macht der Forscher einen ersten verhängnisvollen Fehler: Er versucht die Begrifflichkeiten zu begreifen und – noch schlimmer – sie in ein System zu bringen. Damit tut er genau das, was früher schon seine Kollegen versucht haben. Und wie ihnen, raubt es auch ihm nur Zeit und Nerven. Allmählich kommt er dahinter, dass man um 2000 ähnlich wie 100 Jahre später große Probleme hatte zu bestimmen, wie welche Methoden unter welchen Bedingungen wirken und einander beeinflussen (vgl. auch S. 47). Der Forscher gibt seinen Versuch der Systematisierung der Methoden auf und zieht eine erste Zwischenbilanz: Offensichtlich muss um 2000 eine unermesslich große methodische Vielfalt geherrscht haben. Zu jedem noch so kleinen Bereich des Unterrichts allgemein und des Deutschunterrichts im Besonderen liegen spezielle methodische Ansätze vor, es gibt Ratgeber mit unzähligen Methoden z. B. für das Vorlesen, die Gruppenarbeit in schwierigen Klassen, die Filmherstellung im Unterricht, die Benutzung des Spacenet (sagte man damals nicht Internet?), die Aufsatzerziehung in der Unterstufe, das Schreiben von Fehlern bzw. das Korrigieren von Diktaten, das Verbessern von Fehlern usw. Die Lehrkräfte um 2000 haben nicht an Methodenmangel gelitten, resümiert der Forscher, sondern eher an Methodenüberfluss. Vorsichtig formuliert der Forscher erste Vermutungen über mögliche Ursachen dieses Sachverhaltes:

- Die intensive, fast verzweifelte Suche nach wirksamen Methoden für den Unterricht war eine Sisyphusarbeit (vgl. S. 78) und führte zu keinem befriedigenden Ergebnis. Deshalb wurden immer weiter Methoden gesucht und entwickelt. – Wurden also nur deshalb immer neue Methoden entwickelt, weil die vorhandenen sich als unwirksam erwiesen?
- Für einzelne Lehrkräfte und Klassen waren die vorhandenen Methoden nicht passend, man differenzierte oder variierte sie. – Bestand der Methodenüberfluss also eigentlich nur aus Varianten von Grundmethoden?
- Jede Lehrkraft versuchte sich durch spezielle Methoden zu profilieren. – Heißt das, es gab zwar insgesamt einen Methodenüberfluss, die einzelne Lehrkraft verwendete aber nur eine sehr begrenzte Zahl eigener (!) Methoden?
- Der Methodenüberfluss wurde um die Jahrtausendwende überhaupt nicht als Überfluss gesehen sondern als angemessener Ausdruck für die Komplexität der Methoden im Unterricht. – War der Methodenüberfluss ein Ausdruck dieser noch nicht strukturierten Methodenkomplexität?
- Was aus heutiger Sicht als Methode erscheint, wurde damals überhaupt nicht als Methode betrachtet, sondern als Arbeitstechnik oder Inhalt. Wenn beispielsweise ein Interpretationsansatz eingeübt wurde, konnte das Methode oder Inhalt sein. Die Vermittlung des Ansatzes erforderte dann wieder eine Methode (z. B. durch Referat), die dann aber im nächsten Schritt wieder zum Inhalt werden konnte. – Bedeutet das, der Methodenüberfluss reduziert sich, weil vieles, was als Methode eingeschätzt wird, eher als Inhalt anzusehen ist?

Bei dem Versuch, diese Hypothesen zu überprüfen, macht der Forscher einen zweiten – noch verhängnisvolleren – Fehler: Er will wissen, wie denn die Methoden konkret im Unterricht genutzt wurden. Er beginnt mit einer Analyse von Forschungsergebnissen über Unterrichtsqualität (vgl. S. 49), dort stößt er durchweg auf eher harmlose ‚Wenn ..., dann ist (vielleicht) ... wahrscheinlich'-Aussagen und die wenig befriedigende Schlussfolgerung, „...dass es nicht die eine Lern- oder Lehrform in der Schule gibt, die für alle Lernforderungen, -situationen und -ziele geeignet ist." (S. 50). Frustriert wendet sich der Forscher nun Untersuchungen über die Praxis des Methodengebrauchs zu und erlebt eine Überraschung. Das, was er dort erfährt, hat äußerst wenig mit dem zuvor von ihm festgestellten Methodenüberfluss zu tun. Die Untersuchungen über die Praxis des Methodengebrauchs halten – durchweg im Klageton – fest:

a) Lehrer reden etwa 50-mal so viel, wie es dem einzelnen Schüler möglich ist. Im Schnitt vermag jeder Schüler alle drei Tage eine *Frage* an den Lehrer zu richten, dieser stellt aber in der gleichen Zeit rund 800 Fragen an die Klasse. (TAUSCH/TAUSCH 1971, nach WINKEL 1978, S. 674)

b) Lehrer verwenden 51 Prozent der Zeit auf den eigentlichen Unterricht, 23 Prozent auf die Strukturierung und Organisation des Schülerverhaltens, 14 Prozent auf das Ermahnen und Erlauben sowie zwölf Prozent auf andere Aktivitäten einschließlich dem Eingehen auf individuelle Schülerprobleme. (NUTHALL/SNOOK 1977, S. 60)

c) Die Monopolstellung des Frontalunterrichts ist ungebrochen (was für sich genommen noch kein grundsätzliches Problem ist), es wird dort aber fast ausschließlich das gelenkte Unterrichtsgespräch eingesetzt, andere Handlungsmuster, die den Frontalunterricht attraktiver machen könnten, werden nicht genutzt. (MEYER 1987, S. 93)

d) 75 Prozent des Unterrichts ist eine durch Lehrersprache organisierte, gesprächsartige Lehrform im Klassenverband, ausschließlich auf Wissenserwerb und intellektuelle Fähigkeiten ausgerichtet. (HAGE 1985, S. 46)

Besonders irritierend für den Forscher ist die Übersicht der letztgenannten Untersuchung (von insgesamt 181 Schulstunden unterschiedlicher Schulformen) über die Verteilung unterrichtsmethodischer Dimensionen:

Verteilung der unterrichtsmethodischen Dimensionen		
Dimension	**Teilbereich**	**%**
Didaktische Funktion	Aneignung	62,88
	Wiederholung	12,07
	Anwendung	3,74
Qualifikationsziele	intellektuelle Fähigkeiten	47,83
	Kenntniserwerb	45,04
	soziale Verhaltensweisen	1,56
Methodische Grundformen	Unterrichtsgespräch	48,93
	betreute Schülertätigkeit	10,68
	selbstständige Schülertätigkeit	4,35
Sozialform	Klassenunterricht	76,86
	Einzelarbeit	10,24
	Gruppenarbeit	7,43

Schülertätigkeit	Produzieren	47,79
	Aufnehmen	25,83
	Wiedergeben	22,53

(nach: HAGE u. a. 1985, S. 47, in: TERHART 2000, S. 101)

Trotz methodologischer Kritik an dieser Untersuchung (vgl. MEYER 1987, S. 60) bleibt der Eindruck des Forschers: Es wurden genau die Unterrichtsmethoden in der Praxis angewendet, die in der Theorie am meisten kritisiert wurden. Dieser Eindruck wird durch einen Zufallsfund noch bestärkt: Im Nachlass der Großmutter findet der Forscher einige alte Datenträger (CDs?) und kann dort nach viel Mühen die meisten Dateien wieder lesbar machen. Eine der CDs enthält nur Dateien aus der Schulzeit der Großmutter: Referate, Hausaufgaben, Protokolle, Materialien aus dem Internet. Er öffnet auf gut Glück eine Datei:

Analyse meiner Deutschstunden in der Klasse 11

Dienstags fangen die Deutschstunden bei Frau X meist mit einem Abschweifen in was Unwichtiges oder Uninteressantes an. Die Methode, die Frau X zum Anfang der Stunden verwendet, sind Nebenthemen, die keinen interessieren. Sie erzählt dann so viele Dinge auf einmal, dass man meistens denkt: „Das bleibt alles nur wieder Stückwerk." Im Nachhinein kommt sie dann doch immer wieder da an, wo sie aufgehört hat. Das ist zwar mit vielen Umwegen und Unverständlichkeiten verbunden, aber sie kommt immer wieder am Anfang an. Wenn wir Hausaufgaben hatten, werden diese im Anschluss daran besprochen. Aber auch nicht im Zusammenhang, sondern immer wieder mit Exkursionen zu anderen Themen. Manchmal führen die auch zu einer Wiederholung der letzten Stunde. So langsam fangen wir dann an, was Neues zu erarbeiten. Das passiert entweder im Lehrgespräch, im Vortrag oder durch Stillarbeit. Nicht zu vergessen sind aber die Exkursionen. Am Ende von zwei Stunden bleibt dann meistens alles offen. Nur selten kommt es vor, dass wiederholt wird. Wenn doch, liegt diese Wiederholung in den Hausaufgaben. Frau X diktiert uns dann eine Frage, mit der wir dann in den letzten paar Minuten anfangen können. Das Fazit von den Doppelstunden in Deutsch ist, dass man kaum etwas geschafft und noch weniger gelernt hat. Man bekommt zwar Wissen, aber das, was man für einen Leistungskurs Deutsch brauchen würde, fehlt einem.

(Schülerin, 17 Jahre, 1999)

Unter den Materialien findet der Forscher einen weiteren Text zur Methodenpraxis, diesmal auf Schule insgesamt bezogen. Im ersten Satz wird fast resignierend auf KAFKAs kleine Fabel Bezug genommen, so als würde die Schulwelt mit jedem Tag enger und als könnte auch ein Wechsel der Laufrichtung nichts daran ändern:

Ulrike Eisenträger, Dicht gedrängt

Manchmal lohnt es, einfach nur kurz die Blickrichtung zu ändern. Stellen Sie sich folgende Situation vor:
Sie finden morgens die Tür zu Ihrem Arbeitsplatz verschlossen. Zusammen mit Ihren Arbeitskollegen warten Sie dicht gedrängt im Freien oder im Treppenhaus auf Einlass. Pünktlich um acht Uhr, aber oft auch erst später, wird aufgeschlossen, und Sie bewegen sich hastig auf Ihren Platz zu. Der Raum ist nur mit dem Nötigsten versehen: Tische, Stühle, Tafel. Alles, was Sie zum Arbeiten brauchen, müssen Sie jeden Tag wieder selbst mitbringen.

Sie haben Ihren Platz noch gar nicht richtig eingenommen, geschweige denn zur Arbeit eingerichtet, da werden Sie schon von Ihrem Vorgesetzten aufgefordert, umgehend ganz bestimmte zu Hause vorbereitete Arbeitsunterlagen hervorzuziehen. In schneller Folge werden nun Sie und Ihre Kollegen gebeten, die jeweils geforderten Teile der Arbeitsunterlagen auf Zuruf vorzutragen. Eine Verständigung darüber untereinander ist auf Grund von Zeitmangel nicht möglich. Nun folgt ein Vortrag, dem Sie mit aller Aufmerksamkeit zu folgen haben, denn zu Hause haben Sie bereits zum nächsten Tag wieder neue Arbeitsunterlagen zu diesem Thema zu erstellen. Ein Klingelzeichen ertönt. Ihre Detailfragen bleiben unbeantwortet, denn der Vorgesetzte muss plötzlich den Raum verlassen. Mitten in Ihr Gespräch mit einem Kollegen hinein, das diese ungeklärte Frage zum Gegenstand hat, ertönt wiederum das Klingelzeichen. Ein anderer Vorgesetzter betritt den Raum und verlangt dringend von Ihnen die Arbeitsunterlagen zu einem ganz anderen Thema. Er ist ärgerlich darüber, dass das Material zum eben behandelten Bereich noch nicht weggeräumt wurde. Sie erhalten nun 15 Minuten Zeit, Ihre Ergebnisse mit denen der Kollegen zu vergleichen, die Ihnen am nächsten sitzen, und sich mit Ihnen auf ein gemeinsames Ergebnis zu einigen. Danach haben Sie für weitere 15 Minuten Gelegenheit, die Ergebnisse im Plenum zu diskutieren. In den verbleibenden 15 Minuten wird Ihnen ein neuer Arbeitsauftrag erteilt, dessen Zusammenhang zu Ihrem Ergebnis Ihnen nicht klar ist. Fünf Minuten vor Schluss dürfen Fragen dazu gestellt werden. Der Kollege neben Ihnen wird, nachdem Sie Ihre Frage gestellt haben, gebeten, Ihnen den Zusammenhang zu erklären.

Das Klingelzeichen ertönt. Sie müssen Ihren Arbeitsplatz verlassen und dürfen Ihre Unterlagen nicht mitnehmen. Sie begeben sich zusammen mit der gesamten Belegschaft Ihres Betriebs für 20 Minuten ins Freie und verzehren dort Ihr mitgebrachtes Brot – falls Sie daran gedacht haben, es mitzunehmen. Am Ende Ihres Arbeitstags wird die Tür zu Ihrem Arbeitsplatz pünktlich auf die Minute abgeschlossen, und Sie haben gerade noch Zeit, in großer Eile Ihre mitgebrachten Unterlagen, Bücher und Arbeitsmittel wieder in Ihrer Tasche zu verstauen. Sie müssen dabei mit Umsicht und Sorgfalt vorgehen, denn das Betriebstor wird genau zur festgesetzten Zeit verschlossen, und Sie können, sollten Sie etwas Wichtiges vergessen haben, nicht vor dem nächsten Morgen zurück an Ihren Arbeitsplatz gelangen.

(EISENTRÄGER 1997)

Die Lektüre der beiden Texte sind für den Forscher die ausschlaggebenden Belege, die Hypothesen über den Methodenüberfluss im (Deutsch-)Unterricht der Jahrtausendwende zu verwerfen. Seine Schlussfolgerung lautet nunmehr: Die didaktische Theoriediskussion und die Produktion des Methodenüberflusses hatten als ‚Feiertagsdidaktik‘ (MEYER 1987, S. 1-24) keinen Bezug und keinen Zugang zur Schulrealität, denn dort herrschte die Alltagsdidaktik. Zufrieden speichert der Forscher seine Analyse ab, lehnt sich zurück und geht die Analyse noch einmal in Gedanken durch. Er stockt, zweifelt: „Welchen Sinn hat es eigentlich gemacht und wem hat es genützt, dass es eine Alltagsdidaktik *und* eine Feiertagsdidaktik gab?"

Am Ende seiner Forschungsarbeit glaubt er die Antwort auf diese Frage gefunden zu haben. Aus zwei Gründen macht die gleichzeitige Existenz von Feiertags- und Alltagsdidaktik einen ‚Sinn‘:

- **Alltagsdidaktik** macht Sinn, weil die Anforderungen und Ideen der didaktischen Theoriediskussion und des Methodenüberflusses nicht in der täglichen Praxis umgesetzt werden können. Organisation, Rahmenbedingungen und Tradition von Schule und Unterricht stehen dem ebenso entgegen wie die Bildungspolitik, die Berufskultur der Lehrerschaft und vor allem die gewachsenen Rahmungen des ‚Arbeitsplatzes Klassenzimmer‘ (TERHART 2000, S. 102), z. B. Zeitvorgaben, Raumausstattung, Inhaltsvorgaben, knappe Unterrichtszeit. Alltagsdidaktik hilft durch ihre Auswege, durch ihr Beharren auf bewährte Lösungen und durch ihre Stabi-

Der Pädagogische Tag
näherte sich
seinem Ende.
Noch ein Referent.
Noch eine Folie
auf dem Tageslichtprojektor.
Noch eine pfiffige Methode
um die Kinder dazu zu kriegen
DIE GUTE LITERATUR
zu lieben.
Ein ergrauter Mann,
der zwanzig Lehrpläne
überlebt hatte,
ging nach vorn zum Starpädagogen
und sagte ganz leise:
– Wenn ich doch nur
sterben dürfte.

SVEN NYBERG 1977 (Übers. d. A.)

lität, schwierige Zustände in der Schule zu bewältigen. Damit ist Alltagsdidaktik letztendlich ein sich selbst erhaltendes System.

■ **Feiertagsdidaktik und Methodenüberfluss** machen vor allem in zwei
Formen Sinn: Als Vorgabe oder als Konzept können sie benutzt werden,
um zu signalisieren, dass etwas getan wird. Sie werden als Aktion aber
nur erkannt, wenn sie hinreichend neu, fremd und auffällig sind. Entscheidend ist also, dass regelmäßig Vorgaben und Konzepte verkündet
werden, nicht wichtig ist, dass sie erfüllt werden. Das Produzieren neuer
Methoden dient gleichzeitig als Entschuldigung dafür, dass die alten nicht
umgesetzt wurden. Dies erklärt den schnellen Rhythmus der Entwicklung
von Ansätzen in der Fachdidaktik und der Innovationsankündigungen
durch die Bildungspolitik. Es erklärt auch die Zurückhaltung, die Umsetzung der Ankündigungen zu überprüfen. Ein Sinn der Feiertagsdidaktik
liegt somit in ihrer Funktion als Ersatzhandlung.

Feiertagsdidaktik kann auch in Form von Mode(ll)projekten realisiert werden, deren Übernahme in die Regelpraxis von vornherein nicht intendiert
ist. Modellprojekte mindern Innovationsdruck von außen, z. B. von Eltern,
die man vertrösten kann („Es wird ja anderenorts schon etwas gemacht!"),
sie bilden ein Ventil, wenn Alltagsdidaktik punktuell nicht mehr tragfähig ist
(„Wir können das ja verändern, aber nur als Ausnahmefall …"), und sie üben
ihrerseits einen Anpassungsdruck nach innen aus, indem sie die Alltagspraxis in Frage stellen, wenn sie nicht richtig funktioniert. Beide Sinnstiftungen
von Feiertagsdidaktik und Methodenüberfluss tragen letztlich dazu bei, Alltagsdidaktik zu legitimieren.

Kehren wir aus der Perspektive des Jahres 2100 zurück in die Gegenwart:
Macht es einen vernünftigen *Sinn* darüber nachzudenken und Ansätze zu
entwickeln, wie man Lehr- und Lernprozesse im Deutschunterricht unter
dem Gesichtspunkt von Qualitätsentwicklung konfigurieren kann?

Zweifel sind mehr als berechtigt. Und misstrauisch macht vor allem, dass
Inhalte in der aktuellen Diskussion über Qualität von Deutschunterricht eine so geringe Rolle spielen. Im Vordergrund stehen Methoden, Arbeitstech-
niken und Lernstrategien. Je offizieller und hochrangiger Äußerungen zur
Qualität des Deutschunterrichts sind, umso schneller flüchten sie vor den
Rahmenbedingungen und Inhalten zu den Methoden und Arbeitstechniken.
Dort wird dann sorgfältig das Passende ausgesucht und Gefährliches her-
ausgefiltert. So werden beispielsweise die Erkenntnisse über die Bedeutung
kumulativen Lernens gern verbreitet, nicht aber die über die förderliche
Wirkung der Trennung von Lern- und Leistungssituationen. Was nicht zu

den gefilterten Methoden passt, wird als Kuschel- und familiarisierende Pädagogik denunziert. Was passt, wird als professionell oder effektiv etikettiert.

Die Produktion der Feiertagsdidaktik läuft auf vollen Touren. Sie hat die Lehrerausbildung ebenfalls längst erreicht und es kursieren dort – bislang noch ironische – Anweisungen, wie man sich der neuen Feiertagsdidaktik anzupassen hat.

Erste Methoden-Hilfe für Referendare: Wie sagt man richtig?

	🖓	👍
„Ist dir ‚Metapher' nicht mehr bekannt?"	Wiederholung, Schaffen von Aufmerksamkeit	vertikale Vernetzung, kumulatives Lernen
„Wir haben nur fünf Minuten … wir müssen jetzt …!"	Zeithoheit der Lehrkraft, Drohung, Zeitdruck	Zeitmanagement, Identifikation von Zeitdieben
„Ist der Text nicht nach deinem Geschmack?"	Aufforderung, letzte Warnung	Lerntypentest
„Analysiere den Text wie das Gedicht gestern!"	Eselsbrücke, Etikettierung ‚schlechter Schüler'	Übertragung von Lernstrategien
„Zeige die Wirkung der sprachlichen Mittel im Text!"	Nachweis/Anwendung fachlicher Kenntnisse	Tiefenverarbeitungsstrategie
„Alles außer dem Textbuch weg vom Tisch!"	Ermahnung, Sorgen für Ruhe	Einrichtung eines Arbeitsplatzes
„Ist das alles, was du in dieser Stunde gemacht hast?"	Disziplinierung, Rückmeldung über Leistung,	Evaluation
„Male ein Bild zum Text!"	für Ruhe sorgen	Tiefenverarbeitungsstrategie
„Markiert Schlüsselbegriffe mit Gelb!"	Arbeitsanweisung	Lernen des Lernens
„Geh zur Tafel und korrigiere den Fehler!"	Arbeitsauftrag, Fehlerverbesserung	interaktive Korrektur

„Jetzt sind alle mal eine Minute still!"	Disziplinierung, Sorgen für Ruhe	Entspannungsphase
„So, nun habe ich es euch eine halbe Stunde erklärt."	Frontalunterricht, Lehrervortrag	direkte Instruktion

Die Alltagsdidaktik schaut dem ungerührt zu und macht weiter wie bisher, wenn auch manchmal unter neuen Etiketten und hinter anderen Fassaden. Heißt das jetzt, der Versuch, Methoden des Deutschunterrichts unter dem Gesichtspunkt von Qualität zu konfigurieren sei von vornherein zum Scheitern verurteilt und die Beschäftigung mit Methoden sei ein Irrweg?

Würde man darauf verzichten, würde man genau der eben kritisierten Feiertagsdidaktik in die Hände arbeiten. Von Qualität des Deutschunterrichts kann nur die Rede sein, wenn man auch seine Methoden unter Gesichtspunkten der Qualität konfiguriert. Dadurch kann man (auch zukünftiges) Handeln im Unterricht planen und begründen, man hat einen Bezugsrahmen für dessen Analyse und Rekonstruktion, man schafft die Voraussetzungen für Kritik und Weiterentwicklung – und damit Methodenbewusstein. Damit wird die Alltagsdidaktik nicht mehr alltäglich und Feiertagsdidaktik verliert ihren schönen Schein und ihre sedierende Wirkung.

Geht man von einem Qualitätsverständnis aus, das die Weiterentwicklung und Ermächtigung der Schüler und die Erfüllung des Erziehungs- und Bildungsauftrages zum Ziel hat und das Qualität als gemeinsame Aufgabe von Lehrkräften und Schülern ansieht, dann stellen sich im Hinblick auf die Gestaltung von Lehr- und Lernprozessen vor allem drei Fragen:
- Wie können bzw. müssen die Lehr- und Lernprozesse in einem so verstandenen Deutschunterricht aussehen?
- Welche Arbeitstechniken, Strategien und Aufgabenformen entsprechen ihnen?
- Wodurch kann Methodenbewusstsein bei Schülern und Lehrkräften geschaffen bzw. unterstützt werden?

Die Antworten darauf können nur vorläufig sein, nicht nur wegen der begrenzten Forschungslage, sondern auch deswegen, weil es letztgültige Antworten, wie gesagt, nicht geben kann. Wie dann Grundzüge, Aufgabenstellungen und Methodenbewusstsein mit Inhalten zusammen konfiguriert werden, wird im anschließenden Abschnitt entfaltet.

Was nützt, muss noch lange nicht gut sein –
Prüfsteine für die Gestaltung der Lehr- und Lernprozesse im Deutsch-
unterricht

„Dass man nun den Jüngling nicht des Spieles halber erziehen soll, steht
außer Zweifel. Beim Lernen spielt man nicht. Lernen tut weh."

Aristoteles (Politica, 1339a)

Was als guter Lehr- und Lernprozess angesehen wird, ist Erwachsenen-
sache: in der Theorie die Sache von Wissenschaftlern und Bildungspoliti-
kern, in der Praxis die Sache von den Lehrkräften und manchmal auch von
den Eltern. Selbst wenn sie dabei in vielem unterschiedlicher Meinung sind,
einigen sie sich auf einer allgemeinen Ebene recht schnell. Ihre Grundüber-
zeugung ist, dass Lehr- und Lernprozesse prinzipiell steuerbar sind und zu
vorher definierten Ergebnissen geführt werden können. Sollte das nicht
möglich sein, können höchstens momentane Steuerungshindernisse oder
-schwierigkeiten die Ursachen sein, an der grundsätzlichen Überzeugung
ändert das nichts.

Weiterhin besteht Einigkeit u. a. darüber, Unterricht müsse

- strukturiert sein und Struktur vermitteln,
- eine Ausbalancierung der einzelnen Grundformen (z. B. Projektarbeit vs.
  lehrergesteuerte Arbeit) aufweisen,
- Schülern, wenn sie nicht lernen wollen, Impulse geben,
- durch Inhalte und Methoden das Denken der Schüler stimulieren,
- Lern- und Arbeitsformen variabel gestalten,
- selbstgesteuertes Lernen zulassen und unterstützen,
- Lernen in Teams und Gruppen ermöglichen,
- für sinnstiftende Kontexte bei der Arbeit sorgen,
- helfen, dass das Gelernte auf verschiedene, neue Situationen angewendet
  werden kann,
- Schülern das, was sie lernen sollen, am besten direkt beibringen,
- dafür sorgen, dass die Schüler den Eindruck haben, dass sie etwas lernen,
- gewährleisten, dass man Gelerntes auch in ‚Echtsituationen' benutzt,
- zeigen, dass man den Fähigkeiten der Schüler vertraut,
- zeigen, dass die Stoffe (!) zusammenhängen,
- zeigen, dass man für Probleme unterschiedliche Lösungen finden kann,
- Zeit zum Lernen lassen,
- den Schülern Rückmeldung darüber geben, was sie erreicht haben und
  was sie noch erreichen können/müssen. (nach: HAENISCH 1999)

Legt man Schülern diese Liste vor, reagieren einige ungläubig und fragen nach, ob sie wirklich ernst gemeint sei und wer das formuliert habe. Andere prüfen, was ihnen in der Liste fehlt, und nennen Begriffe wie: ‚Spaß‘, ‚Nutzen‘, ‚Selbstbestimmung‘ oder sogar, Würde‘ (vgl. auch RUF/GALLIN 1998 II S. 11). Bittet man dann Schüler, selbst zusammenzustellen, was aus ihrer Sicht gute Lehr- und Lernprozesse sind, bekommt man z. B. folgende Angaben:

Unterricht ist gut, wenn ich ...

- erfahre, worum es geht,
- auch selbst bestimmen kann, was und wie gelernt wird,
- erlebe, wie ich das Gelernte auch selbst anwenden kann (ohne Lehrer),
- dem Lehrer vertrauen kann,
- etwas Neues *und* Wichtiges für mich lerne, für das die Zeit in der Schule sich lohnt,
- was tun kann, was sehen kann,
- nicht zu viel Langeweile habe,
- gerechte Noten bekomme, die ich nachvollziehen kann ...

Ob dies gelingt, hängt für Schüler maßgeblich davon ab, wie Lehrkräfte sie und sich selbst sehen und wie sie sich ‚fachlich und menschlich‘ verhalten. Schüler haben hier sehr dezidierte Ansprüche und *wollen* etwas von ihren Lehrkräften, z. B., dass sie sich klar ausdrücken, dass sie es den Schülern nicht zu leicht und nicht zu schwer machen, dass sie wissen, was sie wollen, und dass sie können, was sie tun.

Damit ein Lehr- und Lernprozess ‚gut‘ ist, reicht es augenscheinlich nicht, dass er bloß gut konstruiert ist und man für ihn die teuersten Ingredienzen und die besten Kochkünste aufbietet. Notwendig ist, dass die Beteiligten (also auch Schüler) die Lehr- und Lernprozesse als gut er-

Was Schüler der 8. Klasse erwarten:

EIN GUTER LEHRER ...
ist freundlich
ist großmütig
hört dir zu
ermuntert dich
glaubt an dich
vertraut dir
mag es Kinder zu unterrichten
mag sein Fach
nimmt sich für Erklärungen Zeit
hilft, wenn du nicht mitkommst
sagt dir ehrlich, wie er dich einschätzt
lässt deine eigene Meinung gelten
gibt dich nicht auf
legt Wert auf deine Meinung
gibt dir das Gefühl, dass du was kannst
behandelt alle gleich
setzt sich für dich ein
erlaubt dir etwas
sagt die Wahrheit
verzeiht

(HAY MCBER 2000, S. 1, Übers. d. A.)

kennen und sich zu ihnen verhalten können. Dieser Anspruch bedeutet nicht, dass die Erwachsenen ihre Verantwortung für Lehr- und Lernprozesse ab- oder aufgeben sollten oder sich im Sinne eines falsch verstandenen Kundenbegriffs nur nach den Wünschen der Schüler richten müssen. Er signalisiert vielmehr, dass Erwachsene (Lehrer, Bildungspolitiker u. a.) sichtbar ihre Verantwortung für Lehr- und Lernprozesse übernehmen, Transparenz schaffen und dafür sorgen müssen, dass Schüler das Lernen (wie *und* was sie lernen) verstehen.

Unterschiedliche, ja gegensätzliche Sichtweisen von Schülern und Erwachsenen über Lehr- und Lernprozesse sind deshalb keine Störungen oder Widerstand, sondern notwendige Voraussetzung und Chance, gemeinsam Lehr- und Lernprozesse im Deutschunterricht so zu konfigurieren, damit sie für alle Beteiligten Sinn machen und ein Methodenbewusstsein entsteht.

Wie soll im Deutschunterricht gelehrt und gelernt werden?

Am liebsten wird diese Frage jeweils nur mit einem einzigen Wort beantwortet: Gut – richtig – effektiv – kumulativ – kreativ – unterhaltsam – selbstbestimmt – handlungsorientiert – effizient – ordentlich – nutzbringend – zukunftsorientiert – direkt – sozial – organisiert – flexibel – schülerorientiert – vernetzt – intelligent … Sobald aber gefordert wird, mehr als eines dieser Wörter für eine Antwort zu verwenden, wird es sehr schwierig: kumulativ *und* selbstbestimmt *und* kreativ? Oder nicht doch lieber: zukunftsorientiert *und* effektiv *und* intelligent? Verglichen mit der Aufgabe, das richtige WIE der Lehr- und Lernprozesse des Deutschunterrichts zu bestimmen, ist es ein Klacks, einen Wackelpudding an die Wand zu nageln.

Aus drei Blickwinkeln kann man an die Lösung der Aufgabe herangehen: Man untersucht, welche Lehr- und Lernprozesse sich allgemein anerkannt gut bewährt haben. Oder man geht von Problemfällen im Deutschunterricht aus, in denen Lehren und Lernen nicht gelingt, und entwickelt Alternativen. Schließlich kann man versuchen normativ festzulegen, welche Lehr- und Lernformen als gut zu gelten haben.

Orientiert man sich an Ergebnissen der Forschung zu gutem Unterricht und Lehr- und Lernprozessen, erhält man Ergebnisse (S. 166), die überwiegend den eben genannten Positionen der Erwachsenen entsprechen, zum Teil einander aber relativieren. Ähnlich verhält es sich mit Forschungserkenntnissen speziell über Lernen und Lernstrategien im Deutschunterricht, deren (empirische) Fundierung aber deutlich schwächer ist (zur Notwendigkeit einer ‚Empirisierung‘ der Deutschdidaktik vgl. BREMERICH-VOS 2000).

Nimmt man allerdings den zweiten Blickwinkel ein und geht von den Problemfällen aus, kann man vielmehr über Lernen und Lernstrategien im Deutschunterricht lernen. Zu den Problemen des Lernens und Lehrens im Deutschunterricht gehören besonders:

- Absprachen über Lerninhalte und -methoden zwischen Lehrkräften untereinander und zwischen Lehrkräften und Schülern sind unzureichend.
- Aufgabenstellungen sind zu wenig auf selbstständige Arbeit Schüler ausgerichtet.
- Häusliche Situation wird zu wenig in die Leseerziehung einbezogen.
- Entwicklungsprozesse werden von Schülern und Lehrkräften zu wenig wahrgenommen und transparent gemacht.
- Formalia nehmen zu viel Zeit in Anspruch.
- Gelerntes wird nicht auf neue Situationen oder Inhalte übertragen.
- Grammatikunterricht erreicht nicht, dass die dort vermittelten Inhalte und Regeln auch später funktional angewendet werden können.
- Grammatikunterricht trägt nicht zur Schaffung eines bis dahin bei Schülern fehlenden Sprachgefühls bei.
- Inhaltsauswahl (besonders im Bereich Literatur) orientiert sich zu stark an Vorlieben von Mädchen, Jungen werden durch die Auswahl von Inhalten benachteiligt.
- Leistungsbeurteilung wird in Fachkonferenzen zu wenig geübt und abgesprochen.
- Leistungsüberprüfungen konzentrieren sich zu stark auf Arbeitstechniken und Oberflächenstrategien. Tiefenstrategien werden kaum erfasst.
- Lernprozesse sind zu stark linear-sequenztiell angelegt und werden nicht zusammengeführt und miteinander verbunden.
- Normen und Vorgaben werden von Lehrkräften oft nur im Rahmen ihrer Methodenfreiheit toleriert.
- Rechtschreibkompetenzen werden nicht genügend gepflegt und gehalten.
- Schreibprozessen wird nicht genügend Aufmerksamkeit geschenkt (insbesondere nicht argumentative Auseinandersetzung).
- Schülerleistungen werden nicht genügend über einen längeren Zeitraum verfolgt, das führt zu überflüssigem bzw. falschem Lernen.
- Übungsformen im Aufsatzunterricht sind z. T. problematisch.
- Vorwissen aus dem Unterricht wird nicht richtig genutzt.

Die Schwierigkeit solcher Auflistungen von Problemen besteht darin, dass es keine akzeptierte Hierarchie der Probleme nach Relevanz und Bearbeitungsmöglichkeit gibt. Unklar bleibt auch, ob ein Problem dadurch beseitigt werden kann, dass man etwas einfach vermeidet (z. B. mädchenspezifische Inhaltsauswahl) oder dass man etwas anderes bzw. das Gegenteil tut (z. B. Schülerleistungen über einen bestimmten Zeitraum genauer verfolgen). Ungeklärt ist weiterhin, ob die Beseitigung eines Problems andere ebenfalls beseitigt oder nur neue Probleme schafft (wenn sich z. B. eine andere Gruppe durch Veränderung der Unterrichtsinhalte benachteiligt fühlt). Das Einzige, was klar scheint, ist, dass es einen Unterricht mit nur problemfreien Lernprozessen nicht geben kann – und vielleicht auch nicht geben sollte.

Die normative Festlegung – als letzte der drei genannten Möglichkeiten zu bestimmen, was gute Lehr- und Lernprozesse ausmacht, – kann auf zwei verschiedenen Wegen erfolgen: Es kann entweder festgelegt werden, welche Arten von Lehr- und Lernprozessen auf jeden Fall (nicht) zu erfolgen haben. Oder es kann bestimmt werden, welche Anforderungen die im Unterricht verwendeten Methoden, Verfahren und Techniken erfüllen müssen, um als gut zu gelten. Die Gefahr der ersten Variante besteht in einer Verabsolutierung einzelner Formen oder im Unterlaufen der Vorgaben (man benennt die alte Praxis einfach um). Die zweite Variante ist diesen Gefahren nicht im selben Maße ausgesetzt, allerdings hat sie den Nachteil, dass sie häufig nur als Ausschlusskriterium verwendet wird: Man darf alles tun, was nicht gegen die Vorgaben verstößt.

Trotz dieser Bedenken sind normative Festlegungen unabdingbar. Es gibt nicht gute Lehr- und Lernprozesse an sich, sondern nur in Bezug auf normative Vorgaben und Entscheidungen. Nach unserem Verständnis von Qualität können Lehr- und Lernprozesse im Deutschunterricht nur als ‚gut' bezeichnet werden, wenn sie u. a.

- gewährleisten, dass der Erziehungs- und Bildungsauftrag der Schule erfüllt und Minimalstandards erreicht werden,
- sorgsam mit den Möglichkeiten, Kompetenzen und Wünschen der Schüler umgehen,
- Wissen, Fähigkeiten und Fertigkeiten systematisch und situationsbezogen vermitteln und qualitativ steigern,
- Lernende ins Zentrum stellen und ihnen zunehmend die Kontrolle und die Organisation ihres eigenen Lernens überantworten,
- sich selbst überprüfen helfen und Rechenschaft über sie abgelegt wird,
- Erfolg aller Schüler sichern *und* bedeutende Leistungen fördern helfen,
- auf verbindlichen Zielen beruhen.

[Weitere Kriterien ergeben sich aus den ‚Prüfsteinen für die Arbeit am Kanon', S. 151.]

Was gute Lehr- und Lernprozesse im Deutschunterricht sind und wie man sie erreicht, entscheidet nicht eine Perspektive allein, sondern kristallisiert sich erst in der Zusammenführung von Erkenntnissen aus der Qualitätsforschung, von Analysen der Alltagspraxis und von Zielen und Normen heraus. In der aktuellen Diskussion über Qualität von Deutschunterricht gibt es eine Reihe von Konzepten und Verfahren, die sich in diesem Sinne als gut erwiesen haben sollen. Einige werden im Folgenden näher vorgestellt.

Konzept I: die berechenbare Produktion von Wissen – kumulatives Lernen und Metakognition

„Im Unterricht immer wieder von vorn anfangen zu müssen!" – dieses Gefühl ist so alt wie der Deutschunterricht und keinesfalls bloß für ihn spezifisch. Es kommt auch nicht nur bei Lehrkräften vor, sondern ebenso bei Schülern. Ein Problem wird dieses Gefühl immer dann, wenn es Lernwillen und Neugier behindert, Lernen unproduktiv und unstrukturiert macht, zu Verschwendung von Lern- und Arbeitszeit führt und wenn die Minimalstandards nicht erreicht werden.

Spätestens seit dem BLK-GUTACHTEN (1997) und der SCHOLASTIK-STUDIE (WEINERT/HELMKE 1997) wird dieses Phänomen der fehlenden Strukturierung und Verknüpfung des Lernens im Zusammenhang mit dem Begriff ‚Kumulatives Lernen' diskutiert. Hintergrund ist eine kognitionspsychologische Annahme, nach der Lernen ein aktiver und konstruktiver Prozess des Lernenden ist, bei dem generatives, produktives und verständnisvolles Lernen nur gelingt, wenn der einzelne Schüler eine entsprechende Wissensbasis hat, mit der er aufgenommenes Wissen weiterverarbeiten, verbinden und differenzieren kann. Es geht also nicht um die *Menge* des Wissens oder Gelernten oder um die Intensität des Lernens (oder des Behaltens), sondern um die *Struktur* des erworbenen Wissens, also die Wissensbestände und deren Verknüpfung. Wird neues Wissen in vorhandene Wissenstrukturen des Lernenden eingebaut, handelt es sich um kumulatives Lernen. Würde Wissen nur anderem Wissen unverbunden hinzugefügt, handelte es sich um additives Lernen.

Konzentrierte sich die Debatte über kumulatives Lernen zuerst noch ausschließlich auf den Mathematik- bzw. naturwissenschaftlichen Unterricht, so hat sie nunmehr auch den Deutschunterricht erreicht (BREMERICH-VOS 2000, LANDESINSTITUT 2000 b).

Systematische und kontextbezogene Lernprozesse balancieren

Ein Hauptinteresse bei der Diskussion über kumulatives Lernen im Deutschunterricht konzentriert sich auf die Balancierung von Lernprozessen. Auf der einen Seite stehen systematische kognitive, langfristig und explizit angelegte Lernprozesse, die reflexiv, auf sich selbst bezogen angelegt werden (BLK 1997, S. 16), auf der anderen Seite das situationsbezogene Lernen im praktischen Umgang mit lebensweltlichen Problemen. Diese Gegenüberstellung ist richtig und falsch zugleich: Sie ist richtig, da sie darauf hinweist, dass im Deutschunterricht eine Struktur des erworbenen Wissens hergestellt bzw. unterstützt werden muss und dass das Bemühen um Lebensweltbezug oder Handlungs- oder Alltagsorientierung nicht dazu führen darf, darauf zu verzichten. Die Gegenüberstellung ist falsch, wenn sie auf der Annahme beruht, dass lebensweltlich situierte, kontextbezogene Lernprozesse nicht genau so wie systematisch-kognitives Lernen strukturiert und verknüpft werden müssten. Bei kumulativem Lernen geht es also um die aktive Strukturierung und Verarbeitung von systematisch erworbenem Wissen *und* situativen Erfahrungen. Unstrukturierte und unverarbeitete Erfahrungen („nur so mitgemacht") können genau so ,träge' (WEINERT 1995) bleiben wie additiv vermitteltes Wissen. Kumulatives Lernen ist dann ein geeignetes Konzept für die Gestaltung von Lehr- und Lernprozessen im Deutschunterricht, wenn dieser Aspekt mitbedacht wird und es nicht bloß auf die Schaffung von systematischen Wissensstrukturen eingeschränkt wird.

Integrations- und Differenzierungsprozesse verbinden

Zwei Prozesse spielen bei kumulativem Lernen eine besondere Rolle: Aufbau- bzw. Integrationsprozesse und Differenzierungsprozesse:

- Wie kann Wissen begrifflich, operatorisch und funktional neu aufgebaut und wie können Erfahrungen so gestaltet und verarbeitet werden, dass sie zueinander in Beziehung gesetzt werden und miteinander zu neuen Strukturen verknüpft werden können?
- Wie können vorhandene allgemeine Erfahrungen, Vorstellungen und Begriffe so analysiert und differenziert werden, dass sie mit anderen verbunden werden können und Strukturen sichtbar werden?

Beide Prozesse werden Schülern beim kumulativen Lernen im Deutschunterricht abverlangt. Dazu sind bestimmte Voraussetzungen erforderlich: Wissen bzw. Erfahrungen müssen

- umfangreich genug sein,

- organisiert und sinnvoll geordnet werden können (in gruppierte bzw. strukturierte Bezüge, Hierarchien, Verknüpfungen oder ein System),
- in mehrfacher Form präsent sein bzw. werden können (z. B. als Wort, Bild, Bewegung),
- leicht sowie in unterschiedlichen Situationen abrufbar sein,
- situativ eingesetzt, angepasst oder neu strukturiert werden.

Wenn Wissen und Erfahrungen in dieser Form erworben und aufgearbeitet wurden, dann, so die Kognitionspsychologie, vermitteln sie Kompetenzerfahrung und können selbstständiges Denken fördern und reflektiertes Handeln in zukünftigen Situationen vorbereiten.

Elemente des Lehrplans vernetzen

„Man kann lehren ohne Erfolg zu haben, aber man kann nicht lehren, ohne es zu intendieren." (OELKERS 1985, S. 211)

Ausgangspunkt der meisten Bemühungen kumulatives Lernen und Kompetenzerfahrung zu fördern, ist, einzelne Inhalts- oder Wissenselemente miteinander zu vernetzen. Hier kann es darum gehen, den Begriff der Metapher über mehrere Jahrgangsstufen hinweg in aufeinander aufbauenden Lernprozessen zu vermitteln: von elementaren poetologischen Unterscheidungen zu Beginn bis hin zu komplexen Analysen literarischer Texte und Gestaltungsmittel. (LANDESINSTITUT 2000) Die Begriffe und Unterscheidungen werden dann immer komplexer, lassen sich mit anderen Begriffen verbinden und systematisieren. In der Regel sehen Lehrpläne solche Vernetzungen bereits vor und häufig nehmen schulinterne Lehrpläne sogar eine Konkretisierung vor. Einer curricularen Vernetzung des Unterrichts stünde aus dieser Sicht nichts im Wege. Dass sie dennoch meist misslingt, liegt keineswegs daran, dass die Struktur der Lehrpläne den Unterrichtenden nicht bewusst wäre oder dass es an sinnvollen Verfahren für eine Umsetzung der Vernetzungsideen fehlte. Das regelmäßige Scheitern curricularer Vernetzung im Sinne kumulativen Lernens hat eine Reihe anderer, oftmals sehr praktischer Gründe.

1. Es gibt zu viel zu vernetzen:
   Nehmen wir an, ein Schüler der Klasse 5 hat acht unterschiedliche Fächer. Das macht über das Jahr gesehen zwischen 30 bis 50 Unterrichtsreihen. Dazu gehören in Deutsch beispielsweise Grundzüge schriftlichen Erzählens und die Grundstruktur von erzählender Literatur, Wortarten und Satzglieder, Rechtschreibung, Beschreibung, Rollenspiele/Theater …

Wenn in jeder der Unterrichtsreihen nur fünf zu vernetzende Elemente enthalten sind, hat ein elfjähriger Schüler am Ende der 5. Klasse zwischen 150 bis 250 Wissens- und Erfahrungselemente so bereitzuhalten, dass sie im nächsten Jahr vernetzt werden können (vorausgesetzt, der Schüler hat Politik oder Biologie nicht erst wieder im übernächsten Jahr). Außerdem ist dann meist auch noch völlig unberechenbar, wann im nächsten Jahr etwas wie vernetzt werden soll.

2. Es wird in jedem Fach einzeln vernetzt, eine Vernetzung zwischen Fächern findet nur ansatzweise statt:

   Was der Schüler innerhalb eines Faches vernetzen soll, bleibt für ihn im Hinblick auf andere Fächer unvernetzt. Das liegt nicht nur daran, dass Lehrkräfte fächerübergreifende Vernetzung nicht leisten, sondern es hat seine Ursache auch darin, dass Schüler zu vernetzende Elemente aus unterschiedlichen Fächern als so verschieden ansehen, dass sich keine Vernetzungsmöglichkeit für sie ergibt (z. B. wenn ein Biologie-Text anders gelesen wird als es gerade in Deutsch geübt wurde – situated cognition).

3. Vernetzung bedeutet aus Schülersicht keine Erleichterung:

   Die ständige Betonung von curricularer Vernetzung kann von Schülern auch als Drohung missverstanden werden. Es darf niemals etwas vergessen werden, es muss immer alles parat sein. Die entlastende und motivierende Wirkung kumulativen Lernens zu erleben wird besonders dann verhindert, wenn die vertikale Vernetzung Gegenstand von Leistungsüberprüfung ist.

4. Vernetzung hat Versprechens- oder Ätsch-Charakter:

   Auf Vernetzung hin lernen, kann Gelerntes unabgeschlossen und unfertig machen. Es behindert neue Lernprozesse und macht gewissermaßen ohnmächtig, weil man auf die nächste Vernetzung erst noch warten muss („was das Kommunikationsmodell wirklich leisten kann, wird im nächsten Jahr sichtbar werden ...").

Aus diesen Gründen für das Scheitern der curriculuaren Vernetzung als Förderung kumulativen Lernens, kann wiederum gelernt werden:

Wenn curriculare Vernetzung im Deutschunterricht gelingen soll,

- muss sie die Vernetzung von Wissen *und* Erfahrungen anstreben,
- müssen Schüler wissen, was sie konkret bedeutet, welche Konsequenzen sie hat und wie man sich an ihrer Gestaltung/Überprüfung beteiligen kann,
- müssen Lehrkräfte sie im Unterricht sichtbar und berechenbar machen,
- muss sie sich lohnen – für die Lehrkräfte und die Schüler.

Tipps: curriculare Vernetzung in der Praxis

Im Unterricht:

- **regelmäßige Lerninventuren** (vgl. S. 122): Hervorhebung der Elemente, die curricular vernetzt werden
- **Vorbereitung der Vernetzung**: Vor einer geplanten systematischen Vernetzung den Schülern die Möglichkeit geben, sich darauf vorzubereiten, z. B. durch Nachschlagen, Wiederholung ...
- **Grundbestand an notwendigem Vorwissen** kontinuierlich und systematisch ausweisen: Welche Lerninhalte waren wichtig? Wie hängen sie zusammen?
- curriculare Elemente **hierarchisieren**: Was sind die entscheidenden und wichtigsten Lernergebnisse eines bestimmten Zeitraumes/einer Unterrichtsreihe?
- bei Lerninhalten deren Bedeutung für zukünftige **Vernetzung ausweisen**, z. B. in Form noch offener Mind-Maps, Übersichten mit Leerfeldern ...
- wichtige Lernergebnisse **systematisch dokumentieren** und dafür sorgen, dass die Dokumente auch verfügbar sind (Hefte, Unterrichtsübersichten, Lerninventuren, Zusammenstellungen von Begriffssystemen ...)
- **Vernetzung durch Erfahrung** von Umsetzung bzw. Praxis gewährleisten, z. B. Arbeitsaufträge so gestalten, dass Vorwissen systematisch aktiviert und eingebunden wird
- **Möglichkeiten bieten**, Vorwissen einzubringen (Rechercheaufträge, langfristige Arbeitsaufträge, Spezialisierungsaufgaben)
- **Lernergebnisse veröffentlichen**, um innerhalb der Klasse und nach außen zu verdeutlichen, was als wichtige Elemente des Curriculums angesehen werden können

Außerhalb des Unterrichts:

a) bei Lehrerwechsel: an den neuen Deutschlehrer eine **Übersicht der vermittelten curricularen Elemente** geben

b) **Austausch von Aufgabenstellungen** und Ergebnissen von Klassenarbeiten

c) **Quervernetzung zwischen Fächern**: Verwendung von Texten und Arbeitstechniken aus anderen Fächern

d) **Übersetzung** zwischen Fächern: z. B. in der Klasse 6 oder 7 im Rahmen einer Unterrichtsreihe ‚Lyrik/poetologische Begriffe' fremdsprachliche Texte (Englisch) übersetzen und Metaphern vergleichen

Wissen über das eigene Denken und Lernen schaffen: die Metakognition

Wissen über das eigene Denken und Lernen erscheint in Konzepten kumulativen Lernens häufig eher als eine Arbeitstechnik oder Lernstrategie. Dabei ist es ein wesentliches Element für Qualität im Deutschunterricht, das die

Weiterentwicklung der Schüler fördert und sie dazu befähigt, ihr Lernen in die eigenen Hände zu nehmen. ‚Metakognition' als ist also ein zentrales Element für das Erreichen von Qualität im Deutschunterricht. [Auf die höchst unzulässige Verengung von Metakognition auf ‚Lernen lernen' (vgl. auch BLK 1997, S. 7) wird noch gesondert eingegangen.]

Selbstständiges und weiterentwickelndes neues Lernen sowie produktive Verarbeitung von Realitätserfahrungen sind nur möglich, wenn Schüler (wie Lehrkräfte):

a) Stärken und Schwächen des eigenen Lern- und Verarbeitungsverhaltens untersuchen und wissen, dass sie über Kompetenzen verfügen und sie einsetzen können,

b) nicht nur auf das Was einer zu lösenden Aufgabe oder zu verarbeitenden Erfahrung schauen, sondern immer auch auf das Wie,

c) Lernen und Verarbeitungsprozesse eigenständig selbst organisieren, regulieren und überwachen,

d) bereit sind, selbstständig und ggf. kooperativ weiterzulernen,

e) entscheiden können, ob und wie sie weiterlernen wollen,

f) für Lernentscheidungen Verantwortung übernehmen,

g) Durststrecken durchhalten können.

‚Metakognition' ist ein anspruchsvolles Konzept, es lässt sich nicht mal eben in einer Unterrichtseinheit oder durch isolierte Vermittlung von Techniken oder Strategien vermitteln. Sie kann nur erreicht werden, wenn die drei folgenden Aspekte über einen längeren Zeitraum in den Blick genommen und umgesetzt werden:

1. Vermittlung der Erfahrung und des Erkennens von Kompetenzzuwachs

Schon bei jungen Schülern gibt es mindestens zwei Möglichkeiten, die Erfahrung und das Erkennen von Kompetenzzuwachs zu vermitteln: zum einen durch eine spezifische Strukturierung der Anlage des Unterrichts, zum anderen indem ein besonderer methodischer Schritt vollzogen wird.

■ **Kompetenzzuwachs erfahren**: Im Unterricht werden Anwendungssituationen geschaffen (das können simulierte Situationen oder Arbeitsaufträge sein, aber auch reale Praxissituationen), an denen die Schüler erfahren können, dass sie neue Kompetenzen hinzugewonnen haben. Das kann konkret bedeuten, dass Schüler ein Angebot von Aufgabenstellungen unterschiedlichen Schwierigkeitsgrades erhalten, aus denen sie auswählen und sich ggf. steigern können. Eine andere Möglichkeit ist, die Schüler vor neue, unbekannte – allerdings gestufte – Herausforderungen zu stellen, die es zulassen, Fortschritte selbst zu planen (z. B. Gliederung oder Grundkonzept eines Lesetagebuchs zu erstellen und dabei Kenntnisse aus vorheriger Lektüre einzubauen).

- **Kompetenzzuwachs erkennen**: Im Unterricht werden Situationen explizit verdeutlicht und versprachlicht (!), in denen Kompetenzzuwachs erfolgt ist. Dies kann durch einen *Vergleich* früherer mit jetziger Kompetenz (z. B. Textvergleich), durch die *Isolation* des neu Gelernten (Unterrichtsrückschau, Zusammenfassung) oder durch *Prüfung* des Kompetenzzuwachses (in Form z. B. von Tests, Testvergleichen) sowie auch durch *Lob* oder das Erklären einer *Transferaufgabe* und die *Präsentation* des neu Gelernten erfolgen.

Kompetenzzuwachs erkennen zu helfen, erscheint auf den ersten Blick relativ einfach und nur positiv. In der Praxis erweist es sich jedoch als anspruchsvolles Unternehmen, das mitunter zwiespältig aufgenommen wird:

Das Schlimmste waren die Sternchen ...

Wenn man etwas gut gelernt oder gemacht hatte, schrieb die Lehrerin ein Sternchen ins Heft. Ich habe mich unheimlich bemüht und zum Beispiel an einem doofen Text zu Hause zwei Stunden rumgewerkelt und wahnsinnig schön geschrieben. Aber ihr muss irgendwas daran nicht gefallen haben, auf jeden Fall gab es keinen Stern für mich, die anderen kriegten fast jeden Tag einen. Da hab ich mir gesagt, na gut, dann will ich eben kein Sternchen mehr. Dann hat sie mir plötzlich doch eins gegeben und ich wusste gar nicht warum. Es hat mich auch nicht mehr richtig interessiert.   (Schülerin, 10 Jahre)

Manchmal hat man als Lehrkraft offensichtlich nicht die Möglichkeit, individuellen Kompetenzzuwachs zu erkennen und zu bestärken, weil er nicht sichtbar wird oder sich nur anderenorts erkennbar zeigt. Bekräftigung und Herausstellen von Kompetenzzuwachs können auch bevormundend oder entwertend aufgefasst werden, so, als könne nur die Lehrkraft darüber entscheiden, was gut und was schlecht ist. Zuweilen wirkt die Bekräftigung von Lernen und Kompetenzzuwächsen auch paradox, z. B. wenn sie für den Schüler nur bedeutet, dass er jetzt noch mehr oder schon wieder lernen muss.

Nur nicht zu schnell fertig werden

Eine Viertelstunde vor Ende der Stunde bekamen wir immer die Hausaufgaben auf und durften schon damit anfangen. Natürlich wollte ich schnell fertig werden und habe mich wahnsinnig beeilt. Und was kam dabei raus: Ich wurde zu früh fertig und bekam eine Zusatzaufgabe. Das ist mir aber nur ein Mal passiert!

(Schüler, 11 Jahre)

---

2. Lernen aus Fehlern – lernen aus Gelungenem

Die zweite Voraussetzung, dass Schüler Metakognition entwickeln, ist, Fehler selbstständig erkennen und als Lern- und Korrekturmöglichkeit nutzen zu können. Verständnis- und Lernfehler sind Ausgangspunkte für neue Lernprozesse und Weiterentwicklung. Sie können nur genutzt werden, wenn sie thematisiert werden, z. B. durch Möglichkeiten der *Übung*, *Selbstkontrolle* und *Rückmeldung*. Eine große Bedeutung hat dabei das Üben selbstständiger Fehlerkorrektur und -systematisierung und der damit verbundene Aufbau gesicherten Strukturwissens. Dies kann an eigenen Arbeiten oder Arbeiten bzw. Aufgaben anderer erfolgen.

So lange es sich um die Fehlerkontrolle relativ stark strukturierter oder systematisierender Aufgaben handelt (z. B. aus dem Bereich der Grammatik oder der Rechtschreibung), bietet sich in diesem Zusammenhang eine auch im Mathematikunterricht häufiger angewendete Schrittfolge an:

a) Identifikation von Fehlern

b) Nachdenken über die Genese der Fehler

c) Respezifikation und Rekonstruktion der Vorstellungen, die zum Fehler führten

d) Korrektur des Fehlers und Neuordnung der Vorstellung.

Je offener, freier und kreativer die Aufgaben angelegt sind, umso mehr sind unter Umständen orientierende bzw. strukturierende Hilfen beim Umgang mit Fehlern erforderlich, u. a.:

- Fokussierung der Fragestellung auf bestimmte Aspekte der Aufgabe hin
- exemplarische Fehleranalyse an einem Beispiel und die Anwendung von Probeverfahren
- Versprachlichung von Lösungen (insbesondere in den Bereichen Grammatik und Rechtschreibung)
- Vorgabe von Checklisten oder Fehlerrastern
- Überarbeitung / Variation eines ‚fehlerhaften' Produktes in der Klasse
- Schreibkonferenzen, Textredigierung in Partner- oder Gruppenarbeit

■ Systematische Produktion von Fehlern und Fehleranalyse: „Nun wollen wir doch einmal sehen, wie wir es am besten falsch machen können!"

In jedem Fall muss bei den genannten Verfahren für den Schüler die Möglichkeit bestehen, sich über seine Fehleranalyse und -korrektur bei einer anderen Person rückversichern zu können.

Besonders wirksam ist es, mit Hilfe diskursiv-phänomenografischer Verfahren den Verstehensprozess (und damit auch die Vorstellungen, die zu Fehlern führen) von Schülern zu analysieren. Wenn Schüler den eigenen Verstehensprozess selbst schon dokumentiert haben, ist der Aufwand nicht sehr groß. Ein zum Teil erheblicher Aufwand ist allerdings erforderlich, wenn die Analyse ausschließlich im Diskurs mit der Lehrkraft (oder einem anderen Schüler – eventuell aus einer höheren Klasse) durchgeführt wird. RUF/GALLIN (1998, II) etwa haben ein beeindruckendes Verfahren entwickelt, bei dem zuerst vom Lehrer Kernideen entwickelt werden. Eine Kernidee ist „eine persönlich gefärbte und pointiert formulierte Aussage über einen komplexenSachverhalt, die meinem Gesprächspartner ohne Umschweife klar macht, was für mich der Witz an einer Sache ist. Solche Kernideen fordern das Gegenüber heraus, sein eigenes Verhältnis zum Stoff zu erklären … [sie] sind der Auftrakt zum Lernen auf eigenen Wegen [...]" (RUF/GALLIN ebd., S. 29) **Zwei Beispiele**: „Rechtschreibung verlangt man nicht als Schreiber, sondern als Leser" „Wie wirkt mein Spruch auf dem T-Shirt? – Wie komme ich bei anderen Menschen damit an?" (ebd., S. 32 u. 41) Aus diesen Kernideen entwickeln sich Aufträge (wie z. B. die Aussage über die Rechtschreibung an praktischen Beispielen zu überprüfen oder eine Produktionsanlage für fehlerfreie Rechtschreibung zu erstellen oder Sprüche für T-Shirts zu erfinden, die es dann zu überprüfen gilt.) Die Bearbeitung der Aufträge wird in einem ‚Reisetagebuch' vom Schüler dokumentiert. Hier sind ausdrücklich auch Irrwege und Fehler darzustellen und die daraus gezogenen Konsequenzen zu erläutern. Schließlich erfolgt eine Rückmeldung der Lehrkraft auf den im Reisetagebuch beschriebenen Lernprozess und die Qualität der Auftragsbearbeitung. Hierbei sind auch die Lösungswege in den Blick zu nehmen und systematisierende bzw. strukturierende Hilfen an die Schüler weiterzugeben.

Anregungen für Kernideen

Gedichte schreiben kann man nicht lernen.
Was müsste man tun, damit in Zukunft die Schalker sagen: Ich gehe *ins* Kino?
Wie wurde das Lokaladverbiale erfunden?
Hätte Goethe andere Texte geschrieben, wenn er das Internet benutzt hätte?
Welche Szenenfolge (Personenkonstellation …) passt besser in einen Fernsehfilm über …?
Ich bin mehr als ich aber nicht du → spielerisches Variieren eines Textes
Erfinde ein Bilderbuch für … über …
Es sollte doch möglich sein, eine Grammatikprüfung für ein Textverarbeitungsprogramm zu schreiben.
Warum sind (einige) Geschichten spannend – und andere nicht?

---

3. Eigene Lernprozesse untersuchen

Die Fähigkeit zur Untersuchung und Bewertung eigener Lernprozesse ist der dritte wichtige Aspekt von Metakognition. Die einzelnen Schritte, die Strukturen sowie die Stärken und die Schwächen des eigenen Lernens sollen dabei besonders beachtet werden. Hierzu eignen sich vorrangig drei Verfahren:

■ Selbst-Tests zu fachlichen Schwerpunkten/Aufgabenbereichen
■ Selbstevaluation des eigenen Lernens
■ Dokumentation und Auswertung des eigenen Lernprozesses mit Hilfe eines Journals/Tagebuchs.

Während es in anderen Ländern (z. B. USA, Skandinavien) schon lange Selbst-Tests (self-assessment-tests) gibt, mit denen man seine fachlichen und überfachlichen Kenntnisse und Fähigkeiten messen kann und die einem Hinweise für die weitere Arbeit geben, sind solche Tests in Deutschland insgesamt rar gesät. Zudem beziehen sie sich meist auf spezielle Lehrwerke oder können nur von Fachpersonal eingesetzt werden. Für den Deutschunterricht gibt es so gut wie keine. Das liegt u. a. daran, dass es in Deutschland bislang an einer entsprechenden Test-Tradition fehlt und dass solche Test-Konstruktionen einen hohen Aufwand erfordern. Anders als einfache Lernzieltests in der Schule müssen sie nicht nur Kenntnisse und Fähigkeiten erfassen, sondern auch Gelegenheit für eine diagnostische Auswertung bieten, die erkennen lässt, wo zukünftig weitergearbeitet werden soll.

Verbreitet sind hingegen Verfahren der Selbstevaluation des eigenen Lernens. Sie sind in den letzten Jahren vor allem durch Schulentwicklung und Schulprogrammarbeit bekannt geworden. In den Abschnitten ‚Deutschunterricht erforschen I-IV' sind bereits eine Reihe von Verfahren der Selbstevaluation vorgestellt worden (z. B. Zwischenauswertungen, S. 104 u. 108, Auswertung der Unterrichtsreihe, S. 109, Fragebögen nach Klassenarbeiten, S. 110, Leitfaden Schülerinterview, S. 115, Lerninventur, S. 122, Schreibkonferenz, S. 128). Sie sollen im Weiteren durch einige Verfahren ergänzt werden, die den eigenen Lernprozess untersuchen.

Der folgende Fragebogen (nach BURKARD/EIKENBUSCH 2000, S. 160 f.) erlaubt Schülern eine Einschätzung, wie sie eine bestimmte Technik oder Methode beherrschen. (Für ... kann z. B. eingesetzt werden: Umstell- oder Ersatzproben, Kurzzusammenfassungen, Sachtextanalyse)

Selbsteinschätzung für Schüler: So schaffe ich ...

❏ Ich habe ... eine Zeit lang mit ziemlich gutem Ergebnis angewendet, jetzt suche ich nach Möglichkeiten, ... noch besser einzusetzen.

❏ Jetzt gelingt es mir, ... anzuwenden und ich möchte gern sehen, wie andere ... anwenden und ob wir nicht gemeinsam daran/damit arbeiten können.

❏ Ich kann jetzt mit ... umgehen, aber ich will noch an Feinheiten arbeiten, um zu besseren Ergebnissen zu kommen.

❏ Allmählich kann ich ... ohne Probleme anwenden. So, wie ich es jetzt mache, funktioniert es.

❏ Ich probiere ... aus. Es ist nicht ganz einfach, ich bekomme es nicht richtig in den Griff.

❏ Ich glaube, ich werde ... bald anwenden, ich bereite mich darauf vor.

❏ Ich habe ... noch nicht angewendet, aber ich will mich erkundigen, wie die anderen es machen.

❏ Ich habe ... bisher noch nicht angewendet.

Mit ‚Ich als Lernender im Deutschunterricht' werden Anhaltspunkte für eine systematische Auseinandersetzung mit Lernen insgesamt generiert:

Ich als Lernender im Deutschunterricht ...

Wie hast du im Deutschunterricht gelernt? Vervollständige die folgenden Sätze:

Ich lerne langsam, wenn ————————————————————————

Ich lerne schnell, wenn ————————————————————————

Mir fällt Lernen im Deutschunterricht leicht, wenn ——————————

In Gruppen lerne ich ————————————————————————

Aus den Büchern im Deutschunterricht lerne ich ——————————

Ich lerne gut von/durch ————————————————————————

Ich lerne gern, wenn ————————————————————————

Ich fühle mich sicher bei ————————————————————————

Das Lerntempo im Deutschunterricht war für mich am besten, wenn/bei ——

Besonders interessiert bin ich, wenn ——————————————————

Bei der Untersuchung und Einschätzung eigener Lernprozesse sollte neben der gerade beschriebenen Analyse des Lernens auch eine Beschäftigung mit dem spezifisch Fachlichen bzw. Inhaltlichen erfolgen. Dabei geht es nicht um eine objektive Messung der fachlichen Kenntnisse und Fähigkeiten, sondern darum, wie sie vom einzelnen Schüler wahrgenommen wurden. Die Ergebnisse des Fragebogens sagen etwas über die Wahrnehmung und das Selbstzutrauen des Schülers aus. Sie sollten unbedingt mit den Ergebnissen von Leistungsüberprüfungen oder Fremdeinschätzungen gespiegelt werden. Gibt man den folgenden Fragebogen an Schüler der Klasse 10 (in enger Anlehnung an LANDESINSTITUT 2000, S. 176f.), sind einige Bedingungen zu beachten: Es muss geklärt werden, ob er sich nur auf die im Unterricht gezeigten Fähigkeiten erstreckt oder ob er die Fähigkeiten in Deutsch allgemein erfassen soll. Weiterhin muss vorab entschieden werden, ob der Fragebogen in der Klasse insgesamt eingesetzt und ausgewertet wird oder ob er nur dem einzelnen Schüler zur Verfügung gestellt wird und dieser ihn individuell nutzt. Wenn letzteres der Fall ist, sollte die Lehrkraft unbedingt angeben, was sie als Durchschnitts- oder Klassenergebnis erwartet, damit der Schüler sich dazu in Beziehung setzen kann. Unbedingt erforderlich ist es auch, die Auswertung auf zukünftiges Lernen auszurichten und nicht bei einer nur rückblickenden Betrachtung zu verharren. Möglich ist dies mit Fragen wie: Wo kannst/willst du im nächsten Zeitabschnitt unbedingt noch mehr lernen? In welchen Bereichen brauchst/willst du nichts mehr investieren?

Fragebogen für die Schüler der Klasse 10:
So sehe ich meine Fähigkeiten in Deutsch ...

	nein, gar nicht				ja, sehr gut	weiß nicht
	--	–	–/+	+	++	

Ich als Sprecher kann ...

	--	–	–/+	+	++	weiß nicht
andere zusammenhängend über einen Sachverhalt informieren, in dem ich mich auskenne.	☐	☐	☐	☐	☐	☐
einen Vortrag oder ein Referat frei halten und dabei Materialien/Aufzeichnungen nutzen.	☐	☐	☐	☐	☐	☐
Ideen anderer für meine Überlegungen verwenden.	☐	☐	☐	☐	☐	☐
meine Gedanken und Ideen so formulieren, dass andere sie gut verstehen.	☐	☐	☐	☐	☐	☐
meine Meinung begründet vertreten (z. B. in einer Diskussion).	☐	☐	☐	☐	☐	☐
mich an einem fairen Gespräch beteiligen.	☐	☐	☐	☐	☐	☐
mich in Gesprächen nach den Gesprächsregeln verhalten, die wir gelernt haben.	☐	☐	☐	☐	☐	☐

Ich als Schreiber kann ...

	--	–	–/+	+	++	weiß nicht
meine Gedanken verständlich zu Papier bringen.	☐	☐	☐	☐	☐	☐
Sachverhalte grammatisch korrekt niederschreiben.	☐	☐	☐	☐	☐	☐
eine sachgerechte und übersichtliche Bewerbung schreiben.	☐	☐	☐	☐	☐	☐
eigene Texte mit verschiedenen Mitteln (z. B. gezielte Fehlerkorrektur, Gliederung) überarbeiten.	☐	☐	☐	☐	☐	☐
begründen, warum ich einen Text so und nicht anders geschrieben habe.	☐	☐	☐	☐	☐	☐
mich schriftlich mit anderen Menschen in Verbindung setzen (auch offizielle Briefformen).	☐	☐	☐	☐	☐	☐
eine Arbeit über ein komplexes Thema verfassen (Referat).	☐	☐	☐	☐	☐	☐

- den Inhalt von Texten, Filmen, ... sinnvoll zusammenfassen (Inhaltsangabe). ☐ ☐ ☐ ☐ ☐ ☐
- mir während einer Diskussion (z. B. eines Unterrichtsgesprächs) Notizen machen. ☐ ☐ ☐ ☐ ☐ ☐
- ein sachgerechtes und übersichtliches Protokoll verfassen. ☐ ☐ ☐ ☐ ☐ ☐
- meine Meinung schriftlich begründen. ☐ ☐ ☐ ☐ ☐ ☐
- einen Leserbrief für eine Lokalzeitung schreiben. ☐ ☐ ☐ ☐ ☐ ☐
- mich auf meine Rechtschreibkenntnisse verlassen. ☐ ☐ ☐ ☐ ☐ ☐
- die Zeichensetzungsregeln aktiv anwenden. ☐ ☐ ☐ ☐ ☐ ☐
- wichtige Fremdwörter sicher verwenden und richtig schreiben. ☐ ☐ ☐ ☐ ☐ ☐

Ich als Leser (Mediennutzer) kann ...

- einen Text dem Sinn gemäß vorlesen. ☐ ☐ ☐ ☐ ☐
- auch schwierige Texte für mich allein lesen. ☐ ☐ ☐ ☐ ☐
- mir Inhalt und Aussage solcher Texte erschließen. ☐ ☐ ☐ ☐ ☐
- dabei verschiedene Techniken einsetzen, z. B.:
  - Umformen komplizierter in einfache Sätze, ☐ ☐ ☐ ☐ ☐
  - Nachschlagen von mir unbekannten Wörtern, ☐ ☐ ☐ ☐ ☐
  - Fragen an den Text stellen. ☐ ☐ ☐ ☐ ☐
- anspruchsvolle literarische Texte verstehen. ☐ ☐ ☐ ☐ ☐
- den Texten meine eigenen Auffassungen gegenüberstellen. ☐ ☐ ☐ ☐ ☐
- erklären, wie und warum ein Text (z. B. ein Gedicht) auf mich wirkt. ☐ ☐ ☐ ☐ ☐
- in Texten erkennen, was Information und was Meinungsäußerung ist. ☐ ☐ ☐ ☐ ☐
- gezielt Filme/Fernsehbeiträge analysieren. ☐ ☐ ☐ ☐ ☐
- jemandem erklären, wie sich die deutschen Literatur entwickelt hat und was wichtige Werke der deutschen Literatur sind. ☐ ☐ ☐ ☐ ☐
- Konfiguration und Konfliktstruktur eines längeren Textes herausarbeiten. ☐ ☐ ☐ ☐ ☐
- meine Meinung zu einer Theateraufführung begründen. ☐ ☐ ☐ ☐ ☐ ☐
- Merkmale verschiedener Textsorten

unterscheiden (z. B. Leserbrief –
Kommentar – Bericht).

- mich im Medium Zeitung zurechtfinden.
- zur Vorbereitung eines Referates/einer Fach-
  arbeit notwendige Texte in verschiedenen
  Medien finden.

Ich als Betrachter von Sprache kann ...

- grammatische Fachbegriffe zur Erklärung von
  Sprach-Beobachtungen nutzen.
- die unterschiedliche Wirkung von Texten auch
  über sprachliche Besonderheiten erklären.
  (Beispiel: ...)
- erkennen und erklären, wann Gespräche/
  Diskussionen gelingen oder misslingen.
- erkennen und erklären, ob mit Sprache überzeugt werden oder ob unzulässig beeinflusst
  werden soll.
- im Gespräch mit anderen Tipps und Hinweise
  zur Verbesserung von Texten geben.
- zur Behebung erkannter Probleme Hilfsmittel
  nutzen (Duden, Lexika ...).
- ...

Konzept II: das Richtige lernen – das richtige Lernen
Lernstrategien und Arbeitstechniken im Deutschunterricht

*„Die natürliche Lernfreude, Neugier und spontane Leistungsbereitschaft der
Schülerinnen und Schüler sollen erhalten bleiben und individuelle* Lernstrategien *als Basis für lebenslanges Lernen erworben werden. (...)"*

(MONIKA HOHLMEIER in: BAYERISCHES STAATSMINISTERIUM 2000)

Das „Qualitätskonzept Lernstrategien und Arbeitstechniken" hat eine besonders anziehende Wirkung auf Lehrkräfte, Bildungspolitiker, Eltern und
manchmal sogar auch auf Schüler. Auffallend ist, dass es Vertreter und An-
hänger ganz unterschiedlicher Positionen befürworten. Für einige ist es die
logische Voraussetzung und Konsequenz des Konzepts des kumulativen
Lernens und der Metakognition, für andere ist es Ausdruck sehnlich erwar-

teter Rückbesinnung des Faches Deutsch auf die Vermittlung von Grundfertigkeiten, die gern als eigentlicher Kern von Deutschunterricht angesehen werden. Was das Konzept in der Praxis bedeutet, kann höchst verschieden sein und zu sehr unterschiedlichen Ergebnissen führen.

Die ‚Explosion‘ der Strategien und Techniken

Spätestens seit den 80er Jahren haben Lernstrategien und Arbeitstechniken eine steigende Konjunktur, zuerst in der wissenschaftlichen Forschung (z. B. über Lern- und Denkstrategien, Lernstile), dann auch zunehmend in der populären Ratgeberliteratur und in der Schule. Was dort jeweils unter Strategie oder Technik verstanden wird, ist sehr unterschiedlich (vgl. auch BAUMERT 1999). So kann ‚Strategie‘ als *übergreifende* Tendenz, Aufgaben zu lösen, aufgefasst werden, während ‚Technik‘ eher als *konkretes, beobacht-*

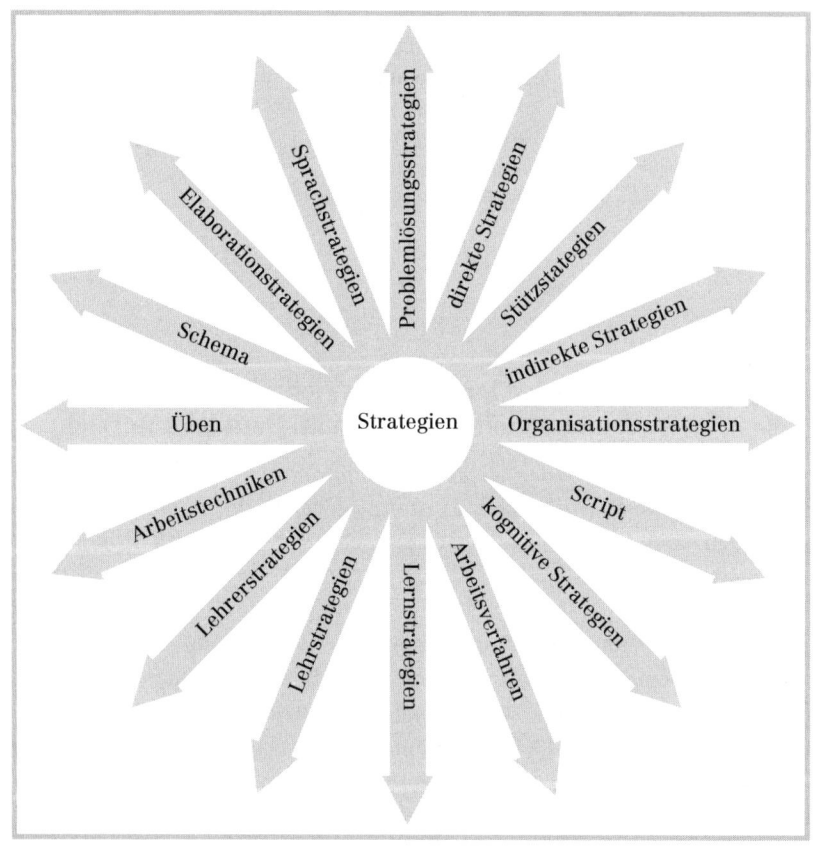

bares Lernverhalten zu begreifen ist. ARNOLD u. a. (1980) beschreiben eine Denkstrategie als eine geordnete Folge von Operationen zum optimalen Erreichen bestimmter Leistungen. Andere Definitionen fassen Lernstrategien als selbstgesteuertes intentionales Lernen, als komplexe kognitive Operationen, als Bündel unterschiedlicher indirekter und direkter Lern- und Verhaltensweisen. Wiederum andere sehen in Lernstrategien die Voraussetzung, dass Lerner in der Lage sind, ihr eigenes Lernen zu regulieren. (ZIMMERMAN/MARTINEZ-PONS, 1990).

Kontrovers diskutiert wird, ob die faktische oder potenzielle Bewusstheit der jeweiligen Lernhandlungen ein unbedingt erforderliches Merkmal für Lernstrategien ist und ob sie (über einen längeren Zeitraum) stabil sein müssen. Größtenteils Übereinstimmung besteht darin, dass Lernstrategien nur an spezifischen Inhalten und konkreten Texten erworben werden können, dass sie zunächst bewusst oder angeleitet angewendet werden müssen, um allmählich zu Routinen zu werden, und dass sie erst flexibel genutzt und modifiziert werden können, wenn sie vorher sicher strukturiert und an konkrete Inhalte angebunden waren (vgl. auch S. 83 f.). Einig ist man sich auch darüber, dass sich Lernstrategien aus verschiedenen Teilkompetenzen und Substrategien zusammensetzen und dass hier Motivation, individuelle Ressourcen (z. B. Interesse, Aufmerksamkeit) und sozio-affektive Aspekte eine Rolle spielen. Unbestritten gelten auch zwei weitere Befunde für den Zusammenhang von Lernstrategien und Leistungsmerkmalen: Danach führt das Wissen über adäquate Lernstrategien noch lange nicht automatisch zu deren Anwendung (ARTELT 2000), es bestehen sogar nur relativ schwache Zusammenhänge zwischen ihnen (BAUMERT 1993), weil offensichtlich zwar kognitive und metakognitive Lernstrategien eine wichtige Voraussetzung für selbstreguliertes Lernen sind, aber erst ein ‚Feintuning‘ sie in der konkreten Lernsituation zum Erfolg führt. *Lernstrategien wirken sich danach nur dann positiv aus, wenn sie so beherrscht werden, dass sie auch variiert und konfiguriert werden können und wenn sie genutzt werden können. Wird beispielsweise im Unterricht (z. B. bei Leistungsüberprüfungen) nicht auf Tiefenstrategien zurückgegriffen, ist nicht zu erwarten, dass Schüler langfristig am Erwerb solcher Strategien interessiert sind.*

Eine klare Abgrenzung der Definitionsversuche über Lernstrategien sowie die Systematisierung der einzelnen Kategorien erweist sich als hoffnungsloses Unterfangen. Die einzelnen Ansätze sind zu wenig integriert und die Forschungsergebnisse (euphemistisch gesagt) widersprüchlich. Leistbar ist jedoch die Präsentation eines allgemeinen Orientierungsrahmens:

Was Lernstrategien antreibt ...

motivational bzw. ressourcenbezogen
- für Lernen notwendige innere und äußere Ressourcen hinreichend aktivieren
- Selbstbezogene Kognitionen (z. B. Selbstwirksamkeit)
- Interesse, Motivation
- eigene Anstrengung, Aufmerksamkeit
- genügende Zeitressourcen
- gute Arbeitsplatzgestaltung
- Nutzung von Informationsmaterialien
- ...

metakognitiv
- Planung (Setzen von Lernzielen, Formulieren von Kontollfragen)
- Überwachung
- Regulation (aktuelle Lerntätigkeit anpassen an Aufgabe)
- Ziele formulieren, gezielt handeln, Vorwissen aktivieren
- eigenes Lern- und Arbeitsverhalten untersuchen und darstellen können
- Selbst-Aufmerksamkeit
- Kontext herstellen ...

sozio-affektiv
- mit anderen zusammenarbeiten
- um Hilfe und Unterstützung nachsuchen
- anderen eine Rückmeldung geben
- Kommunikations- und Kompentationsstrategien
- ...

kognitiv
- Wiederholen
- Memorierstrategien
- Elaborationsstrategien (Konstruktion, Intergration, Transfer)
- Transformationsstrategien
- Ordnen, Notieren
- Schlussfolgerungen ziehen
- Probleme beschreiben
- Hypothesen überprüfen
- ...

Betrachtet man auf diesem Hintergrund die gegenwärtige Diskussion über Lernstrategien und Arbeitstechniken (auch für den Deutschunterricht), bleibt festzustellen, dass der Großteil der Konzepte sich jeweils nur auf einige wenige der hier genannten Aspekte bezieht, und zwar überwiegend auf kognitive und ansatzweise auf metakognitive Strategien. Auf die Notwendigkeit der Beachtung der emotionalen und motivationalen Dimension wird zwar hingewiesen (BICKMANN/BREMERICH-VOS 2001, S. 26), Ansätze dazu gibt es aber kaum. Im Blick der (Fach-)Didaktik sind meistens nicht überschneidungsfreie Teilgruppen von Lernstrategien, wie beispielsweise:

- Wiederholungsstrategien
- Organisationsstrategien (etwas zusammenfassen, unterstreichen, anfertigen oder zusammenstellen ...)

- Elaborationsstrategien (etwas Neues auf etwas Bekanntes beziehen, Analogien bilden, neue Beispiele finden …)
- Metakognitive Strategien (s. o.)
- Stützstrategien (günstige Lernumgebung schaffen …)
- Oberflächenstrategien (etwas auswendig lernen, repetieren)
- Tiefenstrategien
- Kontrollstrategien.

Sie sind nicht trennscharf voneinander abzugrenzen und vor allem auch nicht in jedem Falle eindeutig. „Das gilt vor allem für die Differenz von Organisations- und Elaborationsstrategien. Insbesondere die Übergänge zwischen reduktiven und elaborativen Strategien im Umgang mit Texten sind fließend. Wähle ich aus einem argumentativen Text die zentrale Behauptung aus und unterstreiche sie, zählt das als reduktive Strategie. Formuliere ich sie aber – vielleicht auch nur geringfügig – um, ist das ein Beispiel für eine elaborative Strategie. Das Unterstreichen wichtiger Begriffe gilt als reduktive Arbeit, das Knüpfen begrifflicher Netze wird, je nach textlicher Vorgabe, einmal mehr, einmal weniger als teils reduktiv und teils elaborativ verbucht." (BREMERICH-VOS 2000, S. 190)

Fünf Karriereschritte *der* Methode: Isolierung → Reduktion → Simplifizierung → Verabsolutierung → Erfolgsgarantie

„Was aber, wenn alles ganz leicht ginge? Wenn man im Klassenzimmer genauso lernen könnte wie man unter der Höhensonne braun wird! Wenn Unterricht plötzlich geil wäre? [...] Ein berauschender, ein erlösender Gedanke! Genau diese Sehnsucht der Lehrkräfte, und insbesondere derjenigen, die noch einen gewissen ‚schülerorientierten' Anspruch an ihre Tätigkeit knüpfen, diese Sehnsucht nach einem Ende ihrer Mühsal bedienen die didaktischen Wundermittel. Sie versprechen die Aufhebung der Entfremdung und suggerieren eine plötzliche Leichtigkeit der Unterrichtsarbeit: eine didaktische Wunderwelt. "   (TERHART 2000, S. 209)

Die Isolation von Lernstrategien in Teilgruppen ist zwar problematisch, weil sie den Zusammenhang der einzelnen Faktoren ausblendet, sie übt aber auf die Praxis eine Faszination aus: Einerseits reduziert sie die Komplexität und das Anspruchsniveau von Lernstrategien, andererseits generalisiert sie die übrig gebliebenen so, dass sie instrumentell in fast allen Fächern eingesetzt werden können. Die Simplifizierung und die Verabsolutierung von Strategien ermöglichen es dann endlich, sie als die Methode zu propagieren, die zu einer grundsätzlichen Veränderung des Schülerverhaltens und der Schülerleistungen führen werden.

Soll sich die Methode verkaufen, bedarf es neben dem Viererschritt „Isolierung in Teilgruppen – Reduktion der Komplexität – Simplifizierung – Verabsolutierung von Einzelelementen als Methode" noch eines weiteren Schrittes: der Erfolgsgarantie. Es muss nicht nur betont werden, dass die Methode gut ist, sie muss auch den Anwender gut machen. Die Erfolgsgarantie wird meistens an die Erfüllung von vier Bedingungen geknüpft. Die **neue Methode** muss:

- gründlich und ‚pur' vermittelt werden (ohne Störung durch andere Methoden) und die Lernenden als Tabula rasa behandeln, ihr muss ein eigener spezifischer Bildungswert zugemessen werden,
- intensiv und häufig an unterschiedlichen Gegenständen geübt werden (insbesondere Arbeitstechniken),
- sich Tiefenstrategien widmen (z. B. Organisations- und Elaborationsstrategien), damit das Gelernte auch ‚sitzt' und nicht nur formal bleibt,
- möglichst unabhängig von spezifischen Inhalten eingeübt werden, weil so der Primat der Methode erfüllbar ist und die Methode ungebunden im Prinzip für alle Fächer und Schüler geeignet ist.

Wird dieser Viererschritt jedoch mit einem Ausschließlichkeitsanspruch verknüpft („Du sollst keine andere

Lernen lernen – kleines Missverständnis

9-11 Uhr: Sitzung des Projektbeirates zur Leseförderung. Vertreten ist alles, was Rang und Namen hat bzw. haben möchte. Vorstellung der Projektidee zur Leseförderung: Einrichtung von Schulbibliotheken, Kontakte mit Autoren, Fortbildung für Lehrkräfte, Material für Schüler (…). Das Konzept wird allseits gelobt, die beiden Hochschulvertreter sind sehr angetan und unterfüttern das Konzept mit theoretischen Erkenntnissen. Herr B., der einen der größten deutschen Verlage vertritt, meldet sich zu Wort. Ob er das Ganze denn missverstanden habe, möchte er wissen, seiner Meinung ginge es doch um ein Projekt, bei dem Schüler lernen sollten, schneller und effektiver zu lesen. Er selbst habe nach zwei Kursen Speedreading seine Lesegeschwindigkeit vervielfacht, das spare ihm und dem Verlag enorm Zeit. In der Schule könne ein Vielfaches vom bisher Gelernten vermittelt werden, würde man diese in den USA sehr bewährte Methode auch hierzulande einsetzen. Er jedenfalls mache sich dafür stark, ein anderes Verständnis von Leseförderung zu propagieren. (…) Weitgehende Zustimmung. Der Vertreter des Schulministeriums hält sich zurück. (…)"

(Tagebuchnotiz 1995)

Methode neben mir haben!"), wird das Thema ‚Lernstrategien' zu einer reinen Glaubensfrage. Nachfragen nach Belegen für die Wirksamkeit der Methode werden dann als Unglaube oder Häresie abgetan.

Es gibt gute Gründe, gegenüber solcherart verkürzten Methoden der Vermittlung von Lernstrategien und Arbeitstechniken zurückhaltend zu sein. Empirisch lassen sich die vier Grundannahmen der Erfolgsgarantie nämlich nicht belegen, zum Teil werden sie sogar widerlegt (vgl. S. 83 f.). „Verglichen mit diesen Hoffnungen sind die Ergebnisse zumal der Studien, die nicht mit Lernen im Labor, sondern mit realen Lernbedingungen in Schule und Hochschule zu tun haben, ernüchternd. Es zeigen sich nur bescheidene, gar keine oder sogar erwartungswidrige Zusammenhänge." (BREMERICH-VOS 2000, S. 190) Die Ursachen dafür liegen u. a. darin, dass

- die bereits seit langem aufgebauten Lernstrategien der Schüler nicht im erforderlichen Maße aufgegriffen und umstrukturiert werden, sondern dass auf einen Neuerwerb von Lernstrategien gesetzt wird. Für den einzelnen Schüler (nicht nur ‚Vielwisser', sondern gerade Schüler mit Lernproblemen) können aber ‚falsche Lernstrategien', ‚falsche Regeln' zu richtigen Ergebnissen führen (vgl. SÄLJÖ 1995, TORNBERG 1996, S. 16), es ist deshalb gar nicht einsehbar, warum die alten Regeln verändert werden sollten.

- bei hohem Vorwissen und schon entwickelten Lernstrategien die Vermittlung weiterer bzw. anderer Strategien zu ungünstigen Interferenzen führen und sowohl alte wie neue Strategien behindern kann.

- sie zu stark lehrgangshaft und lehrer- bzw. materialgelenkt sind. Lernen wird so von einem aktiven Prozess der Aneignung und Verarbeitung auf eine auftragsgesteuerte Tätigkeit reduziert.

- der Erwerb von Tiefenstrategien für Schüler kaum lohnend ist, weil sie bei Leistungsüberprüfungen nur wenig verlangt werden.

- erworbene Lernstrategien relativ breit angelegt werden müssen, damit sie übertragbar sind. Das wiederum birgt die Gefahr, dass sie zu allgemein und unspezifisch werden und im konkreten Fall nicht mehr als hilfreich gelten und nicht auf neue Situationen transferiert werden können. ‚Rasches Lesen' ist z. B. durchaus eine ‚Technik', die in bestimmten Fällen sinnvoll sein kann, in anderen Fällen ist sie absolut falsch. Das Gebot, jeden Text zuerst rasch zu überlesen, muss überhaupt nicht mit den individuellen Lerngewohnheiten in Übereinstimmung zu bringen sein.

- „für erfolgreiches kumulatives Lernen nicht formale Schlüsselqualifikationen, sondern eine solide und gut organisierte Wissensbasis in der jeweiligen Domäne (wichtig ist). Damit sind nicht vereinzelte und mechanisch erworbene Kenntnisse gemeint, sondern ein intelligent geordnetes, in sich vernetztes, in verschiedenen Situationen erprobtes und flexibel anpassbares Wissen, Konzept-, Theorie-, Methoden- und Prozesswissen gleichermaßen." (vgl. BLK 1997, S. 8)

■ Lernstrategien und -techniken mittlerweile zu einem eigenen *Unterrichtsthema* geworden sind, das im besten Falle in regelmäßigen Abständen behandelt wird (anstatt es kontinuierlich und direkt an andere Unterrichtsthemen anzubinden). Während der Vermittlung von Arbeitstechniken und Methoden sind die Erfolge, auch bei Klassenarbeiten, reproduktiv und imitativ ziemlich hoch. Schüler weisen nach, dass sie – wie bei anderen Inhalten auch – den aktuellen Unterrichtsstoff beherrschen.

Ob die vermittelten Lernstrategien zu einer längerfristigen Arbeitshaltung und zu einem geänderten Verhalten führen, hängt also u. a. davon ab, ob sie speziell auf die Situation und die Vorkenntnisse der Schüler angepasst werden, ob sie im Unterricht zur Regel werden (bei Schülern wie bei Lehrkräften) und ob Schüler daran überhaupt Interesse haben und motiviert sind, sie weiter aktiv anzuwenden. Dazu müssen die Methoden Sinn machen und an sinnvollen Texten erworben werden, sie dürfen nicht als lineare Operationen vermittelt werden. Voraussetzung für eine längerfristige Wirkung solcher Methoden ist auch, dass sie einen an Inhalte angebundenen ‚roten Faden' haben und regelmäßig erprobt werden können.

Aus einem Brief über eine Fortbildungsveranstaltung

„Es war die beste Fortbildungsveranstaltung seit langem. Klares Programm, klare Botschaft, klare Struktur. Zuerst gaben die beiden Moderatoren einen Überblick über Lerntheorien. Alles auf Wandzeitungen und mit Handouts, sehr professionell. Dann ging es nach einer kurzen Bewegungspause um neurobiologische Erklärungsansätze (Rechts- und Linkshirnigkeit) und NLP. Nach zweimal 20 Minuten machten wir den Lerntypentest (ich bin ein auditiver Lerntyp!). Dann kam eine Entspannungsübung, die man auch mit Schülern durchführen kann, und schließlich haben wir in der Schülerrolle einzelne Arbeitstechniken geübt: Texterschließung – Diagramme und Tabellen entwerfen und Interpretationsschema – Tipps für eine saubere Heftführung – Einrichtung eines Arbeitsplatzes – Hausaufgabenorganisation – Zeitdieben auf der Spur – Vorbereitung auf Klassenarbeiten – Arbeiten mit Nachschlagewerken – Lerntypentest.
Es war das einzige Mal in meiner gesamten (!) Lehrerzeit, dass alle (!) Kollegen der Fachkonferenz konzentriert am Tisch gesessen und gearbeitet haben. Wir haben Schlüsselwörter unterstrichen, Metaphern gesucht, Überschriften formuliert (…) Es war herrlich. Gleich am nächsten Tag habe ich in der Klasse die Ma-

terialien eingesetzt. Sie funktionierten wirklich. Es war mucksmäuschenstill. Alle arbeiteten an ihren Arbeitsblättern. Die eine Fortbildungsveranstaltung hat mir Stoff für ein paar Dutzend Unterrichtsstunden gebracht. Kann ich nur weiterempfehlen."

(Brief einer Kollegin, 2000)

Die Begeisterung der Kollegin ist verständlich – auf den ersten Blick zumindest. Ob sie weiterhin Bestand hat, wird auf ihre *Haltung* und auf die *Verankerung* der Methode im Unterricht ankommen. Einige Anzeichen sprechen schon jetzt gegen einen längerfristigen Erfolg: Offenbar gab es weder in der Fachkonferenz noch auf der Ebene der Jahrgangsstufe eine Abstimmung über dieses Vorgehen, es wurde auch in der Klasse nicht eingeplant. Auch Verankerungsphasen wurden nicht verabredet, und so muss der Nutzen der Arbeit den Schülern unklar bleiben. Was Schüler veranlassen soll, das Üben von Lernstrategien als einen anderen Inhalt als die bisherigen zu erkennen, wird ebenso wenig deutlich wie die Einbindung des Vorwissens. Erwartbar ist, dass die Kollegin die Unterrichtseinheit noch häufig durchführen wird: Sie verschafft Entlastung, ist ein hochwertiges Thema und gibt das Gefühl, auf der richtigen Seite zu stehen.

,Lernen lernen' – Pädagogisches Multitasking und Methoden-Placebo

Es steht zu befürchten, dass die überwiegende Anzahl der Veranstaltungen, Projektwochen und Unterrichtsreihen zu ,Lernen lernen' nicht zu dem nützt, wozu sie durchgeführt werden. Andererseits gilt: Die meisten Veranstaltungen schaden im Prinzip auch nicht (außer dass sie Geld kosten). Sie machen Spaß und vermitteln eventuell nützliche Lern- und Arbeitstechniken, vor allem der Informationsbeschaffung und der Organisation des Lernens. Aber „das Konzept der metakognitiven Kompetenzen und Lernstrategien ist breiter als die üblicherweise in der Schule unter der Perspektive ,Lernen des Lernens' vermittelten Lerntechniken." (BAUMERT 1993, S. 13) Schaden richten Veranstaltungen dann an, wenn sie indirekt ein negatives Schülerbild verstärken, wenn man beispielsweise

> ## Super-Lerntipp:
> ## Wenn dich etwas ärgert, schreibe es auf einen Zettel, zerknülle ihn und wirf ihn weg!

Abb. 7: Aus dem Abfalleimer in der Klasse 6

glaubt, Schülern nun wirklich alles und immer wieder von vorn und immer auf dem niedrigsten Niveau an Arbeitstechniken beibringen zu müssen. Ein solches Schülerbild tritt in Aussagen zu Tage wie: „Das können selbst *meine* Schüler!", oder „Endlich müssen die Schüler sich mal an Vorgaben halten und können nicht ausweichen!"

Neben diesen allgemeinen gibt es einige spezifische negative Auswirkungen auf den Deutschunterricht. Dazu gehört, dass dem Fach Deutsch bei vielen Projekten, Thementagen und Veranstaltungen eine Rolle zugewiesen wird, die ihm nicht zukommt: Es soll allen anderen Fächern instrumentell-methodisch zuarbeiten, ohne dass zuvor eine inhaltliche und methodische Abstimmung erfolgt und ohne dass eine Zusammenarbeit angestrebt wird. Hier wiederholt sich ein aus dem Grammatik-Unterricht bekannter Mechanismus: Im Fremdsprachenunterricht möchte man gern nur auf das grammatische Grundwissen zurückgreifen müssen, das der Deutschunterricht hoffentlich rechtzeitig bereits vermittelt hat. Die Erwartungen anderer Fächer an das Fach Deutsch bezüglich ‚Lernen lernen' oder der Vorbereitung für das Schreiben von Facharbeiten grenzen an eine ‚Mission impossible', das pädagogisches Multitasking erfordert: Es soll im Deutschunterricht möglichst allgemein, möglichst strukturiert und möglichst dauerhaft so gelernt werden, dass andere Fächer ohne Probleme darauf aufbauen können. Eine weitere negative Auswirkung für den Deutschunterricht ist die verengte, oft mechanistische Auffassung von Analyse-, Verstehens- und Interpretationsprozessen, z. B. in Unterstreichungs-Übungen oder in Übungen zur Textzusammenfassung und Aussagenanalyse – als könne die bloße Anwendung von Arbeitstechniken schon Sinn erschließen und komplexes Textverständnis ermöglichen. Insofern handelt es sich bei solchen Formen des Methodenlernens um nichts anderes als ein Methoden-Placebo: Wenn man daran glaubt, meint man etwas gelernt zu haben.

Die dritte negative Auswirkung solcher Lernen-lernen-Konzepte auf den Deutschunterricht besteht in der tendenziellen Entwertung der Inhalte, wenn Arbeitstechniken an beliebigen Übungstexten geübt werden. Der Einwand, nicht jedes Lernen im Unterricht müsse situativ verankert und an bedeutungsvolle Inhalte gebunden sein, es müsse auch systematisierende kognitive Elemente geben, trifft nicht das eigentliche Problem. Es geht nicht darum, systematisierendes, nicht-situatives Lernen abzulehnen (es nimmt ohnehin einen großen Teil der Unterrichtszeit ein). Problematisch ist jedoch, dass vom klippschulartigen Exekutieren der Arbeitstechniken behauptet wird, es könne Textverstehen und Textverständnis generieren.

Vorschlag I: Deutschunterricht offen als exemplarische Lehr- und Lernsituation nutzen und gestalten

Wenn es um Lernstrategien und Arbeitstechniken im Deutschunterricht geht, ist das bedeutend mehr als nur eine Frage von Methoden und Techniken. Es geht letztendlich um die eigene Haltung zum Unterrichten, zu den Schülern und zum Lehr- bzw. Lernauftrag. Wer Schülern im Unterricht Lernstrategien und Arbeitstechniken vermittelt, zeigt damit immer auch seine Sicht vom Unterricht und von den Schülern und markiert, was er von ihnen hält, worüber man sich mit ihm verständigen kann (und worüber nicht) und was erreicht werden soll.

Oft erfolgt dies verdeckt oder indirekt, beispielsweise über die Auswahl von Inhalten, die Bestimmung der ‚Tagesordnung‘ in der Klasse, die Wahl der Herangehensweise und Aufgabenstellung. Indirektes oder verdecktes Vorgehen wird vor allem dann gewählt, wenn die Bedeutung von Inhalten und die Vorbildfunktion der Lehrkraft betont werden sollen. Die Gefahr solch indirekter Vorgehensweisen besteht darin, dass Signale und Handlungen schwerer durchschaubar und erkennbar werden und dass man sich sehr auf den Lehrenden fixieren muss, weil alles eine verdeckte Botschaft sein kann. Wie schwierig der Umgang mit indirekten Strategien ist, können Lehrkräfte häufig beobachten, wenn sie eine neue Klasse übernehmen. Jede Lehreräußerung und jeder Auftrag wird als potenzieller Ausdruck einer Lehr- bzw. Lernstrategie verstanden. So kann die Ankündigung „Als erstes werden wir ... im Unterricht behandeln" verstanden werden als eine Aussage, dass dies der Lehrkraft besonders wichtig ist (Wichtige Dinge immer zu Anfang) oder besonders unwichtig (Was man am Anfang macht, vergisst man sowieso).

Werden Lernstrategien, Arbeitstechniken und die Arbeit im Unterricht direkt angesprochen, lassen sich solche Missverständnisse vermeiden bzw. besser beheben. Der direkte, offene Umgang mit Strategien, Techniken und Methoden hat den Vorteil, einzelne Schritte genauer (er)klären zu können, und mit Hilfe der Schüler das Spektrum allmählich zu erweitern und Methodenreflexion und -bewusstsein zu fördern. Freilich ist dieses Vorgehen auch nicht frei von Problemen oder Nachteilen. Es braucht oft mehr Zeit als indirektes Vorgehen und erschwert unter Umständen induktives Lernen. Nicht immer werden die direkt vermittelten Aspekte dann auch im Alltag umgesetzt und bleiben oberflächlich, wenn man hier nicht nachsetzt.

Trotz der möglichen Probleme spricht vieles dafür, sich vorrangig für den direkten Weg zu entscheiden – unter der Voraussetzung, dass die direkte

Vermittlung kontinuierlicher Bestandteil des Unterrichts wird und nicht in Sonderveranstaltungen oder speziellen Unterrichtsreihen isoliert erfolgt. Die offene Nutzung des Deutschunterrichts als exemplarische Lehr- und Lernsituation und deren systematische Gestaltung ist die Bedingung, dass dieser Ansatz gelingt. Das ist – das sei noch einmal betont – nicht nur eine Sache der Technik oder von Methoden, sondern auch eine der Haltung.

Die folgenden Vorschläge sind deshalb keine Methodik oder bloße Techniken, die unmittelbar und ohne Adaption eingesetzt werden können. Sie sind Anregungen und Elemente, um die Lehr- und Lernprozesse im Unterricht gezielt zu konfigurieren.

Tipps: Offene Gestaltung von Lehr- und Lernsituationen

Bei Übernahme einer neuen Klasse:

- **Information** über zentrale Inhalte und Methoden der Arbeit des nächsten Vierteljahres geben, nach Möglichkeit unter Angabe wichtiger Gründe für die Auswahl
- **Recherchieren** der Inhalte und Methoden des vorherigen Lernabschnitts – bei Lehrkräften und bei Schülern: wichtige Unterrichtsergebnisse und erfolgreiche Unterrichtsmethoden
- **Befragung**: Wie hast du bisher am besten in der Schule gelernt? Woran hast du gemerkt, dass das die beste Form des Lernens wahr? – Falls es sich um einen Wahl- oder Differenzierungskurs handelt: (anonyme) Befragung nach den Gründen für die Wahl
- **offene Formen und Arbeitsaufträge**, die es zulassen, bereits Gekonntes einzusetzen und auf offene Felder hinzuweisen
- **Klärung/Verdeutlichung**: Grundverständnis der Lehrer- und Schülerrolle: Worauf können Schüler sich verlassen und was können sie erwarten (z. B.: Reaktion bei Störungen, Umgang mit besonderen Lernleistungen …), was erwartet die Lehrkraft von den Schülern (z. B. Übernahme von bestimmten Aufgaben, Mitwirkung bei …, Verantwortung für eigenes Lernen …)
- **Sprache**: Verwendung von Sprache (z. B. für die Begrüßung, bei Nachfragen, bei der Darstellung von Sachverhalten), die dem angestrebten Verständnis von Unterricht und den vorherigen Klärungen genau entspricht. (Schrecklichster Fauxpas: „Euch Säcken bringe ich noch anständige Sprache bei!")
- Angebot einer **Selbsteinschätzung der eigenen Fähigkeiten**: Die Möglichkeit einer Einschätzung der eigenen Stärken und Schwächen hilft den Schülern zu erkennen, wo sie besonders aktiv arbeiten sollen. Selbsteinschätzungen können durch Tests mit Musterlösungen, durch offene Fragebögen oder durch die Überarbeitung von Schülerbeiträgen erfolgen (Was müsste bei diesem Aufsatz verändert werden, damit er eine gute Note bekommt?).
- **Ungeeignet** sind ungezielte, unstrukturierte Umfragen: Wie war's denn im letzten Jahr bei …? Was hat euch besonders gut gefallen? Was sollen wir denn

machen? Ebenfalls ungeeignet ist ein Moratorium, das den Unterricht aussetzt: Wir müssen uns erst einmal kennen lernen ... wir experimentieren jetzt mal ein bisschen u. Ä.

Während des Unterrichts:

- **Integration** von Lernstrategien und Arbeitstechniken in die tägliche Arbeit, z. B. in Form von kurzen Einführungen, Kommentaren, Aufgabenstellungen, Auswertungen
- **Offenlegung des eigenen Vorgehens**, z. B. durch Tafelanschrieb zu Beginn der Stunde: Thema, wichtige Schritte
- **Thematisierung** von Lernstrategien und Arbeitstechniken auf allen Klassenstufen (nicht nur bei Anfängern oder Schulwechslern)
- **Dokumentation zentraler Strategien**, z. B. Wandzeitungen (die fünf wichtigsten Schritte einer Textzusammenfassung; die Regeln für Rollenspiele), Regeln (verschiedene Formen der Textproben)
- Verwendung von **herausforderndem Material und Aufgabenstellungen**, das die Notwendigkeit der Benutzung von Strategien und Arbeitstechniken deutlich macht. Bei zu leichten Aufgabenstellungen bringen Strategien keinen Gewinn.
- **Anwendung unterschiedlicher Strategien und Techniken** bei derselben Aufgabe
- deutliche und häufige **Rückmeldung** an Schüler über deren Lernstrategien und Arbeitstechniken, dadurch deren strategisches Vorgehen verdeutlichen
- Bei Rückmeldungen **Fokussierung auf den Lernprozess** und nicht nur auf das Lernergebnis: Wie arbeitest du an dieser Aufgabe? Wie bist du auf diese Lösung gekommen? Was hat dich veranlasst, diese Strategie zu wählen? Wie wurden Arbeitsergebnisse erreicht?
- **Nutzung bzw. Stärkung von Selbst-Korrektur** der Schüler
- **Versprachlichung/Verdeutlichung von Strategien (Methodenrückschau):** nach Arbeitsabschnitten die einzelnen Arbeitsschritte, verwendeten Strategien und Techniken ermitteln und deren Wirkungen reflektieren. Verdeutlichung: Warum funktionieren bestimmte Strategien und Techniken? Wann kann man sie anwenden?
- **Klare Präsentation über Strukturen und Strategien bei Lehr- und Lernprozessen**, z. B. durch Angabe angestrebter Ziele, Arbeitsschritte, Erwartungen
- **Regelmäßige direkte und indirekte Wiederholung** besonders wichtiger Strategien an unterschiedlichen Inhalten
- **Anregungen für die Evaluation/Auswertung** der eigenen Lernstrategien und Arbeitstechniken
- **Dokumentation** der einzelnen Arbeitstechniken und -strategien für die Schüler

Vorschlag II: Lernstrategien und Arbeits- techniken untersuchen

Zur Analyse von Lernstrategien und Arbeitstechniken werden überwiegend Fragebögen eingesetzt, sowohl in der Forschung (z. B. bei Pisa, vgl. S. 71, Wild/Schiefe/Winteler 1992, Baumert/Heyn/Köller 1992) wie auch in Arbeitsmaterialien für Schüler und Lehrkräfte. Erheblich seltener werden Analysen von Lernprozessen und -ergebnissen oder Beobachtungen und Experimente durchgeführt. Der Einsatz von Fragebögen bringt gerade hier mehrere Probleme mit sich: Häufig werden nur Selbstwahrnehmungen und -einschätzungen erfragt. Ob diese mit dem tatsächlichen Verhalten zu tun haben, bleibt unsicher. Während die Fragebögen aus Arbeitsmaterialien oft sehr allgemein und knapp bleiben, sind wissenschaftliche Fragebogeninstrumente meist sehr komplex angelegt, nur für Forschungszwecke konzipiert und auf Studenten bzw. Erwachsene ausgerichtet. In beiden Fällen gelingt es nur in Ausnahmefällen, die Fragebögen auf die spezifische Lernsituation der Befragten abzustimmen. Enthalten die Fragebögen viele Fragen zu Bereichen, auf die die Befragten keinen Einfluss haben, fördert dies die Einstellung, Lehr- und Lernprozesse seien wesentlich von Rahmenbedingungen oder unbeeinflussbaren Faktoren abhängig.

Wenn Fragebögen über Lernstrategien und Arbeitstechniken im Unterricht eingesetzt werden, dann müssen sie *immer* auf die spezifische Lernsituation und den Lerninhalt abgestimmt werden, andernfalls kann man mit den Ergebnissen nicht mehr machen als allgemeine Neugier befriedigen. So ist beispielsweise die Verwendung von Lerntypentests im Deutschunterricht nur vertretbar, wenn es um Gegenstände oder Situationen geht, in denen lerntypspezifisch gelernt werden könnte (z. B. beim Auswendiglernen, bei der Wahl von Arbeitsmethoden bei Literaturanalysen...). Fragen zur Lernmotivation oder zur häuslichen Arbeitsumgebung sind nur vertretbar, wenn die Lehrkraft beabsichtigt, die Ergebnisse auch mit den Eltern zu diskutieren und mögliche Handlungsalternativen zu entwickeln. Grundsätzlich sollen Fragebögen zu Lernstrategien und Arbeitstechniken *immer* die Möglichkeit individueller Auswertung und Feedbacks bieten.

Items für Fragebögen zu Lernstrategien und Arbeitstechniken

Wie planst und überwachst du deine eigenen Lernprozesse? – Ich ...
- überlege mir vorher die Reihenfolge der Arbeitsschritte.
- setzte mir ein Ziel, wie weit ich mit dem Stoff kommen möchte.
- bestimme Zeiten, an denen ich lernen werde.

- halte mich an einen eigenen Zeitplan.
- überlege vor jeder Aufgabe, wie lange ich wohl daran arbeiten werde, und lege vor jeder Lernphase eine bestimmte Zeitdauer fest.

Wie arbeitest du im Unterricht? – Ich ...
- überlege mir immer genau, was ich sagen will, bevor ich mich melde.
- suche mir selbst eine Erklärung, wenn ich etwas nicht verstehe.
- konzentriere mich auf die Dinge, die ich gut kann.
- verwende Beispiele oder spiele etwas vor, wenn ich etwas erklären will.
- frage einen Mitschüler, wenn ich etwas nicht weiß.
- überlege, wie gut mein Beitrag (Hausaufgabe, mündlicher Beitrag ...) wohl war.
- orientiere mich an den guten Schülern.
- orientiere mich an den schlechten Schülern.
- überlege, was ich beim nächsten Schritt tun muss.
- mache gern eigene Vorschläge.
- sorge bei Gruppenarbeiten für Ergebnisse.

Wie gehst du an einen bestimmten Inhalt heran? – Ich ...
- überlege mir erst einmal, wovon der Text wohl handeln wird.
- überfliege den Text oder die Aufgabe und verschaffe mir erst einmal einen Überblick.
- gucke sofort auf die Aufgabe und lese/arbeite zielgerichtet.
- unterstreiche in Texten die wichtigen Stellen.
- fasse sofort wichtigste Informationen zusammen (Gedankenstütze).
- überlege genau, was ich davon lernen muss und was nicht.
- gliedere meine Stichworte/Informationen.
- halte sofort schriftlich fest, was ich nicht verstanden habe, und gehe es am nächsten Tag wieder durch.
- stelle mir selbst Fragen zum Text oder zur Aufgabe. Wenn ich sie beantworten kann, habe ich es richtig verstanden.
- informiere mich vorher, ob ein Text auch in der Arbeit drankommt.

Wie findest du den Sinn/die Aussage/das Ergebnis heraus? – Ich ...
- schlage im Wörterbuch unbekannte Begriffe nach und informiere mich über unbekannte Aspekte.
- stelle mir den Sachverhalt bildlich vor (z. B. als Film, Schaubild ...).
- zeichne Mindmaps und Strukturbilder.
- erstelle eine Liste mit Schlüsselbegriffen, Definitionen und wichtigen Aussagen.
- erarbeite eine Matrix, in der ich zentrale Aussagen bestimmten Aspekten zuordne.
- suche nach Belegen und Argumenten für die im Text dargestellten Aussagen.
- formuliere Thesen/Zusammenfassungen.

- wechsle die Perspektive und versuche, den Text/die Aufgabe aus der Sicht einer anderen Person zu bearbeiten.
- überlege, ob ich es mit etwas verbinden kann, was ich schon weiß.
- frage Mitschüler um Rat.

Wie gehst du mit den Inhalten bzw. Lernergebnissen um? – Ich ...
- überlege mir, ob sie auch für mich persönlich von Bedeutung sind.
- beziehe sie erst einmal auf mich und meine Erfahrungen.
- entwickle Alternativen dazu.
- suche weiteres Material, um kritisch zu prüfen.
- prüfe, ob ich es richtig verstanden habe, z. B. indem ich es Mitschüler erkläre.
- nehme die Inhalte/Lernergebnisse als Anstoß, eigene Ideen zu entwickeln.
- schreibe ein Lese- bzw. Lerntagebuch.

Wie behältst du das, was du gelernt hast? – Ich ...
- wiederhole den Lernstoff.
- lerne wichtige Begriffe, Regeln, Formeln bzw. Ergebnisse auswendig.
- lese regelmäßig meine Aufzeichnungen durch.
- gebe anderen in diesem Bereich Nachhilfe.
- schreibe eigene Aufsätze etc. darüber.
- wende Computer-Lernprogramme an.
- arbeite mit der Lernkartei.
- archiviere den Lernstoff (Computer).

Wie ist es mit deiner Anstrengung? – Ich ...
- strenge mich an, auch wenn mir Inhalt oder Methode überhaupt nicht liegen.
- lasse nicht nach, auch wenn es sehr schwierig oder komplex ist.
- arbeite, bis ich mir sicher bin, die Prüfung gut bestehen zu können.

Wie lernst du? – Ich ...
- kann kaum bei der Sache bleiben, da meine Gedanken oft abschweifen.
- bin unkonzentriert, meine Konzentration hält meist nicht lange an.
- bin leicht abzulenken.
- lerne auch spätabends und am Wochenende, wenn es ein muss.
- sorge für eine ruhige Arbeitsumgebung.
- führe Selbstgespräche über das Thema/die Aufgabe (z. B.: Wie schaffe ich das jetzt? ... Sollte ich nicht ... Was wäre wenn ...).
- nehme mir genug Zeit vor Arbeiten/Klausuren.
- gestalte meine Umgebung so, dass ich möglichst wenig abgelenkt werde.

Will man stärker die Verknüpfung von Inhalten, Lernstrategien und Arbeitstechniken untersuchen, sollten die Items der Fragebögen bereichsspezifisch zugeschnitten sein. Hier können Handreichungen, Lehrmittel und Lehrpläne zur Gewinnung von Fragen hilfreich sein. Aspekte von Fragen zu einzelnen Lernbereichen des Deutschunterrichts sind beispielsweise:

- Klarheit bzw. Steuerung der eigenen Lesemotivation
- Aktivierung und Differenzierung des Vorwissens und der Schemata über Interpretationsverfahren und Inhalte
- Beherrschung bzw. Bewusstheit von Arbeitstechniken und Strategien der Texterfassung und -erschließung
- zielbewusstes Lesen, Gliedern und Analysieren des Textes
- Anwendung von Fachtermini und fachspezifischen Arbeitsweisen
- Wahl von Arbeitstechniken und Strategien bei der Bearbeitung kognitiver sowie produktions- und handlungsorientierter Arbeitsaufträge
- Aufschlüsselung von Argumentationszusammenhängen
- Herausarbeitung von Sinnstrukturen aus einem Text
- Reflexion über eigene Perspektive bei Wahrnehmung und Interpretation
- Fokussierung auf Einzelelemente und Gesamtheit eines Textes
- Gestaltung von Textvergleichen, Textkritik und Einbeziehung von Entstehungs- sowie Rezeptionsbedingungen
- Reflexion eigenen Textverstehens
- Anwendung von Schreibstrategien und Überarbeitung von Texten
- Entwicklung von Themen und Ideen für das eigene Schreiben
- Anwendung operationaler Verfahren zur Analyse der Form und Funktion von Sprache in Texten.

Weitere Ideen vgl. auch S. 183 ff..

Eine direkte Form der Untersuchung von Lernstrategien und Arbeitstechniken, die oft auch Schüler einbeziehen kann, bieten Verfahren der Beobachtung bzw. der Selbstbeobachtung. Sie können reichen von einfachen Anleitungen zur Selbstbeobachtung des Lernverhaltens bis hin zu umfassenden Auswertungen von Unterricht und dessen Ergebnissen.

Die Auswertung (s. S. 202) verlangt und ermöglicht dem Schüler differenziertere Analyse- und Schreibleistungen als bei einfachen Fragebögen zur Selbstevaluation von Unterricht. Hier kann die Lehrkraft auf spezielle Fragestellungen eingehen und zielgerichtete inhaltliche Hilfe geben. Gleichzeitig werden durch die Selbstbeobachtung die analytischen Fähigkeiten der Schüler für Lehr- und Lernprozesse verbessert.

Lern-Selbstbeobachtung für Schüler

Jeder Schüler erhält den folgenden Beobachtungsbogen, mit dem er ein Arbeitsergebnis (aus der Schule oder den Hausaufgaben) auswerten soll:

1. Wie lange hast du für diese Arbeit gebraucht?
2. Wo hast bei der Arbeit experimentiert, wo hast du etwas verbessert? Benötigst du Hilfe oder Unterstützung?
3. Wo hast du hier deiner Meinung nach gut gearbeitet? Markiere den entsprechenden Abschnitt mit einem senkrechten Strich am Rand.
4. Wo sind – falls es welche gibt! – die schwachen Seiten deiner Arbeit? Markiere die Abschnitte, Wörter, Ausdrücke und Zeichensetzung mit einer Wellenlinie am Rand, auf die der Lehrer besonders achten soll, weil du dir da nicht sicher bist.
5. Nenne etwas, das du tun willst, um deine Arbeit (…) beim nächsten Mal zu verbessern (z. B. was du ausprobieren willst).
6. Freiwillige Aufgabe, wenn die Arbeit/der Text abgeschlossen ist: Welche Note würdest du dir selbst für deine Arbeit geben? Und warum?

(nach: BRODOW 1996, II, S. 93)

Lernlandkarte

Hier können Schüler auf einfache Weise Lehr- und Lernprozesse verorten und bewerten. Ausgangspunkt ist, gemeinsam zu bestimmen, welche Assoziationen mit den vier Himmelsrichtungen verknüpft werden (z. B.: Nord = kalt, eingefroren, karg; West = windig, neblig, unfreundlich…). Dann schätzt jeder für sich und abschließend die Klasse ein, wo bestimmte Inhalte, Arbeitstechniken oder Lernstrategien ,liegen'.

Lernlandkarte zum Thema ,Beschreiben' (5. Klasse)	Nord	Süd	West	Ost
… sinnvoll Adjektive verwenden	☐	☐	☐	☐
… einen Steckbrief verfassen	☐	☐	☐	☐
… ein Tier beschreiben	☐	☐	☐	☐

Das folgende Verfahren erscheint auf den ersten Blick aufwändig und kann Vorbehalte oder Abwehr auslösen, weil Schüler einen ungewohnten Einblick bekommen. Ekholm (1999, S. 18) hält dieses Verfahren für besonders ertragreich, weil es die Wahrnehmung für Lernprozesse schärft und einen Dialog über das Lernen in der Schule in Gang setzt. Schon die Vorbereitung der Unterrichtsbeobachtung ist ein bedeutender Teil des Lernprozesses.

Unterrichtsbeobachtung durch Schüler

Zwei Schüler erhalten die Aufgabe, über zwei Wochen zu beobachten, wie im Deutschunterricht gearbeitet wird. Diese Beobachtungen werden in einem 5- oder 10-Minuten-Raster dokumentiert. Die jeweilige Lehrkraft entwickelt mit den Schülern einen Beobachtungsbogen mit maximal acht Kategorien, die gewöhnliche Unterrichtsmuster beschreiben (z. B. Schüleraktivität, Zusammenarbeit, Lehrersteuerung ...). Die Schüler üben mit der Lehrkraft die Anwendung des Beobachtungsbogens an Hand einer Unterrichtsstunde (besser: Videoaufnahme). Die Schüler geben nach Abschluss der Beobachtungsphase ihre Raster der Lehrkraft. Diese verfasst eine Zusammenstellung der Schülerauswertungen und stellt sie den Schülern vor und wertet sie aus. Auf dieser Grundlage können alle vereinbaren, in der Folgezeit bestimmte Unterrichtsmuster besonders intensiv oder wenig zu verwenden. Nach einem vereinbarten Zeitraum (meistens ein Jahr) wird eine ähnliche Beobachtung durchgeführt. Durch einen Vergleich der beiden Schülerbeobachtungen kann herausgefunden werden, in welchem Umfang die Ziele erreicht wurden.

Einsetzbar ist die Beobachtung nur, wenn die Beobachter benennen, kategorisieren und beschreiben können, was genau im Unterricht passiert. Dazu sind Fachtermini über Arbeitstechniken, Sozialformen und Methoden notwendig. Schüler am Ende der 5. Klasse sollten u. a. folgende Termini kennen: Einzelarbeit, Plenum, Gruppenarbeit (arbeitsteilig, arbeitsgleich), Freiarbeit, Stationenlernen, Wandzeitung, Vortrag, Einführung, Erarbeitung, Zusammenfassung, Stillarbeit, Partnerarbeit, Lehrervortrag, Schülervortrag/-beitrag, Tafelarbeit, Gliederung, Experiment, Rollenspiel, Beobachtung, Projekt ... Ein für den Deutschunterricht originäres Verfahren, Arbeitstechniken und Lernstrategien zu untersuchen, ist ,Laut denken'. Es geht aus von der Alltagsbeobachtung, dass viele Schüler (auch) während der Bearbeitung von Aufgaben Selbstgespräche führen.

,Laut denken'
Selbstgespräche über Lernstrategien und Arbeitstechniken

Grundlage dieses Verfahrens ist eine ungewohnte, ungewöhnliche oder auch paradoxe Aufgabe [vgl. auch Kernideen, S. 179 f.], z. B.: „Wie viel Grammatikfehler kann man maximal in einem Satz machen, der aus 8 Wörtern besteht?" – Die Schüler erhalten den Auftrag aufzuschreiben, wie sie an diese Aufgabe herangehen und was ihnen dabei durch den Kopf geht. Zugelassen sind alle Äußerungen, die sich auf die Aufgabe beziehen. Hilfreich ist es, bei der Dokumentation zwei Spalten zu benutzen: die linke Spalte für den Arbeitsgang, die rechte Spalte für die Kommentare.

Das letzte Verfahren knüpft direkt an den Lernbereich ‚Erzählen' des Deutschunterrichts an. Grundidee ist, dass ein ‚Lernfall' erzählt wird. Dies kann ein Realfall oder ein erfundener Fall sein, es kann sich um einen Gelingens- oder Scheiternsfall handeln.

Als Geschichte erzählen, wie jemand etwas verstanden hat

Vorgegeben wird nur die Überschrift der Erzählung und die Erläuterung, dass das ‚Verstehen' im Vordergrund der Erzählung stehen soll: „Wie … (mein kleiner Bruder, mein Vater, mein Mitschüler, der Bundeskanzler) verstanden hat, dass es zwei Möglichkeiten gibt, ‚das/dass' zu schreiben."

Vorschlag III: Als wäre es so einfach, Aufträge zu erteilen – Aufgabenkultur und Qualität

Verglichen mit dem Mathematikunterricht (LEUDERS 2001) spielt die Aufgabenkultur im Deutschunterricht eine erheblich geringere Rolle, vor allem was die steuernde Wirkung auf den *gesamten* Unterricht angeht. Texten wird im Deutschunterricht eine erheblich größere steuernde Wirkung zugesprochen als den Aufgaben. Das führt zu einer etwas gelasseneren und zum Teil auch desinteressierten Beschäftigung mit Fragen der Aufgabenkultur. Offenbar besteht große Einigkeit darüber, wie Aufgaben gestellt werden und was sie zum Gegenstand haben müssen, Diskussionen gibt es im Wesentlichen nur über die Möglichkeiten und Grenzen handlungs- und produktionsorientierter Aufgabenformen (vgl. u. a. SPINNER 1999). Dass über die Bewertung der durch Aufgabenstellungen generierten, provozierten oder erzwungenen Leistungen der Schüler nicht immer Einigkeit zu erzielen ist, wird als typisch für das Fach Deutsch angesehen. Die (angebliche!) Unmöglichkeit objektiver Leistungsbewertung im Fach Deutsch lässt die Konsequenz, dass deshalb Aufgabenformen des Deutschunterrichts keine so ausschlaggebende Bedeutung haben wie im Fach Mathematik, nur logisch erscheinen. So bleibt es bei den üblichen Aufgaben: fasse zusammen – analysiere – interpretiere – nimm kritisch Stellung oder charakterisiere, beschreibe, berichte. Fragt man Deutschlehrer nach dem größten Problem bei der Entwicklung von Aufgaben kommt die Standardantwort: „den richtigen Text zu finden". Fragt man Schüler, kommt als Reaktion häufig: „zu wissen, was der Lehrer eigentlich will" und „ständig die gleiche Aufgabenstellung, man weiß nicht, was man da immer schreiben soll."

Die Einigkeit über Aufgabenstellungen im Deutschunterricht beruht aber nicht auf Überzeugung, sondern auf einen Mangel an Alternativen und Möglichkeiten, sie ist trügerisch und sehr fragil. Je mehr die Diskussion über Qualität den Deutschunterricht erreicht, umso stärker wird auch in den Blick kommen, dass Aufgaben – auch im Fach Deutsch – im erheblichen Maße

- den Unterricht gliedern, organisieren und rahmen
- das Fach repräsentieren (für Schüler und Eltern)
- das Lernen (z. B. Erschließen, Üben, Festigen von Wissen) beeinflussen
- die Leistungsfeststellung (z. B. bei Klassenarbeiten, im Unterrichtsgespräch, bei Hausaufgaben) steuern
- Bezugspunkt für kollegialen Austausch und Absprachen sind
- als ein normatives Instrument verwendet werden können.

Es ist deshalb nur konsequent, wenn *Aufgabenkultur* als eines der zentralen Mittel angesehen wird, Qualität von Deutschunterricht zu entwickeln und zu sichern. Dabei geht es nicht nur um die Aufgaben an sich, sondern auch um deren Funktion und Einbettung in den Unterricht. Angestrebt werden nicht nur ,gute', sondern auch ,passende' Aufgaben: passend zu den Rahmenbedingungen, den intendierten Lehr- und Lernprozessen und dem Grundverständnis von Qualität. Ob Aufgaben in diesem Sinne gut und passend sind, lässt sich mit Hilfe der folgenden Leitgedanken überprüfen.

Dimensionen von Aufgabenqualität im Deutschunterricht

- **Authentizität**: Widerspiegeln von Gegebenheiten der Umwelt, der Sprache und der Literatur – realistisch und glaubwürdig für die Schüler. (Hier geht es nicht um konstruierte Authentizität von Aufgaben- und Themenstellungen wie: „Du erbst plötzlich eine Buchhandlung und sollst eine Buchempfehlung schreiben. Dazu hast du maximal 30 Zeilen Platz ...", denn in solchen Aufgaben werden systematisierende Übungen durch die Bestückung mit realem Personal als situative Übungen vermittelt.)
- **Relevanz**: subjektiver und objektiver Nutzenwert für Schüler (für ihr Leben in oder außerhalb der Schule), der ihnen auch vermittelt werden kann
- **Bedeutsamkeit**: wichtige Gegenstände und Prozesse des Faches Deutsch (bzw. der Sprache und Literatur), komplexe kommunikative Zusammenhänge, Bewusstmachung des Schreibprozesses, Förderung des Sprachhandelns und der Reflexion von Sprache in funktionalem Zusammenhang
- **Echtheit und Offenheit der Probleme**: Zulassen mehrerer Lösungen (besonders bei Textinterpretation und im Grammatikunterricht); Möglichkeit, aus Fehlern zu lernen; Notwendigkeit der Recherche (besonders bei Argumentation) und Plausibilitätsprüfung (wenn z. B. Produkte für bestimmte Adressa-

tengruppen erstellt werden); Möglichkeit von Leerstellen (z. B. wenn ein Satz mit den bekannten Kategorien grammatikalisch nicht erklärt werden kann oder die Analyse von Textabschnitten offen bzw. unmöglich bleibt)

- **Ermöglichung reflektierter Kriterienbildung** (z. B. für gelingendes Schreiben, Schreibprozesse, Analyse und Wertung)
- **Zulassen nicht-exakten Arbeitens**: heuristische Strategien; Umgang mit unklaren Größen, Inhalten und Anforderungen, die Entwicklung von Kontroll- und Bewertungsstrategien anregen (z. B.: „Kommen bestimmte Artikel häufiger in Lokalzeitungen oder in überregionalen Tageszeitungen vor? – Wie viel Bücher hätte Goethe (mehr oder weniger) geschrieben, wenn er mit dem Computer geschrieben hätte?)
- **Möglichkeit der Strukturierung von Alltagsbeobachtungen**: alltagsorientierte Kontexte, transferierbare Arbeitstechniken und Strategien, Aufgreifen realer Probleme, Lösung von Schülerfragen
- **Aufforderungscharakter**: Motivation zur Beschäftigung mit Aufgabe/Fach, Praxisrelevanz
- **Selbstständige Bearbeitung** auch umfangreicherer Fragen/Probleme
- **Präsentationsform**: Anschaulichkeit, handlungsorientierte Darstellung (Schülern Gelegenheit zum Handeln geben)

Aufgaben werden also nicht ausschließlich dadurch gut und passend, dass sie gut formuliert bzw. fachlich in Ordnung sind. Negativ ausgedrückt heißt das: Eine sehr gut formulierte Aufgabe kann sich in der Praxis durchaus als schlecht und unpassend erweisen, wenn sie beispielsweise nicht auf den gesamten Lernprozess abgestimmt ist, nicht weiterführt oder das Lernen der Schüler einschränkt.

Aufgabenkultur beschränkt sich also nicht nur darauf im Sinne der genannten Leitgedanken gute Aufgaben zu stellen. Sie umfasst auch die inhaltliche, zeitliche, strukturelle und adressatenbezogene Passung und Implementation der Aufgaben in den Lernprozess, die Reflexion von Aufgabenarten und -qualität im Unterricht und die Befähigung der Schüler, selbst Aufgaben zu entwickeln und zu verändern. Aufgaben sind dann nicht Aufträge, *an* denen etwas gelernt oder Leistung erbracht wird, sondern *mit* denen das geschieht. Wenn im Folgenden auf die Aspekte der Aufgabenkonstruktion sowie der Passung und Implementation getrennt eingegangen wird, so ausschließlich aus Gründen der übersichtlicheren Darstellung. In der Praxis sind beide Aspekte immer miteinander verbunden.

Aufgabenkonstruktion

Sieht man von der Diskussion über produktions- bzw. handlungsorientierte Aufgabenstellungen ab, gibt es kaum Anstöße für neue Aufgabenformen im Deutschunterricht. Klagen über fehlende Offenheit oder mangelnde Authentizität sind eher selten. Viel häufiger dagegen wird Kritik geübt – besonders im Bereich ‚Umgang mit Texten' – die Aufgabenstellungen seien zu frei, zu umfangreich und zu wenig vorstrukturiert, was große Textmassen zur Folge habe, die wiederum nur mit hohem Aufwand zu korrigieren seien. Diese Kritik kommt im Wesentlichen von den Lehrkräften, Schüler nehmen hier oft eine ganz andere Position ein. Für sie sind beispielsweise Aufgaben wie „Analysiere den Text" – oder „Schreibe eine Rollenbiografie des Andri und gehe dabei aus vom Schluss des 7. Bildes" unter Umständen überhaupt nicht offen und geben nur wenig Raum für eigene Ideen, wenn sie sich dabei eng an vorher im Unterricht standardisierten Interpretationsverfahren oder an expliziten oder unausgesprochenen Positionen des Lehrers orientieren müssen. Ob eine Aufgabe als offen, authentisch, interessant usw. *funktioniert*, ist eine Sache der Konstruktion durch die Lehrkraft und der Wahrnehmung (Erkennen und Deuten) durch die Schüler. Es gibt keine Möglichkeit, einen Schüler dazu zu zwingen, eine Aufgabenstellung als offen und authentisch anzusehen.

1. **Voraussetzung dafür, dass Aufgaben offen, authentisch, motivierend usw. wirken, ist eine Verständigung zwischen Lehrkraft und Schüler über die mit der Aufgabenstellung verbundenen Freiräume und Ansprüche. Aufgaben können nur gut sein, wenn beide Seiten das sehen können. Das bedeutet auch, dass Lehrkräfte zu Aufgabenstellungen auch eigene Lösungsvorschläge zur Diskussion stellen sollten.**

Aufgabe: Sich über Aufgabenstellungen verständigen

a) Diesen Text […] möchte ich morgen mit euch bearbeiten. Zur Vorbereitung brauche ich eure Ideen: Wie würdet ihr ihn in den Unterricht einbringen (z. B. nur abschnittweise, komplett, mit oder ohne Erklärungen, Vorlesen, stilles Lesen …)? Welche Aufgaben würdet ihr stellen und für wen (Einzel-, Partner oder Gruppenarbeit)? Was käme in der Stunde heraus, wenn eure Aufgaben gestellt würden?

b) Nach Durchführung der Stunde am folgenden Tag: Wie hat die Planung funktioniert? Wie habt ihr eure Aufgabenstellungen bearbeitet? Welche Ergebnisse habt ihr erzielt?

c) Welche Aufgabenstellungen haben sich bewährt –zum einen für den Inhalt und zum anderen für eure Arbeitsweise?

Mitunter verstellen eigene Erfahrungen und Vorlieben der Lehrkraft auch die Wahrnehmung, wie Aufgabenformen und Themen auf die Schüler wirken. Besonders bei Aufgabenstellungen zu Texten, die für die Lehrkraft eine prägende Wirkung hatten, bestehen solche blinden Flecke. Der Schwierigkeitsgrad wird falsch eingeschätzt, der motivierende Charakter ebenfalls. Für Schüler bedeuten solche Aufgabenstellungen, vor allem wenn ihnen die Vorlieben oder Abneigungen der Lehrkraft bekannt sind, oft eine Aufforderung zur Lüge und sekundären Anpassung.

2. **Vieles spricht für die gute alte LEHRER-REGEL: „Stelle nie Aufgaben zu etwas, in das du verliebt bist oder das du hasst."**

Das Bemühen von Lehrkräften, für Aufgabenstellungen möglichst beispielhaft gute Texte zu verwenden (gut im Sinne literarischer Qualität und unterrichtlicher Verwendbarkeit) führt dazu, dass Schüler in der Regel nur mit anspruchsvollen und ‚richtigen‘ Texten konfrontiert werden. Wenn aus didaktischen Gründen dann einmal Texte verwendet werden, die diese Ansprüche nicht erfüllen (z. B. Werbeanzeigen, Trivialliteratur, Fehlertexte), wird ausdrücklich darauf hingewiesen. Dieses Vorgehen ist nicht nur aus pädagogischen Gründen problematisch sondern auch aus germanistischer Sicht fragwürdig. Es unterstellt fälschlicherweise, dass schlechte Texte generell und situationsungebunden schlecht sind und nicht zweckmäßig sein *können*. So sind die Schüler angesichts der fast ausschließlichen Verwendung als gut angesehener Texte sehr eingeschränkt, diese Texte als Lernfälle zu nutzen: Die Bandbreite ihrer Wertungen und Kritik wird deutlich begrenzt, die Möglichkeit aus fremden Fehlern zu lernen wird nur sehr geleitet zugelassen.

3. **Die Verwendung von unfertigen, nicht (inhaltlich oder umfangsmäßig) bereinigten oder adaptierten Texten, Textkonzepten, Vorstufen von Texten und Aufgabenstellungen kann eine wichtige Hilfe für Schüler sein, Texte intensiv als Lernfälle zu nutzen und selbständige Analysen und Wertungen zu leisten.**

Auf schlechte oder unfertige Texte zu verzichten, wird von Lehrkräften häufig damit begründet, dass Schüler in Leistungssituationen mit Ironie, Doppeldeutigkeit oder unkla-

Aufgabe: Bandbreite erhöhen

Angenommen: Den folgenden Text [...] finden deine Eltern gut und deine Freunde schlecht. Wie müsstest du den Text verändern, damit deine Eltern ihn schlecht und deine Freunde ihn gut fänden? Kennzeichne die Veränderungen, die du vorgenommen hast, beschreibe, was du verändert hast, und begründe dein Vorgehen.

ren Vorgaben nicht klar kämen und dass es gerade für schwächere Schüler von Nachteil wäre, solche Aufgabenstellungen bearbeiten zu müssen. Diese Position ist nur insofern richtig, wenn es um Leistungssituationen geht, z. B. um Klassenarbeiten, Prüfungen, Tests. Hier kann es sein, dass spielerische oder sehr offene Aufgabenstellungen zu unvertretbaren Orientierungsschwierigkeiten führen – wenn (!) dies vorher im Unterricht nicht hinreichend thematisiert bzw. geübt wurde und wenn die Aufgabenstellung nicht als spielerische Aufgabenstellung kenntlich gemacht wird. Nicht zuletzt dieser Befund spricht nachhaltig dafür, der auch in der Lernforschung immer wieder vertretenen (und manchmal unterschlagenen) Forderung nach der Trennung von Lern- und Leistungssituationen nachzukommen: „Wichtig ist in diesem Zusammenhang, dass in Schulen nicht Lernen und Leisten permanent miteinander vermischt werden, sondern dass es im Unterricht separat sowohl Lern- als auch Leistungssituationen gibt. […] In Lernsituationen wird in entspannter Weise Neues erfahren: aus Fehlern lernt man; Mitschüler sind nicht Konkurrenten, sondern Partner; Lehrer sind nicht Beurteiler, sondern Unterstützende. Entscheidend an Lern- und Leistungssituationen ist nicht, was der Lehrer beabsichtigt, sondern wie sie der Schüler erlebt" (WEINERT 1997, S. 15).

4. **In Lernsituationen des Unterrichts sind spielerische Aufgabenstellungen unbedingt erforderlich, um Sprache zu erforschen und ihre Möglichkeiten austesten zu können. Geeignet für solche Aufgabenstellungen sind nicht nur spielerische Inhalte wie Unsinnstexte, Phantasiegeschichten, Rätsel usw., sondern auch spielerische Aufgabenformen (Ergänzung der Aufgabenstellung, Text zu einer Aufgabenstellung finden, eine Aufgabe bewusst falsch bearbeiten usw.)**

Mit der Vorstellung des ‚fertigen Textes' bei Aufgabenstellungen verknüpft ist das Bemühen von Lehrern, bei Aufgabenstellungen im Bereich ‚Reflexion über Sprache' nur solche Texte zu verwenden, die vom Schüler lückenlos bearbeitet werden können und keine Leerstellen offen lassen. Auch wenn hier in den letzten Jahren, u. a. in der Folge des induktiven Grammatikunterrichts, Veränderungen erfolgt sind, so sind viele Übungen und Aufgaben immer noch so konstruiert, dass z. B. *alle* Textteile er-

---

Aufgabe: Die Lösungsmöglichkeiten bestimmen

Nimm einen Artikel aus der Lokalzeitung (40 – 60 Zeilen) und unterstreiche alle Wörter, deren Wortart du schon bestimmen kannst. Erkläre an mindestens zwei Beispielen, warum du bei den anderen Wörten die Wortart noch nicht hast bestimmen können.

kannt und erläutert werden können. Dies schwächt den Blick der Schüler für das, was sie noch nicht können und wo sie nach anderen Lösungsmöglichkeiten suchen müssen.

5. **Es gehört zu den wichtigen Lernerfahrungen von Schülern, die Reichweite von Aufgaben, Aufträgen und Lösungen zu erkennen. Deshalb müssen Aufgaben immer wieder auf Elemente verweisen, die (noch) nicht gelöst werden können und ermöglichen Ideen erarbeiten zu lassen, wie man einer Lösung der Aufgabe nahe kommen könnte. (Dies ist z.B bei der Bestimmung von Wortarten oder der Analyse sprachlicher Mittel eines Textes einfach möglich.)**

Aufgabenstellungen enthalten für Schüler immer explizite und implizite Anweisungen und Erwartungen. Implizit ist beispielsweise oft die Erwartung, die Bearbeitung solle übersichtlich und geordnet erfolgen, die Bearbeitung solle (keine) kreativen Anteile enthalten und sich an den im Unterricht vermittelten Kenntnissen und Fähigkeiten orientieren. Wenn in einer Klasse eine gute Aufgabenkultur besteht, wird die Existenz von impliziten Erwartungen und Anweisungen nicht geleugnet, sie wird sogar produktiv aufgegriffen, indem man sich über solche Erwartungen und zu Grunde liegenden Anweisungen verständigt. Dazu sollte eine Lehrkraft in regelmäßigen Abständen an einem eigenen Beitrag selbst zeigen, was sie bei einer bestimmten Aufgabenstellung erwartet und was nicht. Dieses Verfahren wird häufig als überkommene Beispielpädagogik oder übertriebene Eitelkeit abgelehnt. Häufig führen aber auch Arbeitsbelastung oder Unsicherheit dazu, dieses Verfahren nicht anzuwenden. Zuweilen ist der Grund für die Ablehnung auch, dass Lehrer eigene Aufgabenstellungen nicht zufriedenstellend bearbeiten könnten. Deutschlehrer zu sein bedeutet ja nicht automatisch, auch angemessen eigene Texte schreiben zu können. Literaturkritiker müssen auch keine erstklassigen Autoren sein. Für Schüler ist es aber nur schwer nachzuvollziehen, von Deutschlehrern unterrichtet zu werden, von denen sie außer Tafelbildern oder Aufgabenstellungen und Kommentaren bei Arbeiten *nie* etwas zu lesen bekommen.

6. **Wenn man selbst als Lehrkraft vor- oder mitmacht, wie Aufgaben bearbeitet werden können, gibt man Schülern die Chance sich über implizite Anweisungen und Erwartungen zu verständigen und man vermittelt, dass Aufgabenstellungen bearbeitbar sind, dass man *lernen* kann, Texte zu schreiben und zu analysieren und über Sprache zu reflektieren.**

Selbst wenn explizite und implizite Aufträge in Aufgabenstellungen geklärt werden, bleibt es – auch im Fach Deutsch – immer noch schwierig (vor allem in den Bereichen ‚Umgang mit Texten und Medien' und ‚Reflexion über Sprache') offene Aufgabenstellungen zu konstruieren. Ob Anregungen aus Lehrbüchern und Materialien zu offenen Aufgabenstellungen wirklich in die Praxis umgesetzt werden, bleibt abzuwarten. „Die Arbeit an einer ‚neuen Aufgabenkultur', in deren Rahmen nicht auf die eine Lösung gesetzt wird, sondern Varianten willkommen sind, dürfte sehr mühsam werden." (BREME-RICH-VOS 2000, S. 192). Die Offenheit von Aufgaben bezieht sich nicht nur auf das Produkt und das Ergebnis der Bearbeitung, sondern auch auf den Prozess der Bearbeitung der Aufgabe. Ergebnis- und Prozessoffenheit sind nicht ohne Weiteres für die Schüler beherrsch- und nutzbar, vor allem dann nicht, wenn es sich um echte (wohl inszenierte) und nicht bloß vermeintliche und nur vorgespielte Offenheit handelt. Besonders bei Schülern, die enge Aufgabenstellungen gewohnt sind, können offene Aufgabenstellungen Verunsicherung und Ablehnung hervorrufen. Insofern muss besonders bei ihnen darauf geachtet werden, schrittweise an offene Aufgaben heranzugehen.

7. **Offene Aufgaben in der richtigen Weise und Dosierung zu stellen, ist oft sehr viel schwieriger als enggeführte Aufgaben zu produzieren. Schüler müssen die Bearbeitung offener Aufgaben systematisch lernen.**

Aufgaben ‚öffnen'

- Eingangsinformationen weglassen (Verfasserangabe, Kontext, Erscheinungsjahr, Unterrichtsziel, Bezüge, Hintergründe …)
- Experimente vorschlagen/anregen (Neuschreiben, Perspektivenwechsel, Destruktion, Modifizierung, Kontextveränderung, Umsetzung in anderes Medium …)
- Mehrere Lösungen anfordern (für unterschiedliche Adressaten, vorgegebene Fragen …)
- Präsentation in unbekanntem Umfeld anregen
- Veröffentlichung und Feedback
- Pippi-Langstrumpf-Auftrag: Wollen wir doch mal sehen, wie ihr es am besten falsch machen könnt
- Unmögliche Aufträge geben: Aufführung eines (langen) Theaterstücks darf 20 Minuten nicht überschreiten – nur eine von vielen Rollen kann besetzt werden – innerhalb von einer Stunde fünf Personen benennen (mitbringen), die das Gedicht (…) gut finden – …
- Listen erstellen (bestes bzw. schwierigstes Grammatikphänomen, Wörter erfinden für etwas Unbekanntes/Neues …)

Ob Aufgaben einen offenen Arbeitsprozess ermöglichen, hängt wesentlich von deren Vermittlung ab. Die überwiegende Zahl von Aufgaben während des Unterrichts sind – unabhängig von der Methode – so genannte ,display questions' bzw. ,display tasks', bei denen die Lehrkraft bereits die Antwort bzw. das Ergebnis weiß (und implizit durch ihren vorherigen Unterricht auch schon gegeben hat). Solche Aufgaben und Fragen dienen vorrangig der Verständnis- bzw. Lernzielkontrolle, als Impulse offener Aufgabenstellungen sind sie nicht zweckdienlich. Hier sind eher so genannte ,referential questions' gefragt (Tornberg 1997, S. 46 ff.), offene Fragen, deren Antwort von den Informationen, der Reaktion und der Bewertung der Schüler abhängt. Oft sind ,Referential questions' in Anmerkungen oder Wünschen versteckt (z. B. „... das macht mich aber neugierig ... verstehe ich nicht ganz ... könnte man das auch missverstehen ... wie könnte man das ausprobieren ... würde ich zu gern wissen ..."). Wenn solche Fragen inhaltsbezogen sind und Anreiz bieten, für deren Beantwortung die Sachkompetenz anderer einzuholen, sind sie noch besser für offene Aufgaben geeignet.

8. **Lässt man (jüngere) Schüler selbst Aufgabenstellungen formulieren, ziehen sie die Form der ,Referential questions' deutlich vor und sorgen für offene und interessante Bearbeitungsperspektiven. Es bietet sich von daher an, Schüler bei der Formulierung von Aufgabenstellungen stärker als Konstrukteure mit einzubeziehen.**

Produktive Verfahren im Literaturunterricht (vgl. Spinner 1999)

Gedichte: Vers- oder Strophenfolge herstellen; Zeilenumbruch vornehmen; Gedichte entflechten; aus Formulierungsangeboten wählen; Titel ausdenken; weggelassene Wörter oder Zeilen ergänzen; Fortsetzung formulieren; Gedicht verkürzen; Gedicht umschreiben und dabei andere Sichtweise erzeugen; analoges Schreiben; Gedicht in andere Textsorte umschreiben; selbst ein Gedicht schreiben; Gedichte grafisch gestalten; Videoclip zu Gedicht erstellen; szenisches Lesen in der Gruppe; Gedicht pantomimisch darstellen ...
Erzählende und dramatische Texte: Figuren in Ich-Form vorstellen; Interviews mit Figuren erfinden; Plakate zu Figuren erstellen; Brief von und an Figuren schreiben; Tagebuch oder inneren Monolog von Figuren schreiben; Träume von Figuren erfinden; im Text nur angedeutete Handlung ausfabulieren; eigene Fortsetzung; Figur verändern; nach Muster eines Textes weitere Texte erfinden; in andere Textsorte umsetzen, Buchempfehlung verfassen; Informationen zu einem Buch suchen und auf einem Plakat darstellen; Standbilder bauen; Figurenstatuen bilden; Situation spielen, Hörszene erstellen ...

Die Auswahl möglicher Aufgabenformen für den Deutschunterricht – verglichen mit der anderer Fächer – ist groß, sie wird aber in der Praxis nur wenig genutzt. Dies hängt damit zusammen, dass neuere Aufgabenformen als arbeitsaufwändig angesehen werden und alte Arbeitsformen hochgradig traditionalisiert und an die Lehrerpersönlichkeit gebunden sind. Wenn die Öffnung von Aufgaben nicht möglich ist oder nicht gewollt ist, sollte wenigstens darauf geachtet werden, eine hohe Bandbreite der Aufgaben zu erreichen, u.a:

- Rechtschreibung, Zeichensetzung und sprachlichen Ausdruck üben
- fachspezifische Begriffe, Arbeitstechniken und Methoden anwenden
- auf der Basis von verschiedenen Materialien erzählen
- einen Rollenentwurf entwickeln und darstellen
- in funktionalem Zusammenhang beschreiben
- literarische Texte analysieren
- Sachtexte analysieren und verfassen
- medial vermittelte Texte analysieren und verfassen
- pragmatische Sprachverwendung analysieren und wichtige Abläufe bei Darstellung und Verständigung erläutern
- eigene, auch kreative Texte (u. a. nach Mustern) verfassen
- Textvorlagen umgestalten, weiterschreiben und auf Veröffentlichung hin überprüfen
- für einen spezifischen kommunikativen Zweck schreiben
- argumentierend und erörternd schreiben.

Damit würde zumindest das Kennenlernen einer Vielfalt von Verfahren und Arbeitstechniken möglich und die Veränderung von Lernstrategien könnte damit angestoßen werden. Engt man es auf Aufgabenformen und -typen bei Klassenarbeiten ein, dann sollte ein Schüler im Laufe seiner Schulzeit Gelegenheit haben, u. a. die folgenden fachlichen Gegenstände und Schreibtätigkeiten intensiv zu erproben (vgl. auch MSWWF 1998 und MSWF 2000, andere Aufgaben vgl. S. 67f., 74 f., 80 f.):

Aufgabentyp	Beispiele	Aufgabenstellung: Teilschritte
Materialaufbereitung: Sichtung u. Auswahl, Verfassen u. Gestalten eines informativen Textes, Reflexion über die getroffenen Entscheidungen und gewählten Verfahren	Broschüre für Schülerzeitung, Informationsbroschüre, Praktikumsbericht, Portrait, Informationstext für Mitschüler	a) Materialauswertung mit Hilfe von bekannter Arbeitstechnik b) Schreibplan c) Textvorschlag
Textbasierte Argumentation	Antwort auf einen Brief; Diskussionspapier, Stellungnahme zum Text	a) Zusammenfassung wichtiger Aussagen b) eigener Text mit Positionsbestimmung
Beschreiben in funktionalem Zusammenhang	Versuchsprotokoll, Rezept, Beschreibung	- Beschreibung nach Skizze
Vergleichende Analyse kurzer fiktionaler Texte	Textauswahl für eine Anthologie	a) Auswahl aus Textkorpus b) Analyse spezifischer Textmerkmale c) Entscheidung für Text(e) d) Begründung der Entscheidung
Mediale bzw. szenische Gestaltung eines fiktionalen Textes	Szenische Gestaltung einer Geschichte oder eines Gedichts	a) Zerlegung in Szenen b) Konzeption szenischer bzw. medialer Gestaltung, Drehplan c) Kommentar zur Konzeption
Analyse fiktionaler Texte mit produktionsorientiertem Auftrag	sprachliche Mittel eines Trivialtextes – Verfassen einer Parodie; Analyse u. Verfassen eines Folgetextes mit veränderter Perspektive	a) Analyse, Schwerpunkt: sprachliche Mittel b) Weiterschreiben nach gleichem Muster

Analyse von medialen Texten und Medien – produktionsorientiertes Schreiben	Analyse eines Zeitungsartikels oder von Werbung und Ergänzungen	a) Analyse des Materials und der eingesetzten Mittel b) Karikierender, kritisierender oder ergänzender Text
Umgang mit fiktionalen Texten – produktionsorientiertes Schreiben	Brief aus der Perspektive einer Romanfigur; Rollenbiografie; Tagebuchaufzeichung	- Rollenbiografie, fiktiver Brief einer Romanfigur
	Analyse von Gedicht, Kurzgeschichte	- Analyse des vorgelegten Textes
Sprachliche Analyse und Überarbeitung eines Textes unter vorgegebenen Gesichtspunkten mit anschließender Begründung der vorgenommenen Textänderungen	Überarbeitung eines Protokolls, Umformulierung eines Auszuges aus einem Buch	a) Umschreiben des Textes in vorgegebener Absicht b) Erläuterung des Vorgehens

Passung und Implementation

Aufgabenkultur ist nicht nur abhängig von der Art der Aufgabenstellung, sondern auch vom passenden Einsatz. Zwei Aspekte sind für die Passung besonders wichtig: die inhaltliche und methodische Verknüpfung bzw. Verkettung der einzelnen Aufgaben sowie der Zeithorizont und die Situation, in der die Aufgaben eingesetzt werden.

Die Verknüpfung der Aufgaben im Unterricht wird bisher überwiegend als ein Problem der Strukturierung des Unterrichts durch die Lehrkraft angesehen, die dafür sorgen muss, dass die Aufgaben so gestaltet sind, präsentiert werden und abfolgen, dass das für den Lerngang des Schülers einen Sinn macht. Ob jedoch das Ensemble bzw. einzelne Aufgaben im Unterricht ‚Sinn' machen, entscheidet nicht nur die Planung und die Unterrichtsdurchführung der Lehrkraft, sondern wesentlich auch die Schüler. Wie sie die Aufgaben einordnen und zusammenfügen, hängt auch von ihren bisherigen Erfahrungen (Schemata) und von ihrer aktuellen Situation ab. Entscheidende Voraussetzungen dafür, dass eine Aufgabe länger als über den bloßen Bearbeitungszeitraum hinaus für wichtig gehalten wird, hängt nicht nur von der Aufgabenqualität an sich ab, sondern auf Schülerseite besonders von deren Interesse, Vorwissen, Lernbedarf und Beziehung zum Inhalt wie zur Gruppe. Viele Lehrkräfte gehen intuitiv darauf ein, wenn sie in der Klasse die Wichtigkeit der Aufgabe betonen, auf Konsequenzen der Aufgaben(nicht)-bearbeitung hinweisen usw. Für Aufgabenkultur ist entscheidend, die Auseinandersetzung über Struktur und Bedeutung von Aufgaben nicht nur intuitiv zu führen, sondern sie explizit zum Gegenstand des Unterrichts zu machen und Schülern zu verdeutlichen, wie Aufgaben eingesetzt werden, wie die Schüler damit umgehen und welche Arbeitsergebnisse bei bestimmten Aufgabentypen erzielt worden sind. Das ist eine gute Vorbereitung dafür, dass Schüler sich am Ende ihrer Schulzeit selbst Aufgaben erteilen und zwischen Aufgaben entscheiden können sollen.

Die Verfahren, die Verknüpfung/Verkettung von Aufgaben bewusst zu machen und Schüler in die Planung mit einzubeziehen, sind relativ einfach, sie erfordern allerdings Kontinuität und Genauigkeit.

Fast alle **Verfahren** beruhen auf einer Dokumentation bzw. Veröffentlichung der Aufgaben. Dies kann an einer **Aufgabenleiste** (Wandzeitung) in der Klasse erfolgen, auf der jeden Tag die (wichtigen) Arbeitsaufträge kurz benannt und Arbeitsergebnisse eingetragen werden. Aufgabenleisten können auf inhaltliche Aspekte oder auf Aufgabenformen bzw. Arbeitstechniken oder Methoden fokussieren. Voraussetzung für ein erfolgreiches Arbeiten mit Aufgabenleisten ist, dass es in der Klasse mindestens zwei Verantwortliche gibt, die für regelmäßige Fortschreibung und Auswertung der Angaben sorgen. Bei fachübergreifenden Projekten hat sich die Aufgabenleiste für die Dauer der Projektwoche als ein hilfreiches Instrument zur Koordinierung der Arbeit bewährt.

Eine weitere Möglichkeit besteht darin, ein eigenes **Aufgabenheft** zu führen, in dem die Schüler alle Aufgaben eines bestimmten Zeitraumes notieren. Notwendig ist hier, dass die Aufgaben in der Klasse schriftlich (Tafel) formuliert werden.

Will man ein besonderes Gewicht auf Aufgabentypen bzw. -formen legen, kann man in der Klasse **Vertreter für einzelne Aufgabenformen** (evtl. auch Sozialformen) benennen. Sie haben die Aufgabe, sich über die Einsatzmöglichkeiten, Vor- und Nachteile ihrer Aufgabenform zu informieren. Sie können dann im Unterricht darauf hinweisen, wenn ‚ihre' Aufgabenform verwendet wird oder verwendet werden sollte.

Regelmäßige **Evaluationen** von einzelnen Aufgabenformen sind ebenso nützlich für die Verkettung und Verknüpfung von Aufgaben wie das Angebot **alternativer Aufgabenstellungen**, bei denen die Schüler die am besten passende Aufgabenform aussuchen. Aufwändig aber sehr ertragreich sind **Aufgaben-Fahrpläne bzw.** **-partituren**, bei denen nach ein bis drei Monaten in Form eines Fahrplans (Ausgangspunkt und Ziel des Unterrichts, Teilstrecken) einzelne Aufgaben vermerkt und bewertet werden (Welche Aufgabenstellungen hat uns/mir am meisten weitergeholfen?).

Ein für Schüler besonders geeignetes (wenn auch manchmal anstrengendes) Verfahren besteht darin, **über einen längeren Zeitraum zu verfolgen**, wie man Aufgaben bewältigt und wo die Stärken und die Schwächen bei der Aufgabenbearbeitung auftreten. Dies kann aufgabenspezifisch erfolgen, indem man **vergleicht**, ob sich die Ergebnisse bei einem bestimmten Aufgabentyp (z. B. Textzusammenfassung oder Umschreiben eines Textes) innerhalb eines Zeitraums verändert haben. Eine unter Qualitätsgesichtspunkten interessante Variante besteht darin, über den Verlauf eines Schul(halb)jahres die Schüler selbst verfolgen zu lassen, bei welchen Aufgaben und Aufträgen sie Stärken und bei welchen Schwächen zeigen.

Das Instrument ‚**Lernpfadfinder**' wertet für eine solche Untersuchung die Klassenarbeiten eines Schuljahres kontinuierlich aus. Klassenarbeiten sind (nach wie vor) aus Sicht von Lehrkräften, Schülern und Eltern ein zentraler Indikator für Erfolg und Fortschritt beim Lernen. Eine Verbesserung der Noten wird als Fortschritt interpretiert, eine Verschlechterung ist ein Indikator für geringen Lernerfolg. Diese Einschätzungen können für Lehrkräfte wie für Schüler sehr irreführend sein, enthalten die einzelnen Klassenarbeiten doch unterschiedliche Aufgaben und Anforderungen. Eine Möglichkeit sich einen differenzierteren Überblick über Lernerfolg und -fortschritt bei unterschiedlichen Aufgabenformen in Klassenarbeiten zu verschaffen, ist der ‚**Lernpfadfinder**': In ihm halten die Schülerinnen und Schüler nach Rückgabe der Klassenarbeiten fest, welche Stärken und Schwächen ihre Arbeit aufwies (dies ist bei der Korrektur entsprechend auszuweisen). Der Überblick über mehrere Klassenarbeiten kann dann durchgehende Tendenzen oder Einzelfälle deutlich werden lassen:

Lernpfadfinder Klasse 8:
meine Stärken/meine Schwächen bei Klassenarbeiten

Werte die Korrektur der Klassenarbeit aus! Notiere im zutreffenden
Kästchen einen Haken ✔, wenn die Aussage voll zutrifft.
Trage einen Schrägstrich / ein, wenn die Aussage nur zum Teil zutrifft,
markiere mit Minus –, wenn sie nicht zutrifft:

	1. KA	2. KA	3. KA	4. KA	5. KA	6. KA
Trage die Art der Aufgabenstellung ein:						
Ich habe die Aufgabenstellung beachtet.	☐	☐	☐	☐	☐	☐
Ich habe (Texte) richtig zusammengefasst.	☐	☐	☐	☐	☐	☐
Ich habe sichere Fachkenntnisse.	☐	☐	☐	☐	☐	☐
Meine Ausführungen sind gegliedert/strukturiert.	☐	☐	☐	☐	☐	☐
Meine Aussagen/Analysen sind begründet.	☐	☐	☐	☐	☐	☐
Ich beachte den Zusammenhang von Problemen oder Texten.	☐	☐	☐	☐	☐	☐
Ich habe richtig angewendet, was wir im Unterricht gelernt haben.	☐	☐	☐	☐	☐	☐
Ich habe eigenständig gearbeitet.	☐	☐	☐	☐	☐	☐
Ich habe sprachlich angemessen formuliert.	☐	☐	☐	☐	☐	☐

Untersuche die Fehler in der Klassenarbeit und trage die Anzahl in die Tabelle ein:

Korrekturzeichen	steht für	Zahl der Fehler in der					
		1. KA	2. KA	3. KA	4. KA	5. KA	6. KA
D	falsche Darstellung	☐	☐	☐	☐	☐	☐
W	Wort falsch	☐	☐	☐	☐	☐	☐
G	Widerspruch, unklare Gliederung	☐	☐	☐	☐	☐	☐
A	Ausdrucksschwäche /-fehler	☐	☐	☐	☐	☐	☐
R	Rechtschreibfehler	☐	☐	☐	☐	☐	☐
Z	Zeichensetzungsfehler	☐	☐	☐	☐	☐	☐
Gr	Grammatikfehler	☐	☐	☐	☐	☐	☐
⌐	fehlendes Wort	☐	☐	☐	☐	☐	☐
(..)	überflüssiges Wort	☐	☐	☐	☐	☐	☐
Wh	Wiederholung	☐	☐	☐	☐	☐	☐
Sb	Satzbaufehler	☐	☐	☐	☐	☐	☐

Notiere hier, wenn im Kommentar zur Arbeit Ratschläge oder Hinweise für
Weiterarbeit gegeben wurden:

1. KA _____

2. KA _____

... _____

Entscheidend bei allen genannten Verfahren ist, dass die Verknüpfung
bzw. Verkettung der Aufgaben für die Klasse sichtbar und beeinflussbar gemacht wird. Besonders durch die Bewusstmachung der Aufgaben kann die
Klasse an der Entwicklung der Aufgabenkultur mitarbeiten. Das Instrument
‚Lernpfadfinder‘ macht deutlich, dass Aufgabenkultur nur bei einer ihr ent-
sprechenden Anlage und Form der Rückmeldung über Schülerleistungen
und der Leistungsbewertung möglich ist. Hier sind neben den verschiedenen
Formen der Korrektur und Rückmeldung durch die Lehrkraft (vgl. auch UN-
TERRICHTEN U. ERZIEHEN 2001, PRÜFEN UND BEURTEILEN 1996, DER DEUTSCHUN-
TERRICHT 2000) auch Formen der Selbstbewertung und der Bewertung durch
Mitschüler (vgl. u. a. LINDEMANN 2000, FRIGGE 2000) angebracht. In beiden

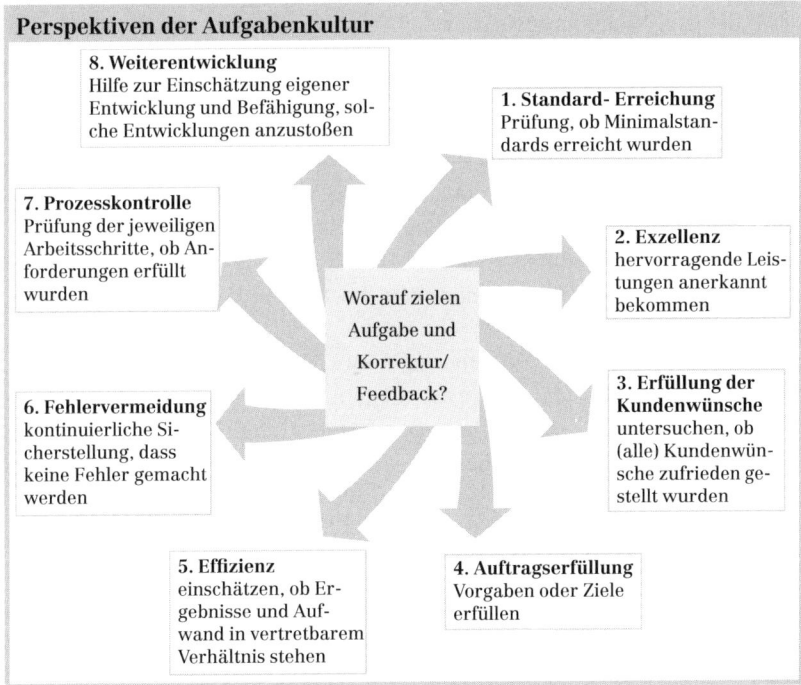

Perspektiven der Aufgabenkultur

8. Weiterentwicklung
Hilfe zur Einschätzung eigener
Entwicklung und Befähigung, sol-
che Entwicklungen anzustoßen

1. Standard- Erreichung
Prüfung, ob Minimalstan-
dards erreicht wurden

7. Prozesskontrolle
Prüfung der jeweiligen
Arbeitsschritte, ob An-
forderungen erfüllt
wurden

2. Exzellenz
hervorragende Leis-
tungen anerkannt
bekommen

Worauf zielen
Aufgabe und
Korrektur/
Feedback?

6. Fehlervermeidung
kontinuierliche Si-
cherstellung, dass
keine Fehler gemacht
werden

**3. Erfüllung der
Kundenwünsche**
untersuchen, ob
(alle) Kundenwün-
sche zufrieden ge-
stellt wurden

5. Effizienz
einschätzen, ob Er-
gebnisse und Auf-
wand in vertretbarem
Verhältnis stehen

4. Auftragserfüllung
Vorgaben oder Ziele
erfüllen

Fällen wirkt die Qualitätsebene, auf der die Korrektur oder das Feedback erfolgt, unmittelbar auf die Aufgabenkultur. Geben Aufgaben und die ihnen folgende Korrektur nur Auskunft darüber, ob bestimmte Standards erreicht wurden, wird sich auf Dauer eine eher standardorientierte Aufgabenkultur herausbilden. Konzentrieren sich Aufgabenstellung und Korrektur auf das Üben bzw. Erreichen von Fehlervermeidung, wird die Aufgabenkultur dem auf lange Sicht entsprechen.

Die Passung der Aufgaben in den Zeitrahmen und die Situation der Klasse hängt ebenfalls entscheidend von der Perspektive ab, die der Aufgabenkultur zugemessen wird. Je besser die Schüler in der Lage sind, die zeitliche Anordnung und situative Einbettung von Aufgaben zu erfassen und gegebenenfalls daran mitzuwirken, umso größer wird ihre Fähigkeit sein, die Aufgabenkultur mitzutragen und zu unterstützen. Unterstützend können hier die vorhin genannten Verfahren eingesetzt werden. Will man den Aspekten ‚Zeitrahmen' und ‚Situation der Klasse' besondere Aufmerksamkeit schenken, kann dies gut im Rahmen von Freiarbeit bzw. Stationenlernen erfolgen. Ein ausgesprochen sinnvolles, im deutschsprachigen Raum allerdings bisher nur selten angewandtes Verfahren ist das so genannte ‚Textheft' des schwedischen Abschlusstests (Klasse 12) im Fach Muttersprache: Hier wird Schülern eine ca. 30 Seiten umfassende Sammlung mit literarischen Texten, Sachtexten und Sachinformationen zu einem bestimmten Thema vorgelegt (z. B.: ‚Im Auge des Betrachters', ‚Arbeit – unser Leben?', ‚Geradeaus gesagt', ‚Sprache als Brücke und Mauer' ...). Aufgabe der Schüler ist es, in etwa drei Wochen auf der Grundlage einer eigenen Textauswahl aus diesem Heft, mit eigenen Aufgabestellungen und eigener Strukturierung des Arbeitsprozesses innerhalb eines festgelegten Rahmens das Thema so zu bearbeiten, dass die Schüler am Ende einen fremden, unbekannten Text zu diesem Thema selbstständig analysieren können. Dieses Verfahren erfordert von Schülern und Lehrern die überlegte Anwendung von Arbeitstechniken, die Beherrschung geeigneter Lernstrategien, die gemeinsame Planung von Lehr- und Lernprozessen sowie angemessenes inhaltliches und methodisches Vorwissen – oder einfacher gesagt: Qualität.

Deutschunterricht konfigurieren III: gemeinsam für Qualität im Deutschunterricht

Viele der präsentierten Ansätze, Ideen und Verfahren, den Deutschunterricht unter dem Gesichtspunkt von Qualität zu konfigurieren, können bereits von der einzelnen Lehrkraft in der Unterrichtspraxis erprobt werden. Oft erfordern sie keine zusätzliche Mühe sondern nur veränderte Arbeits- bzw. Sichtweisen. Dass es für die einzelne Lehrkraft so viele Möglichkeiten gibt, Deutschunterricht unter Qualitätsgesichtspunkten zu gestalten, bedeutet aber nicht, dass das auf Dauer die Sache der einzelnen Lehrkraft bleiben kann und auch nicht bleiben soll. Qualität im Deutschunterricht als gemeinsame Aufgabe der Lehrkräfte, dafür spricht, dass die Schüler im Laufe ihrer Schulzeit bei verschiedenen Kollegen Unterricht haben und es günstig wäre, wenn die Arbeit dort aufeinander bezogen würde. Für eine gemeinsame Arbeit spricht auch, dass man zusammen mehr Wirkung und bessere Absicherung der Bemühungen erreichen wird, die eigene Arbeit besser absichern kann und dass auch der Notwendigkeit, die Chancen für die Entwicklung des Deutschunterrichts zu nutzen, besser nachzukommen ist.

Deutsch-Fachkonferenzen sind erfahrungsgemäß nicht gerade der Ort in der Schule, wo Zusammenarbeit unproblematisch stattfindet. Deutsch-Fachkonferenzen sind vergleichsweise groß, ein fachlicher Konsens über Kerninhalte und Basismethoden ist schwer zu erzielen und noch schwerer umzusetzen. Selbst wenn man enge Absprachen über Lektüren trifft, können die Akzentsetzungen des einzelnen Lehrers erheblich sein, abgesprochene Inhalte können mit sehr unterschiedlicher Intensität und Dauer bearbeitet werden. Kooperation unter Deutsch-Fachkollegen und in der Fachkonferenz ist eine heikle und herausfordernde Angelegenheit, denn dabei geht es immer auch um Gestaltungsfreiheit, individuelles Profil, Arbeitsbelastung und Kontrollierbarkeit des einzelnen Lehrers. Will man gemeinsame Vorhaben zur Qualität des Deutschunterrichts anstoßen, muss man fachliche Aspekte gut bedenken *und* auf die produktive und verträgliche Gestaltung der Diskussions- und Arbeitsprozesse achten.

Eines der sichersten Mittel, solche Vorhaben schon früh zu vereiteln, ist die Forderung nach Konsens über Ziele, Ablauf und mögliche Ergebnisse. Wer Qualität von Deutschunterricht entwickeln will, muss eindeutig definierte Vorgaben (z. B. in Lehrplänen) und Rahmenbedingungen beachten, es müssen aber auch Freiräume und Gestaltungsmöglichkeiten bestehen und *erhalten werden*. Das ist kein taktisches Manöver, um mögliche Widerständen besser begegnen zu können, und auch kein Motivationstrick, mit dem man Lehrkräfte doch noch überreden kann etwas zu tun, was sie eigentlich nicht wollen. Die Notwendigkeit, Freiräume und Gestaltungsmöglichkeiten bei Vorhaben zur Qualität des Deutschunterrichts anzubieten (nicht nur zu dulden !) liegt in der Natur der Entwicklungs- und Veränderungsprozesse selbst. Wenn es keine echten Entwicklungs- und Gestaltungsmöglichkeiten gibt, ist auch nicht erwartbar, dass Lehrkräfte – und erst recht nicht Schüler und Eltern – die Vorhaben als ihre Sache ansehen. Natürlich kann man mit Sanktionen Veränderungen *anordnen* oder erzwingen, aber man so wird man nicht erreichen, Entwicklung zur gemeinsamen Sache zu machen, die auch dann noch weiterbetrieben wird, wenn der unmittelbare Druck aufhört und die Kontrolle nachlässt.

Will man die Konsensfalle umgehen und Freiräume und Gestaltungsmöglichkeiten absichern, bietet es sich an, mit Experimentierklauseln zu arbeiten: Dabei wird für einen begrenzten Zeitraum toleriert, dass eine oder mehrere Lehrkräfte für einen begrenzten Zeitraum im Rahmen der Vorgaben und Rahmenbedingungen die Chance bekommen, in einer Experimentalphase neue Inhalte oder veränderte Formen von Lehr- und Lernprozessen zu erproben. Wenn Veränderungen der Rahmenbedingungen oder gar der Vorgaben erforderlich sind, um das Vorhaben durchzuführen, müssen solche Experimentalphasen akzeptiert und ggf. genehmigt werden. Zu Beginn der Experimentalphase wird nur das Vorhaben vorgestellt, es wird erläutert, inwiefern es zur bisherigen Praxis passt, wo Veränderungen erfolgen und welche Ergebnisse erwartet werden. Wenn die Experimentalphase ihren Namen wirklich verdient und keine strategisch verdeckte heimliche Einführung neuer Elemente sein soll, dann muss zu Beginn der Phase eine ‚Untersuchungsfrage' formuliert werden. Es kann sich hier um inhaltsbezogene Fragen des Deutschunterrichts handeln, z. B. darum, ob das Thema ‚Aktiv-Passiv' nicht besser erst in der 7. Klasse bearbeitet werden soll oder ob Horváths ‚Jugend ohne Gott' in der 8. Klasse als Lektüre zum Thema ‚Jugendliche und Rechtsradikalismus' geeignet ist. Untersuchungsfragen können sich auch direkt auf die Gestaltung von Lehr- und Lernprozessen beziehen, z. B. darauf, ob ein spezieller Rechtschreiblehrgang in der 5. Klasse zu besseren Leistungen führt als eine integrative Form.

Eng mit der Untersuchungsfrage verbunden ist die Formulierung von Gelingens- bzw. Erfolgskriterien. Hat man beispielsweise nicht vorher festgelegt, wann man den Einsatz der Lektüre als erfolgreich ansehen wird (u. a. bei Schülerzufriedenheit, Ergebnissen von Klassenarbeiten, gesteigerter

Mitarbeit im Unterricht), sind aus der Experimentalphase nur schwer
Schlüsse zu ziehen. Akzeptanz oder Konsens der Kollegen werden dann
nicht von den Ergebnissen der Experimentalphase abhängig gemacht, sondern von der zu späten Auseinandersetzung über die Erfolgskriterien.

Bei der Definition der Gelingens- und Erfolgskriterien wird meist auch
deutlich, ob das Vorhaben die ‚richtige Größe‘ und die ‚notwendige Tiefe‘
hat: Das ist immer dann der Fall, wenn sich Kollegen für den Ausgang des
Vorhabens interessieren, die Klasse und die Lehrkraft sich zutrauen, dieses
Vorhaben unter den bestehenden Bedingungen durchzuführen, und wenn es
zu einem Bereich durchgeführt wird, der auf die alltägliche Praxis des
Unterrichts Auswirkungen haben könnte. Es spielt keine Rolle, ob Vorhaben
als zu klein und zu oberflächlich oder als zu komplex und zu anspruchsvoll
eingeschätzt werden, in jedem dieser Fälle werden sie dann schnell als Pro-
filierungsprojekte, Beschäftigungstherapie oder Ablenkungsmanöver interpretiert. Die Probleme bei der Kalibrierung von Vorhaben für Qualitätsentwicklung im Fach Deutsch kann man abschwächen, wenn man mehrere
Vorhaben unterschiedlichen Umfangs und Anspruchsniveaus verfolgt.

Notwendig sind kleinere Vorhaben einzelner Fachkollegen, die in der täglichen Praxis ohne großen Aufwand erprobt werden können. Man braucht
aber in mittleren Zeitabständen immer auch umfangreichere Konzepte, die
zu gemeinsamer Arbeit herausfordern und mit denen grundlegender in die
Diskussion über Qualität des Deutschunterrichts eingegriffen werden kann.
In ihnen sollten Inhalte *und* Lehr- und Lernprozesse qualitätsbezogen konfiguriert werden, sie sollten deutlich wahrnehmbare Veränderungen bzw.
Verbesserungen präsentieren und das Verständnis von Qualität des Deutschunterrichts offen thematisieren.

Ein Vorhaben, das sich hierzu besonders gut eignet, ist das „Portfolio“, es
soll abschließend als Anregung für komplexere Vorhaben zur Qualität des
Deutschunterrichts vorgestellt werden.

Beispiel: Portfolio im Deutschunterricht

In Deutschland wird der Portfolio-Ansatz derzeit fast ausschließlich auf den
Bereich der Fremdsprachen bezogen (LANDESINSTITUT 2000 b). Unter einem
Portfolio wird dort eine geordnete Sammlung von Dokumenten unterschiedlicher Art (z. B. Bescheinigungen, Zeugnisse, Gutachten) und persönlichen Arbeiten verstanden, die zeigen, was und wie der Schüler in einem Fach oder
einem Bereich gelernt hat. Verantwortlich für die Zusammenstellung dieses

Portfolios ist der Schüler, der sich dabei auf eine vorgegebene Struktur beziehen und mit dem Konzept des Portfolios abgestimmte Bescheinigungen erwerben kann. Ursprüngliches Ziel des Portfolios war, dass der Schüler gegenüber anderen (Institutionen) seine Kenntnisse nachweisen und seine Lernwege beschreiben konnte. Zum Teil wurden für Portfolios auch (staatliche) Referenzrahmen entwickelt, die es ermöglichen, die Bescheinigungen und Nachweise eines Schülers auf Standards zu beziehen.

In den USA und in Skandinavien ist der enge Bezug des Portfolio-Ansatzes auf Fremdsprachen in den letzten Jahren immer mehr aufgegeben worden. Er bezieht sich mittlerweile auf *alle* Fächer in der Schule bis hin zu einem gemeinsamen Portfolio für alle Fächer oder sogar speziell für eine Gruppe oder Klasse. Das Portfolio ist dabei nicht länger nur eine Sammlung von Dokumenten und Arbeitsergebnissen zur Vorlage bei anderen, sondern wurde zu einem Instrument selbstständigen Lernens weiterentwickelt und zur Schaffung von Transparenz über die Qualifikationen des Schülers. „Portfolio ist eine Form **pädagogischer** Dokumentation (…). Es ist ein Instrument des Lehrers und setzt schülerorientierte und -aktivierende Arbeitsformen im Unterricht voraus. Das Portfolio soll den Lernprozess des Schülers auf eine für den Schüler, die Eltern und die Lehrkraft positive und sinnhafte Weise dokumentieren." (ELLMIN 2000, S. 27) Eine Orientierung an elaborierten staatlichen Vorgaben über Struktur, Inhalte und Standards ist dabei nicht vorgesehen.

Nur nach letzterem Verständnis macht der Portfolio-Ansatz für das Fach Deutsch (als Muttersprache) einen Sinn. Danach wäre ein Portfolio eine ‚Sammelmappe', in der für einen bestimmten Zeitraum Informationen, eigene Arbeiten und Reflexionen eines Schülers über den

> **Portfolio im Deutschunterricht**
>
> Schüler sammeln und dokumentieren strukturiert Informationen, Arbeiten, Analysen, Evaluationen und Reflexionen des eigenen Lernprozesses.

individuellen Lernprozess und die Arbeit in der Klasse gesammelt werden. Im Portfolio kann der Schüler seine Lernprozesse und -ergebnisse zeigen, analysieren, reflektieren und evaluieren. Dabei kann er sich auf eigene oder externe Kriterien beziehen, die eigenen Interessen und Haltungen zum Lerngegenstand deutlich machen und bedeutsame metakognitive Lernstrategien entwickeln. Portfolios sind auch als Gruppenarbeiten oder als Produkt einer Klasse denkbar. Dann zielen sie darauf, in einer Klasse zwischen Schülern und Lehrkraft eine gemeinsame Sicht über den erlebten und zukünftigen Lernprozess herzustellen und dabei gemeinsame Analyse- und Wertungskriterien zu entwickeln. Lern-Inventuren von Großgruppen (z.B. Jahrgängen) können dazu beitragen, Lernergebnisse einer Schule oder eines Jahrgangs zu reflektieren und weitere Planungsschritte zu überlegen.

Je nach Aufgabe und Zielen können sowohl individuelle als auch gemeinschaftliche Portfolios dazu dienen:

- über längere Zeit kontinuierlich an einer (kreativen) Aufgabe zu arbeiten
- eigene Lernprozesse und -wege zu beschreiben
- besonders gelungene Arbeiten vorzustellen (Show-Case)
- über den laufenden Arbeitsprozess zu unterrichten
- Kenntnisse für den Erwerb einer Note nachzuweisen
- über den abgeschlossenen Arbeitsprozess zu berichten oder
- Leistungen (selbst oder von anderen) zu beurteilen.

Sie können dabei die Funktionen der Selbstvergewisserung, der Erforschung, der Rechenschaftslegung, der weiteren Planung erfüllen.

Portfolios können von der Anlage her gestaltet sein als:

- Verlaufsbeschreibungen/‚Biografien' (So war es für mich ...)
- Sammlung von Materialien (Das habe ich bearbeitet, geleistet: Themen, Inhalte, Aufgaben)
- Leistungs- bzw. Qualifikationsnachweise (Das habe ich gelöst bzw. geschafft: Aufgaben, Arbeiten, Vermerke).

Sie können in unterschiedlichen Formen vorgelegt werden, am häufigsten sind:

- Journal
- Sammelmappe.

Die möglichen unterschiedlichen Aufgaben, Ziele, Funktionen und Anlagen von Portfolios verweisen auf die Notwendigkeit, vor der Durchführung u.a. folgende Fragen zu klären:

Kontrollfragen: Einsatz von Portfolios im Deutschunterricht

Welches Ziel soll das Portfolio haben?
Wozu soll es den einzelnen Beteiligten dienen?
Wer erarbeitet es/führt es durch?
Wem gehören die Daten/Ergebnisse?
Welche Konsequenzen hat es für wen?
Welche Bedeutung haben Dritte (z.B. Eltern, Schulaufsicht, andere Lehrer, Schüler) bei der Durchführung und Auswertung?

Journal-Portfolio

Journale gibt es im Deutschunterricht bereits seit langem in Form der so genannten Lesetagebücher, in denen Schüler ihren Lese- und Arbeitsprozess mit einem Buch dokumentieren und (zu häufig von der Lehrkraft vorgegebenen Themen) eigene Ansätze entwickeln. Die Bandbreite der Lesetagebücher reicht von einer Schönschreib-Version der Tafelbilder und Inhaltszusammenfassungen bis hin zu ausführlichen inhaltlichen Auseinandersetzungen, persönlichen Reflexionen und Recherchen. Lesetagebücher können eine Form sehr selbstständigen Arbeitens sein, bei der Schüler die eigenen Schwerpunkte selbst bestimmen, sie können aber auch eng vorstrukturiert sein.

Während ein Lesetagebuch sich üblicherweise auf eine Unterrichtsreihe bzw. einen Unterrichtsgegenstand bezieht, richtet sich ein Portfolio-Journal auf einen längeren Unterrichtsabschnitt oder ein Projekt. Grundgerüst sind Angaben, wie sie auch in einem (übersichtlich geführten) Hausheft zu finden wären. Dazu kommen dann die Ausarbeitungen und die Reflexionen des einzelnen Schülers.

Journal als Mogelpackung

Ein Brief einer 14-jährigen Schülerin:

Sehr geehrter Herr Eikenbusch!
Wir lesen im Deutschunterricht gerade Ihr Buch ‚Und jeden Tag ein Stück weniger von mir!‘ Für unser Lesetagebuch sollen wir ein Interview mit dem Autor machen. Ich habe folgende Fragen an Sie:

- *Wie sind Sie auf die Idee zu Ihrem Buch gekommen?*
- *Haben Sie die Handlung selber erlebt?*
- *Wird Frauke später endgültig geheilt?*
- *Warum schreiben Sie?*

Können Sie die Fragen möglichst bald beantworten? Ihren Roman finde ich wirklich gut. Vielen Dank für die schnelle Antwort! Ihre Leserin …

Der Brief steckte in einem großen Umschlag, zusammen mit 27 weiteren Schülerbriefen exakt gleichen Wortlauts und einem kleinen gelben Zettel des Deutschlehrers: *Grüße von Ihrer Klasse 8a …*

Arbeitsauftrag: Journal (Klasse 9)

Im nächsten Halbjahr sollst du ein „Journal' über deine Arbeit im Deutschunterricht schreiben: Ein Journal enthält alle wichtigen Arbeits- und Lernergebnisse aus dem Deutschunterricht und es enthält persönliche Einschätzungen und Kommentare. Wenn du möchtest, kannst du im Journal auch Briefe oder Anfragen an deinen Lehrer schreiben. Am besten verwendest du dazu ein Heft mit (96 A-4 Seiten oder Ordner/Schnellhefter). Ins Journal gehören:

a) eine Lerninventur (Inhaltsverzeichnis und Bewertung der Unterrichtsinhalte des Halbjahres)

b) alle Aufzeichnungen aus dem Unterricht (Tafelbilder, Mitschriften)

c) alle Hausaufgaben des Halbjahres

d) Ideen, Kommentare, freiwillige Arbeiten, Zeichnungen, Schaubilder, die du während des halben Jahres im bzw. zum Deutschunterricht gemacht hast ...

e) für jeden Monat eine ‚Reflexion' von mindestens einer DIN-A-4-Seite: Welche Inhalte waren für dich im letzten halben Jahr besonders wichtig? Was hast du gelernt? Was glaubst du, wird für deine weitere Arbeit/Zukunft besonders wichtig sein?

f) zu mindestens einem Unterrichtsthema (Werbung, Rede ...) zwei Seiten Material, das du selbst zu diesem Thema gesucht hast (z. B. ein Artikel aus der Zeitung, Informationen aus dem Internet, Interviews)

Alle drei Monate gibst du das Journal deinem Deutschlehrer. Er wird es lesen und dir eine schriftliche Rückmeldung geben. Er wird aber nichts in das Journal hineinschreiben, denn das Journal ist deine Sache. Das Journal wird benotet, und zwar nach folgenden Kriterien:

Hausaufgaben/Arbeitsaufträge	++	+	+/–	–	-- bzw. unerledigt
Datum Aufgabe/Thema					
...	☐	☐	☐	☐	☐
...	☐	☐	☐	☐	☐
Lerninventur	☐	☐	☐	☐	☐
Dokumentation der Unterrichtsstunden	☐	☐	☐	☐	☐
Ideen/Kommentare	☐	☐	☐	☐	☐
monatliche Auswertungen	☐	☐	☐	☐	☐
eigenes Material	☐	☐	☐	☐	☐

Die Reaktion von Schülern auf diese Aufgabe ist sehr unterschiedlich: Geschätzt wird sie insbesondere von eher zurückhaltenden Schülern, die sonst kaum eine Möglichkeit haben, ihre Leistungen dem Lehrer gegenüber sichtbar zu machen. Positiv aufgenommen wird sie in den Klassen 8-10 auch immer dann, wenn es um Unterrichtsinhalte geht, die die persönliche Entwicklung stark beeinflussen können. Ein Journal über eher ‚trockene' Inhalte wird von Schülern häufig als schwierig empfunden. Hier kann man aber durch offene Aufgaben oder Forschungsaufträge Impulse geben. Positiv wird ebenfalls aufgenommen, wenn im ersten Journal-Durchgang nicht die Lehrkraft sondern ein anderer Schüler das Journal liest und Rückmeldungen dazu gibt (diese Rückmeldungen sind dann ihrerseits wiederum Bestandteil des Journals. Kritische Stimmen kommen vor allem von Schülern, die das Journal als besonders raffinierte Form der Überprüfung ansehen, und von Schülern, die ‚punktgenau' lernen wollen und den Aufwand für übertrieben halten.

Für Lehrkräfte ist der Einsatz von Journalen bei weitem nicht so aufwändig, wie es auf den ersten Blick scheint. Zum einen ist die Lektüre der Journale fast immer sehr ertragreich, weil sei einen Einblick in die Lern- und Arbeitsprozesse der Schüler verschafft und der Lehrkraft eine zuverlässige Rückmeldung über das gibt, was bei den Schülern wirklich angekommen ist. Zum anderen erleichtern Journale die Einschätzung von Schülerleistungen erheblich. Hier kann man Arbeitsergebnisse und Leistungen über einen längeren Zeitraum leicht verfolgen.

Sammelmappen-Portfolio

Im Unterschied zum Journal werden in **Sammelmappen-Portfolios** (den ‚Künstlermappen' vergleichbar) Produkte gesammelt, die der Schüler (eventuell fokussiert auf bestimmte Fragen) für besonders wichtig bzw. gut hält. Außer der Grundstruktur des Portfolios und Fragestellungen wird hier nichts weiter vorgegeben. Diese Form des Portfolios kann sich auf die Arbeit des Schülers in allen Fächern beziehen und wird dann vom Klassenlehrer betreut. Hier ist es das Ziel, die gesamte Entwicklung des Schülers in den Blick zu nehmen und ihm im Hinblick auf seine Arbeit insgesamt eine Rückmeldung zu geben. Diese Form des Portfolios, manchmal auch **Entwicklungsportfolio** genannt, hat zum Teil sehr persönliche Ausprägungen, die eine sensible und behutsame Betreuung und Rückmeldung erfordern.

Entwicklungsportfolio – Klasse 7

Während des nächsten halben Jahres sollst du eine Sammelmappe mit Dokumenten, Meinungen, Bildern, Ideen, Arbeiten usw. über deine Arbeit und deine Entwicklung zusammenstellen. Die Sammelmappe soll für alle Fächer gelten. Orientiere dich bei der Zusammenstellung des Materials an folgenden Fragen:
- Wer bin ich – wo stehe ich – was will ich in der Schule? (Foto, Beschreibung)
- Was will die Schule – was wollen die Lehrkräfte von mir?
- Wie ich am besten lernen kann.
- Meine Arbeitsergebnisse und Klassenarbeiten.

- Meine Meinung zu Fragen, die mir besonders wichtig sind.
- Das sind meine Interessen und Ideen:
- So sehe ich das letzte Halbjahr für mich:
- Tonbandkassette: Interview mit mir selbst, eigene Musik, eigene Texte
- ...

• Was hast du gelernt?
• Wie hast du gelernt?
• Wann kannst du am besten lernen?
• Bist du zufrieden mit deiner Arbeit?
• Kannst/möchtest du etwas verbesseren?

Ein **Fach-Portfolio** bezieht sich nur auf Inhalte und Lernprozesse eines Faches. Hier werden die Informationen, Eindrücke, Arbeiten und Stellungnahmen deutlicher auf die Struktur des Faches bezogen. Dadurch haben Schüler die Möglichkeit, die Ordnung eines Faches leichter zu überblicken und Fachinhalte für sich zu strukturieren. Fach-Portfolios sind auf allen Klassenstufen möglich. Wenn in mehreren Fächern Fach-Portfolios geschrieben werden, ist es besonders in den Klassen 5-7 wichtig, eine Zusammenschau der Entwicklungen und Strukturen zu ermöglichen.

Fach-Portfolio – Klasse 8

Während des nächsten halben Jahres sollst du über deine Arbeit im Deutschunterricht eine Sammelmappe mit Dokumenten, Meinungen, Bildern, Ideen, Arbeiten usw. zusammenstellen.
Orientiere dich bei der Zusammenstellung an folgenden Fragen:
- Was ich jetzt über das Fach Deutsch weiß (Was ist dort besonders wichtig? Wie ist es aufgebaut? Was muss man unbedingt lernen?): _____
- Was ist in Deutsch im letzten Halbjahr besonders wichtig gewesen?
- Das habe ich gelernt/geleistet in Deutsch (Lerninventur/Klassenarbeiten, wichtige Hausaufgaben oder Mitschriften aus dem Unterricht): _____
- Die wichtigsten Fachbegriffe, die ich im letzten Halbjahr von Deutsch gelernt habe: _____
- Wodurch unterscheidet sich Deutsch am deutlichsten zu anderen Fächern?/Mit welchem anderen Fach hat es am meisten gemeinsam?
- Ideen für die weitere Arbeit im Fach Deutsch: _____
- meine Meinungen zu meiner eigenen Arbeit und zum Fach Deutsch: _____

Beide Portfolio-Formen stoßen vor allem bei jüngeren Schülern auf großes Interesse, da sie hier auch nach außen ihre Arbeitsergebnisse und Leistungen anschaulich dokumentieren können. In höheren Klassen wird diese Form des Portfolios besonders von den Schülern als sinnvoll angesehen, die einen Interesseschwerpunkt in diesem Fach haben oder denen die technische Herstellung des Portfolios (zum Teil als CD-ROM oder als Buch) Spaß macht.

Portfolios als gemeinsames Vorhaben

In den meisten Fällen geht die Arbeit mit Portfolios im Deutschunterricht von der Initiative einzelner Lehrkräfte aus, die dieses Verfahren ausprobieren wollen. Die Anleitung der Schüler und die Durchführung der Arbeit am Portfolio lässt sich auf der Klassenebene noch gut allein organisieren und andere Fachkollegen müssen nicht unbedingt einbezogen werden. Spätestens wenn die ersten Portfolios vorliegen, wird aber die Notwendigkeit der Abstimmung und Zusammenarbeit zwischen Kollegen und in der Fachkonferenz spürbar, und zwar an ganz basalen Fragen:

- Wie gehen andere Kollegen mit den Portfolios meiner Schüler um?
- Welches Bild über meinen Deutschunterricht können sich Außenstehende jetzt auf Grund des Portfolios machen?
- Wie werden Eltern auf die im Portfolio dargestellten Ergebnisse und Leistungen reagieren?

Portfolios machen, beabsichtigt oder unbeabsichtigt, den Unterricht im besten Sinne des Wortes ,einsehbar'. Deshalb sind sie ein sehr geeignetes Verfahren, Diskussionen und Entwicklungsprozesse unter Kollegen anzustoßen und Impulse für die weitere inhaltliche Arbeit zu geben. Dazu einige Strukturierungsideen:

Portfolios in der Fachkonferenz und in der Elternarbeit

Voraussetzung für die Arbeit mit Portfolios in der Fachkonferenz ist, dass jeder Schüler bereits eine Rückmeldung über sein Portfolio erhalten hat und dass in der Klasse eine themenbezogene (nicht personenbezogene) gemeinsame Auswertung stattgefunden hat (Wo gab es Übereinstimmungen, Unterschiede ...).

In der Fachkonferenz stellt die Lehrkraft diese Auswertung und bis zu drei Portfolios von Schülern vor. Für die Diskussion ist es außerordentlich wertvoll, wenn die Verfasser der drei Portfolios dort ihre Arbeit erläutern können. Ein ähnliches Verfahren ist auch für Elternabende denkbar.

Ist die Arbeit mit den ersten Portfolios meist noch stark geprägt durch die Auseinandersetzung mit dem Verfahren und die Entwicklung von Diskussionsstrukturen, so fokussiert sie sich danach immer mehr auf die Inhalte und die Lehr- und Lernprozesse:

> Was lernen die Schüler eigentlich im Deutschunterricht?
>
> Wie lernen sie was (nicht)?
>
> Wo bestehen Möglichkeiten, die Arbeit im Deutschunterricht zu verbessern?
>
> Welches ‚Gesicht' hat das Fach Deutsch?
>
> Ist das, was sich in den Arbeitsergebnissen und Leistungen widerspiegelt, wirklich das, was wir erreichen wollten? Ist es Qualität?

Spätestens diese Fragen helfen dann, die Diskussion über Qualität im Deutschunterricht wieder vom Kopf auf die Füße zu stellen.

Ausblick: weder Euphorie noch Katastrophismus

Die Reaktionen auf die Erkenntnisse der Qualitätsforschung und die Ansätze zur qualitätsbezogenen Konfiguration der Inhalte und der Lehr- und Lernprozesse im Deutschunterricht gleichen denen wie auf das sprichwörtliche halb gefüllte Glas:

Man kann die Erkenntnisse und Ansätze positiv einschätzen, weil sie Perspektiven eröffnen, teilweise schon erprobt werden und Handlungsmöglichkeiten und -notwendigkeiten bieten. Man kann sie natürlich auch negativ bewerten: Es gibt so viele Erkenntnisse und Ansätze über Qualität im Deutschunterricht, aber viel zu selten werden sie bisher im Unterrichtsalltag umgesetzt, so wenig ist erreicht. Jede der Reaktionen ist richtig und falsch zugleich, weil ja *beide* Urteile stimmen. Beide verweisen sie darauf, dass die Qualität des Deutschunterrichts verbessert werden kann und *muss*.

Die Perspektiven für solche Verbesserungen geben weder Anlass zu Euphorie noch zu Katastrophenstimmung. Absehbar ist, dass sich in den nächsten Jahren eine Reihe von Bedingungen zur Realisierung solcher Verbesserungen eher verschlechtern (z. B. Personalausstattung der Schulen, Ressourcen, Arbeitsbelastung) und gleichzeitig der Druck, Verbesserungen zu erreichen, steigen wird (z. B. durch Einführung von zentralen Prüfungen, externer Evaluation, Anforderungen durch ‚Abnehmer‘). Damit werden ein größeres Interesse und ein Bewusstsein für Qualität von Deutschunterricht erwartbar. Diese Sensibilität zu nutzen und sich durch Ideen, Widerspruch und Experimente an der Diskussion zu beteiligen, ist für Lehrkräfte eine Chance, ihre Position einzubringen, die Qualität von Deutschunterricht aktiv zu gestalten bzw. die Entscheidungen darüber zu beeinflussen. Ein Ausweichen vor dem Druck und eine Hinnahme der Verschlechterung von Rahmenbedingungen hätten nur zur Folge, die Diskussion und die Entscheidungen anderen zu überlassen.

Literaturverzeichnis

ABRAHAM, ULF/BEISBART, ORTWIN/KOSS, GERHARD/MARENBACH, DIETER (1998): Praxis des Deutschunterrichts. Arbeitsfelder, Tätigkeiten, Methoden. Auer, Donauwörth

ALTRICHTER, HERBERT/MESSNER, ELGRID (1998): Wenn Schulen sich den Spiegel vorhalten. In: Pädagogik, H. 6, Jg. 50, S. 30–33

ALTRICHTER, HERBERT/POSCH, PETER (1990): Lehrer erforschen ihren Unterricht. Klinkhardt, Bad Heilbrunn

ARNOLD, C./SENFT, F. (1930): Schulische Voraussetzungen beruflicher Ausbildung. In: Arbeitsschulung (1), H. 3

ARNOLD, W./EYSENCK, H. J./MEILI, R. (1980): Lexikon der Psychologie. Herder, Freiburg

ARTELT, C. (2000): Strategisches Lernen. Waxmann, Münster

AUGST, GERHARD/FAIGEL, PETER (1986): Von der Reihung zur Gestaltung. Lang, Frankfurt/M.

BASF AG (1995): Langzeitstudie über Rechtschreib- und elementare Rechenkenntnisse bei Ausbildungsplatzbewerbern. BASF AG DPB/B Psychologischer Dienst, 09/95

BAUMERT, JÜRGEN (1991): Langfristige Auswirkungen der Bildungsexpansion. In: Unterrichtswissenschaft, 4/91, S. 333–349

BAUMERT/HEYN/KÖLLER (1992): Das Kieler Lernstrategien-Inventar (KSI). Institut für die Pädagogik der Naturwissenschaften an der Universität Kiel, Kiel

BAUMERT, JÜRGEN (1993): Lernstrategien, motivationale Orientierung und Selbstwirksamkeitsüberzeugungen im Kontext schulischen Lernens. In: Unterrichtswissenschaft, 4, S. 327–354

BAUMERT, JÜRGEN/LEHMANN, RAINER u. a. (1997): TIMSS - Mathematisch-naturwissenschaftlicher Unterricht im internationalen Vergleich. Leske & Budrich, Opladen

BAUMERT, JÜRGEN/BOS, WILFRIED/WATERMANN, RAINER (1998): TIMSS III-Schülerleistungen in Mathematik und den Naturwissenschaften am Ende der Sekundarstufe II im internationalen Vergleich. Zusammenfassung deskriptiver Ergebnisse. MPI-B Studien und Berichte 64, Berlin

BAUMERT, JÜRGEN u. a. (1999): Fähigkeit zum selbstregulierten Lernen als fächerübergreifende Kompetenz. Max-Planck-Institut, Berlin

BAUMANN, J./WEINGARTEN, R. (Hg.) (1995): Schreiben. Prozesse, Prozeduren und Produkte. Leske & Budrich, Opladen

BAYERISCHES STAATSMINISTERIUM FÜR UNTERRICHT, KULTUS, WISSENSCHAFT UND KUNST (BSMK) (1997): Lehrplan für die Hauptschule. München 1997 (v. 29. 10. 1997 - IV/3/S7410/2–4/141–584)

BAYERISCHES STAATSMINISTERIUM FÜR UNTERRICHT UND KULTUS (BSMK) (2000): Lehrplan für die bayerische Grundschule. München

BEATON, A.E./MARTIN, M.O. u. a. (1996): Mathematics achievement in the middle school years: IEA's TIMSS. TIMSS International Study Center – Boston College, Boston

BECHGER, TIMO/VAN SCHOOTEN, ERIK/DE GLOPPER, C./HOS, JOOP (1998): The validity of international surveys of reading literacy: The Case of the IEA reading Literacy Study. In: Studies in Educational Evaluation H. 2, S. 99–125

BECK, GERTRUD/SCHOLZ, GEROLD (1995): Beobachten im Schulalltag. Cornelsen Scriptor, Berlin

BECKER, DIETRICH H. (2000): Kerncurriculum und Schulqualität. In: Die Deutsche Schule (92), H. 1, S. 74–85

BECKER-MROTZEK, MICHAEL (1997): Sprachwissenschaft und Sprachdidaktik. In: Didaktik Deutsch. HalbjahresZs. für die Didaktik der deutschen Sprache und Literatur, H. 3

BENJAMIN, WALTER (1966): Der Autor als Produzent. In: BENJAMIN: Versuche über Bert Brecht. Suhrkamp, Frankfurt

BICKMANN, ROSVITA/BREMERICH-VOS, ALBERT (2001): Kumulatives Lernen und Lernstrategien bzw. Arbeitstechniken im Deutschunterricht. In: LANDESINSTITUT 2001, S. 5–46

BILDUNGSKOMMISSION NRW (1995): Zukunft der Bildung – Schule der Zukunft. Luchterhand, Neuwied/Kriftel/Berlin

BLACK, PAUL (1998): Testing: Friend or Foe? Theory and Practice of Assessment and Testing. Falmer, London

BLK (1999) (= BUND-LÄNDER-KOMMISSION FÜR BILDUNGSPLANUNG UND FORSCHUNGSFÖRDERUNG): Gutachten zur Vorbereitung des Programms ‚Steigerung der Effizienz des mathematisch-naturwissenschaftlichen Unterrichts'. Bonn

BOYER, N. (1991): LRS-Arbeit in Bremen-Süd – eine Zwischenbilanz. (Ms.) Schulpsychologischer Dienst, Bremen

BRAND, P./MAISCH (1973): Erster Berufsanfängertest. In: Wirtschaftliche Nachrichten der Industrie- und Handelskammer Aachen, H 12, S. 560–563

BREMERICH-VOS, ALBERT (Hg.) (1993): Handlungsfeld Deutschunterricht im Kontext. Diesterweg, Frankfurt/M.

BREMERICH-VOS, A. (1996): Deutschdidaktik und qualitative Unterrichtsforschung. Versuche in einem bislang vernachlässigten Feld. In: SCHNAITMANN, G.W. (Hg): Theorie und Praxis der Unterrichtsforschung. Auer, Donauwörth, S. 209–232

BREMERICH-VOS, ALBERT (2000): Zur Entwicklung der Qualität des Deutschunterrichts in der S I. In: LSW NRW (2000.): Einführung in die Qualitätsentwicklung und Qualitätssicherung von Unterricht und Schulinterner Umgang mit Aufgabenbeispielen und Parallelarbeiten. (Ms.) Soest, S. 182–208

BRODOW, BENGT (1996): Perspektiv på svenska. Bd. I: Helheten. Bd. II: Momenten. Ekelunds, Solna

BROPHY, J./GOOD, TH. L. (1986): Teacher behaviour and student achievement. In: WITTROCK, M.C. (Hg.): Handbook of Research on Teching. McMillan, New York, S. 328–375

BRÜGELMANN, HANS (Hg.) (1999): Was leisten unsere Schulen? Zur Qualität und Evaluation von Unterricht. Kallmeyer, Seelze-Velber

BRÜGELMANN, HANS (2000): IGLU: Glasklare Information über den aktuellen Leistungsstand – oder droht den Grundschulen wieder eine pädagogische Eiszeit? In: Grundschulverband aktuell. H. 10

BUNDESMINISTERIUM FÜR FAMILIE, SENIOREN, FRAUEN UND JUGEND (1998): Liebald, Christiane: Leitfaden für Selbstevaluation und Qualitätssicherung. Bonn (=Materialien zur Qualitätssicherung in der Kinder- und Jugendhilfe 19)

BUNDESCHÜLERINNENVERTRETUNG (BSV) (2000): PISA - Chancen und Gefahren. Stellungnahme des Bundesausschusses am 1.4.2000 in Bremen

BURKARD, CHRISTOPH/EIKENBUSCH, GERHARD (2000): Praxishandbuch Evaluation in der Schule. Cornelsen Scriptor, Berlin

BURKARD, CHRISTOPH/HAENISCH, HANS (Red.) (2000): Was ist guter Fachunterricht? Landesinstitut für Schule und Weiterbildung, Soest

CENTER FOR EDUCATIONAL RESEARCH AND INNOVATION (CERI) (1994): What Works In Innovation? Selbstverlag, Paris

CREEMERS, B.P.M./REYNOLDS, D. (1989): The future development of school effectiveness and school improvement. In: CREEMERS/REYNOLDS (Hg.): School Effectiveness and School improvement. Swets & Zeitlinger, Lisse, S. 379–383

CREEMERS, B. (1994): The effective classroom. Cassell, London

Deutschunterricht (2000): Heft ‚Beurteilung - Korrektur‘ (53). Westermann, Braunschweig, 2000, H. 11

DRUCKSACHEN LESEBUCH (1974): Lesebuch für die 5.-10. Klasse (5 Bde). Pro Schule, Düsseldorf

DIHT (DEUTSCHER INDUSTRIE- UND HANDELSTAG) (1965): Der Leistungsstand der Volksschüler bei Beginn der Ausbildung. DIHT-Schriftenreihe, H. 99

DITTON, HARTMUT/KRECKER, L. (1995): Qualität von Schule und Unterricht. In: Zs. für Pädagogik, H. 4

DITTON, HARTMUT (2000): Qualitätskontrolle und Qualitätssicherung in Schule und Unterricht. In: Zs. für Pädagogik, 41, Beiheft, S. 73–92

DONATH, RUDOLF (1952): Grundsätze für die Beurteilung und objektive Maßstäbe für die Bewertung von Schulaufsätzen. In: Deutschunterricht (3), H. 3, S. 125–131

DOSTAL, WERNER u. a. (Hg.) (1998): Mangelnde Schulleistungen oder überzogene Anforderungen? Institut für Arbeitsmarkt- und Berufsforschung der Bundesanstalt für Arbeit: Nürnberg. (= Beiträge zur Arbeitsmarkt- und Berufsforschung 216)

DUMKE, D./WOLFF-KOLLMAR, S. (1997): Lernstrategien in der Beurteilung von Lehrern und Schülern. In: Psychologie in Erziehung und Unterricht (44), S. 165–175

EBBINGHAUS, MARGIT (1999): Niwo? Wie aussagekräftig sind Untersuchungen zum Leistungsniveau von Ausbildungsanfängern? W. Bertelsmann, Berlin/Bonn/Bielefeld

ECKERLE, ALFRED (2000): Milchiger Brei, Tertiärliteratur. In: Frankfurter Rundschau v. 10. 6. 2000, S. 19

EIKENBUSCH, GERHARD (1998): Praxishandbuch Schulentwicklung. Cornelsen Scriptor, Berlin

EIKENBUSCH, GERHARD (Red.) (1995): Schulentwicklung und Qualitätssicherung in Schweden. Landesinstitut für Schule und Weiterbildung, Soest

EINSIEDLER, W. (1997): Unterrichtsqualität und Leistungsentwicklung. In: WEINERT, 1977, S. 225–251

EISENTRÄGER, ULRIKE (1997): Dicht gedrängt. In: Das Andere Lernen: Die Helene-Lange-Schule Wiesbaden. Bergmann- Helbig, Hamburg

EKHOLM, MATS (1995): Evaluation als Bestandteil der Arbeitskultur von Schule. In: EIKENBUSCH (1995)

EKHOLM, MATS (1999): Schüler machen Schulprogramm. In: Pädagogik, H. 11, S. 16–18

EKHOLM, MATS (1998): Kamratutvärdering mellan skolor (Schüler-Peer-review). Stockholm: Trygghetsfonden för kommuner och landsting. (= rapport 13/98)

ELLEY, WARWICK (1998): An Insider's View of the IEA Literacy Study. In: Studies in Educational Evaluation (24), H. 2, S. 127–135

ELLIS, ROGER (1986): Understanding Second Language Acquisiton. Oxford University Press, Oxford

ELLMIN, ROGER (2000): Portfolio. Gothia, Stockholm

EUROPÄISCHE KOMMISSION - GENERALDIREKTION BILDUNG UND KULTUR (2000): Bericht über die Qualität der schulischen Bildung in Europa: 16 Qualitätsindikatoren. Brüssel

FEND, HELMUT (1998): Qualität im Bildungswesen. Juventa, Weinheim/München

FEND, HELMUT (2000): Qualität und Qualitätssicherung im Bildungswesen. In: Zs. f. Pädagogik, 41, Beiheft, S. 55–72

FEILKE, H./PORTMANN, P. (Hg.) (1995): Schreiben im Umbruch. Schreibforschung und schulisches Schreiben, Klett, Stuttgart

FINGERHUT, KARLHEINZ (1994): Stellungnahme zum Kanon-Problem für die Lehrplankommission S I NRW. In: Kultusministerium NRW 1994, S. 51–53

FINGERHUT, KARLHEINZ (1997): Kanon, Kommentar und Schulkultur: Didaktische Arbeit am Kanon unter den Bedingungen der Postmoderne. In: Deutschunterricht (50), Berlin, H. 4, S. 180 ff.

FINGERHUT, KARLHEINZ (2000): Und die Literaturgeschichte als Lerngegenstand? Vortrag Symposium Deutschdidaktik. Freiburg

FIY, M. (1999): Prozessorientierte Schreibdidaktik – Ludwigsburg

FRANKENFELD, FLORIAN (2000): Vergleichsarbeiten – eine geeignete Maßnahme zur Verbesserung unterrichtlicher Qualität? In: Deutschunterricht (53), H. 6, S. 405–416

FRANKE-WIKBERG, SIGBRIT (1989): Skolan och utvärderingen. Fem professorer tar ordet. Stockholm HLS [Schule und Evaluation. Fünf Professoren ergreifen das Wort.]

FRANZMANN, BODO (1992): Die kulturelle Kompetenz Lesen ist international rückläufig. In: Spektrum der Wissenschaft, H. 8, S. 115–120

FREYTAG, H.P. (1995): Höhere Anforderungen – schwindende Voraussetzungen. In: Wirtschaft und Berufs-Erziehung (47), H. 11, S. 328–332

FRIGGE, REINHOLD (2000): Wir wollen besser werden. In: Deutschunterricht (53), Berlin, H. 6, S. 426– 435

FULLAN, MICHAEL (1991): The new meaning of educational change. London, Cassell

FUNKE, REINHOLD (2000): Wann ist grammatisches Wissen in Funktion. In: Deutschunterricht, H. 4, S. 58–67

GANSEL, CARSTEN (2000): Öffnung des Kanons? Vortrag Symposium Deutschdidaktik. Freiburg

GENDOLLA, PETER/ZELLE, CARSTEN (Hg.) (2000): Der Siegener Kanon. Peter Lang, Frankfurt (= Forschungen zur Literatur- und Kulturgeschichte 70)

GIPPSS, CAROLINE V. (1994): Beyond Testing. Towards a theory of educational assessment. Falmer, London

GÖBEL, U. (1984): Was Ausbilder fordern – was Schüler leisten. Deutscher Instituts Verlag, Köln

GOLD, A. (1998): Ohne Lernstrategien zum Studienerfolg? (Vortrag PH Ludwigsburg, 13.7.1998, unveröffentlicht). Zit. in: BREMERICH-VOS 2000: VIII/M2

GORMAN/PURVES/DEGENHART (1988): THE IEA study of written composition. Vol. I: The international writing tasks and scoring scales. Pergamon, Oxford

GRELLET, F. (1981): Developing Reading Skills. Cambridge University Press, Cambridge

GRUEHN, S. (1998):Unterricht und schulisches Lernen. Freie Universität: Diss. FB Erziehungswissenschaft, Berlin

GRZESIK, J. (1990): Textverstehen lernen und lehren. Klett, Stuttgart

GRÜNER, GUSTAV (1984): Leistungen im Deutschunterricht sind die allerungünstigsten. In: Die Berufsbildende Schule (36), S. 530 ff.

HAENISCH, HANS/KINDERVATER, CHRISTINA (1999): Evaluation der Qualität von Schule und Unterricht. DruckVerlag Kettler, Bönen

HAGE, KLAUS (1985): Das Methodenrepertoire von Lehrern. Leske & Budrich, Opladen

HALL, GENE E./HORD, SHIRLEY M. (1987): Change in Schools. State University, New York

HASSELGREN, BJÖRN/BEACH, DENNIS(1996): Phenomenography: A ‚good-for-nothing brother‘ of phenomenology? URL: www.ped.gu.se/biorn/phgraph/misc/ constr/goodno2.html

HANUSHEK, E. (1986): The Economics of Schooling: Production and Efficiency in Public Schools. In: Journal of Economic Litterature. Vol XXIV, S. 1141–1177

HARTMANN, WILFRIED/JONAS, HARTMUT (Hg.) (1996): Deutschunterricht im Umbruch: die Aufsatzstudie Ost von 1991. Lang, Frankfurt/M. (=Beiträge zur Geschichte des Deutschunterrichts 23)

HARVEY, LEE/GREEN, DIANA (2000): Qualität definieren. In: Zs. für Pädagogik, 41. Beiheft, S. 17–40

HEINEMANN, KARL-HEINZ (2000): Schlechte Noten für dic IHK. In: Frankfurter Rundschau v. 2. 3.

HEINEMANN, KARL-HEINZ (2000 a): Blitzschnell ausgefüllt - Die Pisa-Testbögen in der Schulpraxis. In: Frankfurter Rundschau v. 8. 6. 2000

HEINER, MAJA (Hg.) (1988): Selbstevaluation in der sozialen Arbeit. Lambertus, Freiburg

HELMKE, ANDREAS/HORNSTEIN, WALTER/TERHART, EWALT (2000): Qualität und Qualitätssicherung im Bildungsbereich. In: Zs. f. Pädagogik, 41, Beiheft, S. 7–14

HESSEN, KULTUSMINISTERIUM (1972): Rahmenrichtlinien Sekundarstufe I: Deutsch. Diesterweg, Frankfurt/M.

HEUSER-MÜLLER, INGRID/STAHL, FRIEDERIKE (1998): Evaluation am Beispiel des Rechtschreibunterrichts. In: Ministerium für Schulen und Weiterbildung, S.114–120

HILLOCKS, G. (1984): What Works in Teaching Composition: A Meta-analysis of Experimental Treatment Studies." In: American Journal of Education (93), S.133–170

HOLTMANN, WERNER (2001): Der Paradigmenwechsel vom Alles-wissen-müssen zum neugierig sein dürfen! (Ms.) Detmold

HOPKINS, DAVID/AINSCOW, MEL/WEST, MEL (1994): School Improvement in an Era of Change. Cassell, London

HÜBNER, LUTZ (1996): Das Herz eines Boxers. Drama. Hartmann u. Stauffacher, Köln

HURRELMANN, KLAUS (1995): Lebensphase Jugend. Juventa, Weinheim

HUSTEDT, HENNING (1998): Veränderungen in den kognitiven Leistungsvoraussetzungen der Schulabgänger. In: DOSTAL u. a. (1998), S. 161–175

IHK ESSEN u. a.(1968): Leistungsstand der Lehranfänger. In: Wirtschaftliche Nachrichten der IHK für die Stadtkreise Essen, Mülheim und Oberhausen, S. 127–129

IHK NRW 1981: IHK-Test: Schreiben und Rechnen mangelhaft. Pressemitteilung der Vereinigung der Industrie- und Handelskammern des Landes Nordrhein-Westfalen vom 4. 3. 1981

ILEA (1990): Differences in Examination Performance. Research and Statistics, London (RS 1277/90)

INGENKAMP, KARLHEINZ (1967): Schulleistungen – damals und heute. Beltz, Weinheim

INGENKAMP, KARLHEINZ (1986): Zur Diskussion der Leistungen unserer Berufs- und Studienanfänger. In: Zs. f. Pädagogik H. 1, S. 1–29

IVO, HUBERT (1975): Handlungsfeld Deutschunterricht. Fischer, Frankfurt/M.

JAHRESHEFT (1996): Jahresheft Prüfen und Beurteilen. Friedrich, Seelze-Velber

JESSEN, JENS (2000): Dudendämmerung. In: Die Zeit 33/2000 v. 9. 8. 2000

KELLER, GUSTAV (1989): Das Klagelied vom schlechten Schüler. Asanger

KIRSCH, IRWIN S./MOSENTAL, PETER B. (1988): Understanding document literacy: variables underlying the performance of young adults. Educational Testing Service, Princeton

KIRSCH, IRWIN S./MURRAY, T.S. (Hg.) (1996): Adult literacy in OECD countries. Educational Testing Service, Princeton

KLEMM, KLAUS (1998): Steuerung der Schulentwicklung durch zentrale Leistungskontrollen. In: ROLFF, HANS-GÜNTER u. a.: Jahrbuch der Schulentwicklung. Juventa, Bd. 10, S. 271–294

KLEMM, KLAUS (1999): Rahmenkonzept Qualitätsmanagement in den Schulen des Landes Rheinland-Pfalz. (Ms.) Referat anlässlich der Fachtagung des Ministeriums für Bildung, Wissenschaft und Weiterbildung am 11. 6. 1999 in Mainz

KLUG, CHRISTIAN (2000): Plädoyer für einen flexiblen Literaturkanon. Vortrag Symposium Deutschdidaktik. Freiburg

KMK (1995) KULTUSMINISTERKONFERENZ: Standards für den mittleren Schulabschluss in den Fächern Deutsch, Mathematik und erste Fremdsprache. Beschluss vom 12. Mai 1995.

KMK (1997) KULTUSMINISTERKONFERENZ: Beschluss der KMK auf der 280. Plenarsitzung am 23. und 24. Oktober 1997 (zur Qualitätssicherung). In: BRÜGELMANN (1999), S. 71

KNOCHE, SUSANNE (2000): Abiturprüfungen und Aufgabenarten im Fach Deutsch in den Bundesländern. In: Deutschunterricht (53), Berlin, Sonderheft, S. 69–76

KOHLHOFF, WALTER (1995): Intensivphasen im Eingangsunterricht Englisch. In: LANDESINSTITUT, S. 193 ff.

KOSOG, OSKAR (1912): Aus dem Testamente einer Mutter. URL:www-.aix.gsi.de/giese/reform95/okosg.html

KRAUS, JOSEF (1999): Die letzte große Chance für Bildungsziele. In: Die Welt v. 12. 01. 1999

KRAUS, JOSEF (2000): Die Furie des Verschwindens. URL: http://www.kas.de/ publikationen/zeitschriften/polmein/februar 2000/kraus.html

KRONBERGER KREIS FÜR QUALITÄTSENTWICKLUNG IN KINDERTAGESEINRICHTUNGEN (1998): Qualität im Dialog entwickeln. Kallmeyer, Seelze-Velber

KULTUSMINISTERIUM NORDRHEIN-WESTFALEN (1994): Lektüre von Ganzschriften im Fach Deutsch der Sekundarstufe I des Gymnasiums in NRW. Verlagsgesellschaft Ritterbach, Frechen

LAAR, BILL (1997): Surviving School Inspection. Butterworth-Heinemann, Oxford

LABOV, WILLIAM/WALETZKI, J. (1973): Erzählanalyse. In: IHWE, JENS (Hg.): Literaturwissenschaft und Linguistik Bd. 2, Athenäum Fischer, Frankfurt/M. (= tb 2016)

LANDESINSTITUT FÜR SCHULE UND WEITERBILDUNG (LSW) (Hg.) (1998): Unterricht spiegeln. DruckVerlag Kettler, Bönen

LANDESINSTITUT FÜR SCHULE UND WEITERBILDUNG NRW (2000): Einführung in die Qualitätsentwicklung und Qualitätssicherung von Unterricht und schulinterner Umgang mit Aufgabenbeispielen und Parallelarbeiten. Soest

LANDESINSTITUT FÜR SCHULE UND WEITERBILDUNG NRW (Hg.) (2000): Europäisches Portfolio der Sprachen. Soest

LANDESINSTITUT FÜR SCHULE UND WEITERBILDUNG NRW (2001): Förderung von Lernprozessen im Deutschunterricht. Soest (Erprobungsfassung)

LANGE, G. u. a. (1990): Taschenbuch des Deutschunterrichts. Schneider, Hohengehren

LECKE, BODO (HG.) (1976): Projekt Deutschunterricht 10: Kommunikative Übungen – Sprachgebrauch. J.B. Metzler, Stuttgart

LEHMANN, RAINER/HARTMANN, WILFRIED (1987): The Hamburg Study of Achievement in written composition. National Report for the IEA International Study of achievement in written composition. Hamburg

LEHMANN, RAINER u. a. (1992): Lesefähigkeiten und Lesegewohnheiten von Schülerinnen und Schülern im vereinigten Deutschland und bei deutschsprachigen Minderheiten in Europa. Hamburg: ILEA-Internationale Lesestudie/Projektzentrum für die Bundesrepublik Deutschland, FB Erziehungswissenschaft. Universität Hamburg

LEHMANN, RAINER u. a. (1995): Leseverständnis und Lesegewohnheiten deutscher Schüler und Schülerinnen. Weinheim/Basel

LEHMANN, RAINER u. a. (1997): Aspekte der Lernausgangslage von Schülerinnen und Schülern der fünften Klassen an Hamburger Schulen. Bericht über die Untersuchung im September 1996. Hamburg (Behörde für Schule, Jugend und Berufsausbildung, Amt für Schule)

LEHMANN, RAINER u. a. (1999): Aspekte der Lernausgangslage von Schülerinnen und Schülern der siebten Klassen an Hamburger Schulen. Bericht über die Untersuchung im September 1998. Hamburg (Behörde für Schule, Jugend und Berufsausbildung, Amt für Schule)

LETHEN, HELMUT (1972): Zur Funktion von Literatur im Deutschunterricht an Oberschulen. In: GIRNUS/LETHEN/ROTHE: Von der kritischen zur historisch-materialistischen Literaturwissenschaft. Berlin

LEUDERS, TIMO (2001): Qualität im Mathematikunterricht. Cornelsen Scriptor, Berlin

LINDEMANN, KLAUS (2000): Textoptimierung durch (Selbst-)Bewertung. In: Deutschunterricht (53), Berlin, Sonderheft, S. 24–36

MANDL, HEINZ./FRIEDRICH, HELMUT F. (1992): Lern- und Denkstrategien. Hogrefe, Göttingen

MARTON, FERENCE/BOOTH, S. (1997): Learning and Awarness. Lawrence Erlbaum Associates, Mahwah N.J.

McBER, HAY (2000): Research into Teacher Effectiveness. A Model of Teacher Effectiveness. Report to the Department for Education and Employment. Department for Education and Employment, London

MELENK, H. (1998): Aspekte der Kommasetzung in der 8. Klasse. In: Didaktik Deutsch, H. 4, S. 43–61

METZNER, WOLFGANG/OLFEN, INGA (1999): Der Bildungstest. In: Stern 4/1999, S. 53–68

MESSNER/RUMPF (Hg.) (1976): Schuldeutsch. Wien

MERKEL, PETER (2000): Zentrale Klassenarbeit Deutsch am Gymnasium in Baden-Württemberg. In: Deutschunterricht (53), Berlin, Sonderheft, S. 15–23

METZGER, R. (1980): Berufsanfänger: Mängel in den Grundlagen. In: Wirtschaft und Berufs-Erziehung (32), S. 325–330

MEYER, HILBERT (1987): UnterrichtsMethoden Bd. 1 u. 2. Scriptor, Frankfurt

MEYER, HILBERT (1999): Leitfaden zur Schul(programm)entwicklung. Oldenburg: Zentrum für pädagogische Berufspraxis (= Oldenburger Vor-Drucke 390)

MILES, MATTHEW/EKHOLM, MATS/VANDENBERGHE, R. (Hg.) (1987): Lasting School Improvement: Exploring the Process of Institutionalization. ACCO, Leuven

MINISTERIUM FÜR BILDUNG, KULTUR UND WISSENSCHAFT, SAARLAND (1996): Lehrplan Deutsch Gymnasium, Klassenstufen 9 + 10. Saarbrücken

MINISTERIUM FÜR SCHULE UND WEITERBILDUNG NRW (Hg.) (1995): Handreichung zur Entwicklung der Schulprogramme an Gymnasien.

MINISTERIUM FÜR SCHULE UND WEITERBILDUNG, WISSENSCHAFT UND FORSCHUNG (MSWWF) (1998): Qualitätsentwicklung und Qualitätssicherung: Aufgabenbeispiele Klasse 10. 3 Bände (Deutsch, Englisch, Mathematik). Verlagsgesellschaft Ritterbach, Frechen

MORTIMORE, P./SAMMSONS, P./STOLL, L. u. a. (1988): School Matters: The junior years. Open Books, Somerset

MÜLLER-MICHAELS, HARRO (1980): Positionen der Deutschdidaktik seit 1949. Cornelsen Scriptor, Berlin

MÜLLER-MICHAELS, HARRO (1993): Was bleibt? Begründung eines Kanons der Denkbilder. In: Deutschunterricht, H 46, Berlin, H.1, S.2 ff.

MÜLLER-MICHAELS, HARRO (1994): Sichtung und Kommentierung der Ergebnisse der Umfrage zur Lektüre von Ganzschriften im Deutschunterricht der Gymnasien in der SI in NRW. In: KULTUSMINISTERIUM NRW 1994, S. 54–61?

MÜLLER-MICHAELS, HARRO (2000): Leistungsbeurteilung als Diskurs. In: Deutschunterricht (53), Berlin, Sonderheft, S. 5–13

NABOKOV, VLADIMIR (1982): Die Kunst des Lesens. Fischer, Frankfurt/M.

NATIONAL LITERACY STRATEGY (NLS) (2001): Framework for reaching English Years 7–9. Department for Education and Employment, London

NORDHAUS, HANS-ULRICH (1997): Mangelnde Ausbildungsreife der Jugend? In: Gewerkschaftliche Bildungspolitik 1997, H. 5–6, S. 18 ff.

NUTHALL, G./SNOOK, I. (1977): Modelle des Lehrens. In: LOSER, F./TERHART, E. (Hg.): Theorien des Lernens. Klett, Stuttgart, S. 50–97

NYBERG, SVEN (1977): Sista Sommaren i Bensbyn. Rabén & Sjögren, Stockholm

OECD (Organisation for economic cooperation and development) (1991): Schulen und Qualität. Ein internationaler OECD-Bericht. Lang, Frankfurt/M.

OECD (1999): Measuring Students Knowledge and Skills. Paris

OECD/PISA (Programme for international Student Assessment) (1999 a): Internationales und nationales Rahmenkonzept für die Erfassung von Lesekompetenz in PISA. Max-Planck-Institut für Bildungsforschung, Berlin

OECD/PISA (Programme for international Student Assessment) (1999 b): Fähigkeit zum selbstregulierten Lernen als fächerübergreifende Kompetenz. Max-Planck-Institut für Bildungsforschung, Berlin

OECD/PISA (Programme for international Student Assessment) (1999 c): Beispielaufgaben Lesen – Mathematik – Naturwissenschaften. Max-Planck-Institut für Bildungsforschung, Berlin

OELKERS, JÜRGEN (1985): Erziehen und Unterrichten. Grundbegriffe in analytischer Sicht. Wiss. Buchgesellschaft, Darmstadt

OELKERS, JÜRGEN (1998): Standards der Schule: Zur Kritik reformpädagogischer Tendenzen heutiger Schulreformen. (Ms.) Vortrag auf dem 31. Mühlheimer Kongress vom 29. 9. 1998. Katholische Akademie, Mühlheim

OELKERS, JÜRGEN (1999): Lehrpläne als Steuerungsinstrument? Vortrag im Staatsinstitut für Schulpädagogik und Bildungsforschung München am 17.01.1999 (Ms.)

OELKERS, JÜRGEN (2000): Schulreform und Schulkritik. Würzburg. 2. rev. u. erw. Aufl. (=Erziehung, Schule und Gesellschaft 1)

PATTON, MICHAEL (1987): How to Use Qualitative Methods in Evaluation. Sage, London

PATTON, MICHAEL QUINN (1997) Utilization-Focused Evaluation. 3. Aufl. Sage, Thousand Oaks

Pädagogik (1997): Themenheft: Evaluation. Schulen erforschen ihre Praxis, H. 5., Jg. 49

Pädagogik (1998): Themenheft: Schule auf dem Prüfstand, H. 6., Jg. 50

Pädagogische Führung (1997): Themenheft: Schulprogramm. H. 3

PORTER, A.C./BROPHY, J.E. (1988): Synthesis of research on good teaching: Insights from the work of the 'Institute of Research and Teaching'. In: Educational Leadership, H. 8, S. 74–85.

POSCH, PETER/ALTRICHTER, HERBERT (1997): Möglichkeiten und Grenzen der Qualitätsevaluation und Qualitätsentwicklung im Schulwesen. Studien-Verlag, Innsbruck/Wien

Literaturverzeichnis 239

POSCH, PETER /ALTRICHTER, HERBERT (1999): Schulqualität. Merkmale schulischer Qualität in der Perspektive verschiedener Bezugsgruppen. URL: http://www.qis.at BMUK: Wien

PROBST, GILBERT J.B. (1987): Selbstorganisation. Parey, Berlin

Projekt Klassikerwortschatz (1998): Kanon deutschsprachiger Literatur von 1750–1865. URL: http://www.ruf.uni -freiburg.de/klasswb/Kanon.htm

Prüfen und Beurteilen (1996): Jahresheft. Friedrich, Velber

PURVES, ALAN C. (1992): The IEA Study of Written Composition II: Education and Performance in Fourteen Countries. Pergamon Press, Oxford u. a.

QUEISNER; R. (1967): Der schulische Leistungsstand unserer Lehranfänger. In: Pfälzisches Industrie- und Handelsblatt (42), 1967, H. 9, S. 281–284

RAAB, ROSEMARIE (1998): PRO Länderübergreifende Vergleichsuntersuchungen. In: Pädagogik (52), 1998, H. 4

RATHENOW, PETER/VÖGE, JOCHEN (1982): Erkennen und Fördern von Schülern mit Lese-, Rechtschreibschwierigkeiten. Westermann, Braunschweig

RIMKUS, INGE (2000): Vergleichsarbeit im Fach Deutsch des 8. Schuljahrganges des Realschulbildungsganges. In: Schulverwaltungsblatt für das Land Sachsen-Anhalt 6/2000 v. 23. 6. 2000

RUF, URS/GALLIN, PETER (1998): Dialogisches Lernen in Sprache und Mathematik. Bd. 1 und 2. Kallmeyer, Seelze-Velber

RUPP, GERHARD (1987): Kulturelles Handeln mit Testen – Fallstudien aus dem Schulalltag. Schöningh, Paderborn

RUPP, GERHARD (1996): Kanon tut not – Leselisten in der neueren deutschen Literaturwissenschaft. Germanistisches Seminars der Heinrich-Heine-Universität, Düsseldorf (= die blaue Reihe 13)

RUPP, GERHARD (1997): Skript zur Vorlesung „Ausgewählte Probleme der Literaturdidaktik". http://www.phil-fak.uni-duesseldorf.de/germ5/service/skripte/sose1997–probleme.html

RUPP, GERHARD (2000): Problemaufriss „Was ist Deutschdidaktik?" URL: www. deutschunterricht.de/diskussion/didaktik-index vom 08. 05. 2000

SÄLJÖ, ROGER (1995); Begreppsbildning som pedagogisk drog. In: Utbildning och demokrati. Uppsala universitet, Uppsala, H. 4

SÄLJÖ, ROGER/RESNICK, L./PONTECORVO, C./BURGE, B. (1999): Discourse, Tools and Reasoning. Essays on situated cognition. Springer, Berlin/New York

SCHEERENS, JAAP/BOSKER, R.J. (1997): The Foundations of Educational Effectiveness. Pergamon, Oxford

SCRIVEN, MICHAEL (1991): Evaluation Thesaurus. Fourth Edition, Newbury Park

SCHEERENS, JAAP (1992): Effective Schooling. Research, Theory and Practice. Cassell, London

SCHEERER-NEUMANN, GERHEID/HÜBNER, ANITA (2000): Lernstandserhebung im Fach Deutsch in den Klassenstufen 5 und 6 (in Brandenburg). Teil I: Lesekompetenz. In: Deutschunterricht (53), Berlin, H. 6, S. 436–448

SCHIEFELE, U. (1996): Motivation und Lernen mit Texten. Hogrefe, Göttingen

SCHLÖMERKEMPER, JÖRG (1998): Bildung bleibt wichtiger als Leistung! In: Die Deutsche Schule (90), 1998, H. 3, S. 262–265

SCHRÖTER, GOTTFRIED (1976): Die ungerechte Aufsatzzensur. Kamp, Bochum, 5. AUFL.

SCHÜBEL, ADELBERT (2000): Lernstandserhebung im Fach Deutsch in den Klassenstufen 5 und 6 (in Brandenburg). Teil II : Grammatisches Wissen und Können. In: Deutschunterricht (53), Berlin, H. 6, S. 449–457

SCHULZ VON THUN, FRIEDEMANN (1989): Miteinander reden. Bd. 1–3. Rowohlt, Reinbek

SKOLVERKET (1994): Kursplan Svenska för Grundskolan. Stockholm. (auch: www3.skolverket.se/kursinfo/98 99/skolform/11/alt_nav/11.HTML)

SKOLVERKET (1997): Kvalitetssäkring i skolan. [Qualitätssicherung in der Schule]. Liber, Stockholm

SKOLVERKET (1999): Den rimliga skolan. Livet i skolan och skolan i livet. [Die gute Schule.] Liber, Stockholm (= Rapport 164)

SPIEGEL (1997): Betrieblich nachfüttern. H. 46, S. 138–141

SPINNER, KASPAR (1999): Die eigenen Lernwege unterstützen. Die sogenannte kognitive Wende in der Literaturdidaktik. In: SPINNER, KASPAR: Neue Wege im Literaturunterricht. Westermann, Braunschweig, S. 4–9

SPITTA, GUDRUN (1995): Schreibkonferenzen in Klasse 3 und 4. Cornelsen Scriptor, Berlin

STEFFENS, ULRICH/BARGEL, TINO (1995): Erkundungen zur Qualität von Schule. Luchterhand, Neuwied

STEMME, HEINZ (1954): Zum Leistungsstand der Berufsanfänger. In: Archiv für Berufsbildung, H. 6

STERN, H. (1987): Fundamental concepts of Language Teaching. Oxford University Press, Oxford

STÖVESAND, HELMUT (2000): Schulentwicklung nach Klippert. Über den Anspruch, mittels Dressur Selbstständigkeit zu fördern. In: Pädagogische Korrespondenz, H. 26, S. 80–94

SYGUSCH, HAJO (1999): Bildung und Leistung gehören zusammen! In: Die deutsche Schule, H. 2

TACKE, GERO (2000): Die Lese- Rechtschreibleistungen werden immer schlechter - Tatsache oder Legende. In: Unterrichtswissenschaft. H. 4, S. 304 - 330

TEMPLER, KLAUS-JÜRGEN (1988): Hat sich die intellektuelle Leistungsfähigkeit bei Abgängern verschiedener Schultypen verschlechtert? In: Zs. f. Arbeits- und Organisationspsychologie (32), H. 6, S. 40 ff.

TERHART, EWALD (2000): Lehr-Lern-Methoden. Juventa, München, 3. Aufl.

TILLMANN, KLAUS-JÜRGEN (1998): Leistungsvergleichs-Untersuchungen auf nationaler und internationaler Ebene. Möglichkeiten, Grenzen, Probleme. In: Schulverwaltung ND. Spezial-Heft Nr. 2/1999, S. 15–17

TILLMANN, KLAUS-JÜRGEN (1999): ‚Schulqualität sichern' - erziehungswissenschaftliche Anmerkungen zur aktuellen bildungspolitischen Diskussion. In: BRÜGELMANN 1999, S. 77–82

TORNBERG, ULRIKA (1997): Språkdiaktik. Gleerups, Malmö

TULLBERG, AINA (1997): Teaching the ‚Mole'. Universität Göteborg: Acta Universitatis Gothoburgensis (= Göteborg Studies in Educational Sciences), Universität Göteborg

ULSHÖFER, ROBERT (1949): Zur Beurteilung von Reifeprüfungsaufsätzen. In: Der Deutschunterricht (1), 1949, H. 8, S. 84–102

Unterrichten/Erziehen (2001): Schwerpunktthema: Leistungsvielfalt wahrnehmen und fördern. Link, Kronach (20) 1/2001

VOGT, JOCHEN (1974): Das alte Neue. Vorüberlegungen zur Didaktik der literarischen Überlieferung. In: VOGT, JOCHEN: Korrekturen. Versuche zum Literaturunterricht. München, 1974

WANG, M.C./HAERTEL, G.D. u. a. (1993): Toward a Knowledge Base for School Learning. In: Review of Educational Research (63), S. 249–294

WEINERT, F.E. (1995): Lerntheorien und Instruktionsmodelle. In: Weinert, F.E. (Hg.): Psychologie des Lernens und der Instruktion. Enzyklopädie der Psychologie. D/I Pädagogische Psychologie, Bd. 2, Hogrefe Verlag, Göttingen, S. 1–47

WEINERT, F.E.,/HELMKE, ANDREAS (1996): Der gute Lehrer: Person, Funktion oder Fiktion? In: Zs. f. Pädagogik (34) 1996, Beiheft, S. 223–233

WEINERT, F.E.,/HELMKE, ANDREAS (Hg.) (1997): Entwicklung im Grundschulalter. Beltz, Weinheim

WEINERT, F.E. (1997): Ansprüche an das Lernen in der heutigen Zeit. In: Landesinstitut für Schule und Weiterbildung NRW (Hg.) (2000): Fächerübergreifendes Arbeiten. Soest

WENDEN, A. (1991): Learner Strategies for Learner Autonomy. Prentice Hall International

Westfälische Rundschau (2000): NRW-Ministerin Behler und Wissenschaftler kritisieren Test der Kammern. Dortmund, v. 11. 2. 2000

WILD/SCHIEFELE/WINTELER (1992): Inventar zur Erfassung von Lernstrategien im Studium (LIST), Ein Verfahren zur Erfassung von Lernstrategien im Studium. In: KRAPP A. (Hg.): Arbeiten zur empirischen Pädagogik und pädagogischen Psychologie (Bd. 20). Neubiberg; auch: http://rpss23.psychologie.uni-regensburg.de/download/sonstiges/org_wild_ schiefele.pdf.

WINKEL, RAINER (1978): Zur Theorie und Praxis der Unterrichtsmethoden. In: Die deutsche Schule (70), S. 669–183

WÜNSCHE, KONRAD (1974): Was Schüler zu verstehen geben. In: MESSNER/RUMPF 1974, S. 44 ff.

WÜNSCHE, KONRAD (1970): Schüler schreiben Reportagen. In: Akzente 4/1970

WÜNSCHE, KONRAD (1975): Die Wirklichkeit des Hauptschülers. Kiepenheuer & Witsch, Köln

ZIMMERMAN, B. J./MARTINEZ-PONS, M. (1990). Student differences in self-regulated learning: Relating grade, sex, and giftedness to self-efficacy and strategy use. Journal of Educational Psychology, 82 (1), S. 51–59